서울
리뷰 오브
북스

Seoul
Review of
Books
2023 봄

9

편집실에서

9호가 출간되었다.《서울리뷰오브북스》는 이로써 2년을 살아남은 셈이다. 축복 속에 탄생했지만 2년을 버티지 못할 것이라는 예측도 많았다. 이 예측이 서운하지 않았다. 우리가 출판 현실을 모르지 않았고 '서평지'라는 장르 자체가 위태롭다는 사실 역시 인정하며 출발했다. 어떻게든 살려 보겠다는 의지로 달려들기보다는 살아남는지 지켜보겠다는, 조금은 차가운 태도로 바라본《서울리뷰오브북스》이다.

그러나 옆에서 꿈틀대며 나름의 독특한 개성까지 드러내니 애정이 생기지 않을 수 없었다. 내심 다른 편집위원의 마음도 비슷하리라. 이제 조심스럽게 청년, 장년, 심지어 노년을 꿈꾸게 된다. 이제 욕심이 과한지 걱정이다.

이번 호 특집은 공교롭게 '나이듦과 노년에 대하여'이다. 특집에서 다루어지는 다섯 권의 책(『노화와 언어는 서로 어떻게 영향을 미칠까?』,『노화의 종말』,『나이듦에 관하여』,『아주 편안한 죽음』,『노후를 위한 병원은 없다』)은 노화가 없어질 가능성(『노화의 종말』)에서부터 노년 인구가 급증하는 상황에서 현 의료 시스템의 지속가능성(『노후를 위한 병원은 없다』)에 이르기까지 이상과 현실을 넘나들며 다양한 주제를 다루고 있다.

첫 2년을 돌아보는 편집회의에서 '서평'이라는 본래 취지에 보다 충실하자는 의견이 강했다. 아껴 주는 독자들도 같은 의견이라 한다. 이에 특집 리뷰 밖에 일반 리뷰도 알차게 꾸려 일곱 편을 실었다. 이 범주 역시 다양한 분야의 책을 다루고 있는데, 최근 한국을 다녀간 이민진 작가의 『파친코』, 그리고 말 그대로 쉽지 않은 듯한 『한국에서 박사하기』를 살펴보는 서평이 눈길을 끈다.

　　이제 조금 그 모습을 드러내고 있는 '서리북스러움'을 긍정적으로 봐주시는 독자들의 반응에 역시 힘입어 '이마고 문디'와 '디자인 리뷰'를 지속했고, '문학' 역시 빼놓을 수 없는 요소로 등장한 가운데 새로 임성순, 어딘 작가님을 모시는 행운을 얻었다.

　　《서울리뷰오브북스》가 살아 있는 생명체가 아니라서 다행이다. 형편없는 부모의 질타를 벗어날 길이 없었을 터이다. 서평지는 그 존재 자체의 존속을 요구하지도 않고 우리도 이에 응할 의무가 없다. 다만 좋은 것은 좋은 것이기에 유지가 되면 좋겠다는 무게감은 느껴진다. 의무도 다하지 못해 고민스러운 요즘이다. 9호를 맞이하며 감사하고 뿌듯하다.

편집위원 이석재

차례

이석재   편집실에서   2

특집 리뷰: 나이듦과 노년에 대하여

박진호   언어와 함께 잘 늙기 『노화와 언어는 서로 어떻게 영향을 미칠까?』   12
홍성욱   '노화의 종말'은 아직 없다 『노화의 종말』   24
김은형   나는 고발한다, 현대 의학이 노년에게 주는 고통을 『나이듦에 관하여』   40
최윤영   추방했던 죽음의 귀환, 그리고 깨달음 『아주 편안한 죽음』   50
김경배   '가성비 의료'는 앞으로도 지속될 수 있을까 『노후를 위한 병원은 없다』   60

이마고 문디: 이미지로 읽는 세계

김홍중   미래의 악마적 힘: 구로사와 아키라와 벨라 타르의 종말론   74

디자인 리뷰

전가경   'P'의 여성주의 그래피즘   98

북&메이커

이현진   독자-작가-출판사를 연결하는 실험, 계속해 보겠습니다   108

리뷰

김두얼	한국이라는 울타리를 넘어설 수 있기를 『한국에서 박사하기』	118
조은	소통 불가능한 세계에 던지는 질문 『난장이가 쏘아올린 작은 공』	130
권보드래	좀 더, 달콤한 혼란과 쌉쌀한 자유를 『파친코 1, 2』	140
이석재	질서가 만든 혼돈 속을 헤엄치다 『물고기는 존재하지 않는다』	156
박훈	안중근, 이토 히로부미, 그리고 철도 『하얼빈』	168
유상운	반도체 서진론과 반도체 기술의 역사 『반도체 삼국지』	182
이경아	우리는 일제 식민지 건축을 통해 무엇을 보아야 하는가 『식민지 건축』	196

문학

김영민	먹물 누아르: 삼천포(三遷浦) 가는 길	210
임성순	낙성대(落星臺)	224
어딘	모국어가 그리울 때 꺼내어 읽기를	238

신간 책꽂이	248
서울리뷰오브북스 0-8호 총 목차	256

"잘 늙기 위한 실용적 방법을 알아보기에 앞서,
잘 늙는 게 무엇을 의미하는지에 대해
좀 더 근본적인 성찰이 필요하다."

22쪽, 박진호「언어와 함께 잘 늙기」

LIFESPAN
Why We Age—and
Why We Don't Have To

노화의 종말

데이비드 A. 싱클레어
매슈 D. 러플랜트

"건강한 과학은 마법이나 비법보다
상식에 더 가까운 법이다."

38쪽, 홍성욱「'노화의 종말'은 아직 없다」

"왜 의사가 환자에게
 삶의 우선순위를 묻고,
 병원에 다니는
 궁극적 목적을 묻는가."

42쪽, 김은형 「나는 고발한다, 현대 의학이 노년에게 주는 고통을」

"가까운 삶의 공간에서
 죽음은 타자로서
 멀리 추방되어 버렸다."

52쪽, 최윤영 「추방했던 죽음의 귀환, 그리고 깨달음」

"현재 의료계가 과연 고령화라는
 정해진 미래에 효과적으로 대응할 정도로
 건강한 방식으로 작동하고 있을까?"

63쪽, 김경배 「'가성비 의료'는 앞으로도 지속될 수 있을까」

"바라건대 작가가 이 분열을 더 끝까지 밀어붙일 수 있기를."

153쪽, 권보드래 「좀 더, 달콤한 혼란과 쌉쌀한 자유를」

한국에서 박사하기

BOOK JOURNALISM

"2023년 대한민국의 대학원생들은 '한국 대 외국'이라는 이분법을 뛰어넘어야 하는 것 아닐까?"

125쪽, 김두얼 「한국이라는 울타리를 넘어설 수 있기를」

"그저 대면(對面),
대적(對敵)할 뿐이다.
의연하게.
김훈의 이런 시선이,
내가 아는 안중근의 시선에
가장 가깝다고,
나는 생각한다."

175쪽, 박훈 「안중근, 이토 히로부미, 그리고 철도」

하얼빈

김훈 장편소설

문학동네

물고기는 존재하지 않는다 Why Fish
상실, 사랑 그리고 숨어 있는 삶의 질서에 관한 이야기 Don't Exist 룰루 밀러 지음 | 정지인 옮김

"세상은 다양하다는 주장 역시
다양한 종과 그 구별을 전제하고 있다."

162쪽, 이석재 「질서가 만든 혼돈 속을 헤엄치다」

반도체 삼국지 —

권석준 지음

부키와
이파리

"반도체 기술이 서진한다는 속설이야말로
정말로 서진했다고 봐도 무리가 아닌 셈이다."

184쪽, 유상운 「반도체 서진론과 반도체 기술의 역사」

"이 책에서 다루는 시대와 건축은
한마디로 '복잡하다.'"

197쪽, 이경아 「우리는 일제 식민지 건축을 통해 무엇을 보아야 하는가」

난쏘공이가 쏘아올린 작는 공 조세희 소설집

이성과감정

마티

"『난쏘공』의 현재성은
소통이 불가능한 세계에
질문을 던지는 데 있는 듯하다."

137쪽, 조은 「소통 불가능한 세계에 던지는 질문」

나이듦과 노년에 대하여

서울
리뷰 오브
북스

| 나이 듦에 따른 언어와 인지 변화에 대한 언어심리학적 접근 |

노화와 언어는 서로 어떻게 영향을 미칠까?

How Aging
Affects Language
and
How Language
Affects Aging

로저 크루즈(Roger Kreuz),
리처드 로버츠(Richard Roberts) 지음
최원일 옮김

GIST PRESS
광주과학기술원

『노화와 언어는 서로 어떻게 영향을 미칠까?』
로저 크루즈·리처드 로버츠 지음, 최원일 옮김
GIST PRESS, 2021

언어와 함께 잘 늙기

박진호

사람의 신체 능력과 인지 능력이 일생 동안 꽤 큰 변화를 겪듯이 언어 능력도 마찬가지이다. 출생 직후 몇 년 동안 매우 극적인 향상이 일어나는 것도 비슷하고, 늙어 가면서 천천히 쇠퇴하는 것도 비슷하다. 아기나 어린이 시절에 언어 능력이 어떻게 발달하는가에 대해서는, '언어 습득(language acquisition)'이라는 용어가 확립되어 있을 정도로, 많은 연구가 축적되어 있다. 노화에 따라 언어 능력이 어떻게 쇠퇴하는가, 또는 (선입견 없이 보다 중립적인 용어를 쓰자면) 어떻게 변화하는가에 대해서도, 언어 습득만큼은 아니지만, 흥미로운 연구들이 꽤 축적되어 왔다. 늙어 가면서 언어 능력이 감퇴함을 실감하는 사람들, 또는 앞으로 그렇게 될 것을 걱정하는 사람들로서는, 언어 능력의 감퇴를 가급적 늦추거나 완화할 방법을 찾고 싶을 수 있다. 그런 실용적 목적을 잘 달성하기 위해서는, 그전에 인간이 늙어 갈 때 어떤 일이 일어나는지를 우선 정확히 알 필요가 있다. 『노화와 언어는 서로 어떻게 영향을 미칠까?』는 그런 목적에 잘 복무하는 책이다.

종단 연구와 횡단 연구

이 책에는 인간이 늙어 갈 때 일어나는 일들에 대한 수많은 연구 사례가 소개되어 있는데, 그런 연구를 본격적으로 알아보기 전에, 우선 그런 연구를 접할 때 유의할 점, 그런 연구가 흔히 가지는 한계를 미리 알아 둘 필요가 있다. 어린이의 발달 연구와 마찬가지로 노화 연구에도 종단(또는 종적) 연구와 횡단(또는 횡적) 연구의 두 가지 방법이 있다. 종단 연구는 한 사람을 오랫동안 관찰하면서, 일어나는 변화를 기록하는 것이다. 물론 연구의 객관성이나 일반성 확보를 위해 한 사람이 아니라 보다 많은 사람을 연구하면 더 좋다. 사람 수가 늘어날수록 비용도 늘어나지만 말이다.

종단 연구는 장점도 많지만, 현실적으로 많은 어려움이 있다. 우선 연구 대상이 될 사람을 확보하기가 어렵다. 몇 년 동안이나 연구자들에게 자기 몸과 정신에서 일어나는 일들을 꼼꼼히 관찰하고 기록하도록 허락해 줄 사람은 많지 않을 것이다. 그런 사람을 어렵사리 구했다 해도, 나중에 마음이 바뀌는 일도 종종 있다. 게다가 연구 업적을 많이 내야 한다는 압박을 받는 연구자 입장에서, 장기간의 종단 연구는 가성비가 매우 낮다.

그래서 대안으로 횡단 연구가 많이 사용된다. 즉 한 시기에 여러 연령대에 있는 사람들을 비교함으로써, 나이를 먹음에 따라 어떤 변화가 일어날지를 간접적으로 추론하는 것이다. 40, 50, 60, 70, 80대의 피험자들에게 어떤 신체 능력, 인지 능력, 언어 능력을 측정하는 실험을 시행한 뒤, 그 수치가 연령에 따라 차이가 나고 그것이 일정한 방향성을 보인다면, 이를 바탕으로 나이를 먹음에 따라 그 방향으로 변화가 일어난다고 해석하는 것이다.

이런 비교를 할 때는 연구자가 관심을 갖는 요인 외의 다른 요인은 가급적 동일하도록 통제해야 하는데, 이것이 현실적으로 쉽지 않을 수 있다. 예컨대 어떤 인지 능력이나 언어 능력을 측정하는 검사를 시행했는데, 30대 피험자에 비해 70대 피험자들이 훨씬 낮은 점수를 받았다고 치자. 연구자는 이 결과를, 나이를 먹음에 따라 해당 능력이 그만큼 감소한다고 해석하고 싶겠으나, 점수 차이가 다른 요인에 말미암았을 수도 있다. 예컨대 한국이든 미국이든 현재 연령이 70대인 사람이 학교 교육(특히 고등교육)을 받았을 확률은 30대에 비해 훨씬 낮다. 따라서 이 실험에서 드러난 차이는 연령 때문일 수도 있지만 교육 정도 때문일 수도 있다. 실험 결과에 이 두 요인이 각각 얼마만큼 영향을 미쳤는지 정확히 가려내기 어렵다. 두 피험자 집단의 규모를 키우고 여러 인구통계학적 변수를 통제하고 실험 디자인을 정교하게 함으로써 그런 문제를 완화할 수 있기는 하지만 완전히 극복하기는 어렵다. 횡단 연구를 접할 때는 항상 이 사실을 염두에 둘 필요가 있다.

언어 능력인가, 인지 능력인가

또 하나 명심할 사실은, 언어 활동이 다양한 인지 능력을 바탕으로 하기 때문에, 실험에서 어떤 언어 능력이 나이를 먹음에 따라 감퇴하는 것으로 나타났을 때, 이것이 순수히 언어적인 능력의 감퇴를 의미하는지, 아니면 그 기반이 되는 인지 능력의 감퇴를 의미하는지, 아니면 둘 다인지 알아내기가 어렵다는 것이다.

어떤 실험에서 반어적 표현, 예컨대 표면적으로는 "잘했어"라고 말하지만 특유의 비꼬는 억양을 사용함으로써 잘못했다는 의미를 전달하는 문장들을 피험자들에게 들려주고서 이런 문장의 진정한 의미를 얼마나 잘 파악하는지 테스트했더니, 젊은이에 비해 노인들이 한결 낮은 점수를 받았다. 이것은 반어적 표현의 이해에 관한 언어 능력의 감퇴 때문일 수도 있지만, 비꼬는 억양의 감지를 위해 필요한 순수히 청각적인 능력의 감퇴에서 말미암는 부분도 있을 수 있다. 즉 노인들의 인지 능력이나 언어 능력은 말짱한데 단지 귀가 어두워서 그런 결과가 나왔을 수도 있는 것이다. 나이를 먹음에 따라 특히 높은 주파수 대역의 소리를 지각하는 능력이 떨어지는데, 비꼬는 말투는 높은 억양을 흔히 사용하므로, 이런 추정이 터무니없는 소리인 것만은 아니다.

억제 능력

이런 단서들에 항상 유의하면서도, 많은 연구들이 대체로 동일한 방향을 가리키고 있다면, 그런 연구 결과는 꽤 신뢰해도 좋을 것이다. 그런 흥미롭고 믿을 만한 연구 결과들이 이 책에 풍성하게 실려 있다. 한두 개만 소개하자면, 글자 유창성 과제와 범주 유창성 과제를 들 수 있다. 글자 유창성 과제는, 예컨대 1분 동안 'f'로 시작하는 단어를 가능한 한 많이 말하기 같은 것이다. 범주 유창성 과제는, 예컨대 1분 동안 동물, 과일, 야채 같은 특정 범주에 속하는 단어를 가능한 한 많이 말하기 같은 것이다. 두 과제 모두 교육 정도 같은 변수의 영향을 상당히 받기는 하지만, 그런 기타 요인을 잘 통제한 정교한 실험을 시행한 결과, 나이를 먹을수록 점수가 낮아지는 뚜렷한 경향을 보인다.

　　이런 실험 결과를 해석할 때 여기에 작용할 수 있는 다양한 요인들을 검토할 필요가 있는데, 특히 흥미로운 것으로 억제 능력이 있다. 머릿속에 자연스럽게 떠오르기는 하지만 현재의 상황적 조건하에서 부적절하기 때문에 그것을 말하거나 행동으로 옮기지 말고 참아야 할 때 그것을 참는 능력이다. 철자 'f'로 시작하는 단어를 찾으라는 과제를 수행할 때 사람들은 철자 'f'뿐 아니라 발음상 /f/로 시작하는 단어들도 머릿속에 떠오르게 마련인데(예: phone)

그런 단어는 억제하면서 답해야 한다. 나이를 먹음에 따라 작업 기억이 감퇴하는 것은 꽤 널리 알려져 있는데, 억제 능력도 감퇴한다는 것은 그에 비해 잘 알려져 있지는 않은 듯하다. 노인들은 과제에서 제시한 조건과 유사하기는 하지만 딱 들어맞지는 않는 그럴싸한 오답을 내놓는 비율이 젊은이에 비해 상대적으로 높은데, 이는 억제 능력의 감퇴에서 기인하는 것으로 추측된다.

나이를 먹음에 따라 억제 능력이 감퇴함을 보여 주는 대표적인 예로 '삼천포로 빠지기' 현상이 있다. 피험자에게 어떤 주제를 제시하고서 그 주제에 대해 일정 시간 동안 이야기해 보라고 하고, 그 내용의 응집성, 정합성 등을 평가해 보면, 노인들은 주제에서 벗어난 이야기의 비율이 젊은이에 비해 현저히 높다. 해당 주제와 관련된 자신의 체험의 기억이 머릿속에 떠오를 때, 그 체험 중 주제와의 관련성이 떨어지더라도 자신에게 매우 강렬한 인상을 남긴 일이면 그것을 참지 못하고 주저리주저리 늘어놓는 것이다. 교수들 중에 강의 시에 이런 현상을 유난히 자주 보이는 사람이 꽤 있고, 나이를 먹음에 따라 그 증상이 심해지는 것도 흔히 볼 수 있다. 노화에 따라 흔히 일어나는 이런 증상을 잘 인식하고 있으면, 스스로 그런 증상을 억제하려고 노력할 때 도움이 될 것이다.

억제 능력의 감퇴에 대한 고려는, 언어 능력에 대한 실험 결과를 해석할 때 보다 다양한 해석의 가능성을 제기하기도 한다. 누구나 경험해 본 일로 '혀끝에서 맴돌기' 현상이 있다. 어떤 개념을 나타내는 단어를 내가 분명히 알고 있는데, 기억으로부터 그 단어를 금방 끄집어내지 못하여 찜찜하게 느끼는 현상 말이다. 어떤 이는 이런 경험이 한번 일어나면 좀처럼 머리를 떠나지 않아서 몇 시간 또는 며칠을 계속 찜찜해하기도 한다. 누구나 짐작하듯이 나이를 먹음에 따라 혀끝에서 맴돌기 현상의 빈도도 높아진다.

어떤 개념에 해당하는 단어를 머릿속 사전으로부터 끄집어내는 것은 '어휘 인출(lexical retrieval)'이라는 전문 용어가 붙여져 있을 정도로 매우 기본적인 언어 능력 중 하나이다. 혀끝에서 맴돌기 현상은 어휘 인출 능력의 감퇴를 보여 주는 대표적인 증상으로 이해할 수 있다.

나이를 먹음에 따라 대부분의 인지 능력과 언어 능력은 감퇴하지만, 어휘력은 오히려 증가하는 일이 종종 있다. 중년이나 노년에 접어들어서도 신문, 잡지, 인터넷 같은 매체는 꾸준히 접하게 마련이고, 새로운 고유명사, 신어 등을 계속 접하기 때문에, 우리의 머릿속 사전의 규모는 어린 시절뿐 아니라 나이를 많이 먹은 뒤에도 꾸준히 커지는 경향이 있다. 책이 몇 권 없는 책장에서 원하는 책을 찾아 꺼내기는 쉽지만, 수만 권의 책이 소장되어 있는 큰 도서관에서 원하는 책을 찾아 꺼내기는 훨씬 어렵다. 마찬가지로 머릿속 사전의 규모가 커질수록, 특정 개념에 해당하는 단어를 찾아 꺼내는 것도 힘들어진다.

그런데 이 현상의 배경에 억제 능력의 감퇴도 있다는 주장이 있다. 특정 개념과 관련된 많은 단어가 머릿속에 떠오르지만 정확한 타깃 단어가 아니면 억제해야 하는데, 그런 단어가 많을수록 억제의 부담도 커진다. 타깃 단어와 밀접히 관련되어 있지만 타깃이 아닌 많은 단어들을 억제하느라 정신적 에너지가 많이 소모되기 때문에, 정작 타깃 단어의 인출에 써야 할 에너지가 부족해서 혀끝에서 맴돌기 현상이 자주 일어나게 된다는 것이다. 이러한 해석이 진실을 얼마만큼 반영하는지는 논란의 여지가 있겠으나, 하나의 현상에 다양한 요인이 작용할 수 있고 이에 대해 다양한 해석의 가능성이 존재함을 보여 주는 좋은 사례라 할 수 있다.

노화에 따른 신체 능력과 인지 능력의 저하.(출처: 『노화와 언어는 서로 어떻게 영향을 미칠까?』, 54쪽, GIST PRESS 제공)

보상 기제

나이를 먹음에 따라 여러 가지 능력이 감퇴한다는 우울한 사실들만 확인하게 된다면 이 책을 읽는 재미가 덜할 텐데, 이 책에는 희망적인 소식도 담겨 있다. 보상 기제가 그중 하나이다. 우리가 살아가면서 일상적으로 수행하는 과제를 위해서 많은 능력들이 협력적으로 작동한다. 예컨대 탁구 시합을 할 때, 상대방의 스윙 동작, 공이 날아오는 궤적, 공이 회전하는 모습, 테이블에서 튕길 때의 각도 등을 눈으로 보아 지각해야 하고, 이를 바탕으로 내가 라켓으로 공을 어느 각도에서 어떤 강도로 쳐야 하는지 계산하고, 이에 따라 근육을 움직여서 적절한 위치로 이동하고 팔을 움직여서 스윙을 한다. 나이를 먹음에 따라 눈도 침침해지고 근육 운동의 민첩성도 떨어지지만, 상대방이 친 공의 스핀을 파악하는 능력, 이를 바탕으로 내가 공을 어떻게 쳐야 하는지를 계산하는 능력은 많은 탁구 경기를 소화하여 경험이 축적됨에 따라 오히려 향상되는 경향이 있다. 그래서 나이를 먹어서 신체 능력이 저하되는데도 불구하고, 탁구 실력이 그에 비례해서 저하되지는 않고 그보다 완만하게 저하되는 일이 흔히 있다.

신체 능력이나 인지 능력의 상당 부분은 노화에 따른 저하가 거의 불가피하다. 흔한 말로 세월 앞에 장사 없다. 그런데 언어 능력은 (마찬가지로 노화에 따른 저하 경향이 있기는 하지만) 신체 능력이나 기타 인지 능력에 비하면 노화에 따른 저하의 속도가 상대적으로 느린 편이고, 어휘력이나 글쓰기 능력 등의 일부 능력은 노력 여하에 따라서 나이를 먹을수록 오히려 향상되기도 한다. 따라서 언어 능력을 잘 보존하거나 향상시켜서 다른 능력의 저하를 잘 보상시키면, 많은 과제를 수행할 때 큰 지장 없이 해낼 수 있고 심지어 더 잘할 수 있게 되기도 한다.

글쓰기의 미덕

이 책의 마지막 장에서는 특히 글쓰기가 보상 기제로서 가지는 효용에 대해 자세히 다루고 있다. 논리적으로 글을 쓰는 훈련을 꾸준히 하면 인지 능력의 감퇴를 완화하는 데 도움이 되리라는 것은 상식적으로 짐작할 수 있다. 이 책에서는 그뿐 아니라 자기 삶을 돌아보는 회고적 글쓰기가 지니는 치유적 기능에도 주목하고 있다.

살다가 매우 충격적이고 부정적인 사건을 경험한 뒤에 '외상후 스트레스 장애'로 고통받는 사람들이 있다. 그 부정적인 사건의 고통스러운 기억이 자꾸 떠올라서 마음을 괴롭히는 것이다. 이런 부정적인 사건의 후유증은 상당히 오래도록 그 사람의 삶에 부정적인 영향을 미칠 수 있다. 그런 사건을 겪고 나서 얼마 지나지 않은 시기에는 그 사건의 경험을 일부러 되살리는 것이 별 도움이 안되고 상처를 더 키우기 십상이겠으나, 어느 정도 시간이 흐른 뒤

저자는 회고적 글쓰기가 지니는 치유적 기능에도 주목하고 있다.(출처: 『노화와 언어는 서로 어떻게 영향을 미칠까?』, 165쪽, GIST PRESS 제공)

에는 그 사건을 차분히 돌아보면서 머리에 떠오르는 생각들을 글로 정리하여 써보는 활동이 그 사람이 사건 후유증으로부터 벗어나서 더 건강한 삶을 영위하는 데 도움이 된다는 연구 보고들이 꽤 있다.

꼭 그런 충격적인 사건까지는 아니더라도 누구나 그 사람의 삶 속에는 크고 작은 일들이 있었을 것이고, 그 사건들이 그 사람의 삶에서 어떤 의미가 있는지는 그 사람 스스로가 의미를 부여하기 나름이다. 누구나 노년기에 접어들면 자신의 삶을 정리하면서 자기 삶이 의미 있고 가치 있는 삶이었다고 평가하는 것이 바람직하며, 실제로 많은 사람들이 그렇게 한다. 삶 속에 각각 고립적인 점처럼 존재했던 사건들에 의미를 부여하고 이 점들을 연결하여 하나의 줄거리로 만들 수 있다면 더 좋을 것이다. 이런 작업을 그냥 머릿속에서만 하기보다는 내러티브를 갖춘 글로 써낸다면, 그 사람 자신의 행복을 위해서도 좋고, 가족이나 지인이나 후대인들을 위해서도 좋은 역사가 될 것이다.

　인간의 수명이 늘어나고 고령 인구가 증가할수록, 잘 늙어 가는 것에 대한 관심도 높아지고 있다. 잘 늙기 위한 실용적 방법을 알아보기에 앞서, 잘 늙는 게 무엇을 의미하는지에 대해 좀 더 근본적인 성찰이 필요하다. 이에 대한 보편적인 대답이 존재한다기보다, 모든 사람이 각자 자기 나름의 해답을 찾아야 할 문제일 수도 있다. 우리가 이 해답을 찾아 갈 때, 언어에 대한 고려를 하는 것이 도움이 될 수 있다. 이 책을 읽는 보람이 바로 여기에 있을 것이다. **서리북**

박진호
본지 편집위원. 언어학자. 서울대학교에서 가르치고 있다. 공저로 『한국어 통사론의 현상과 이론』, 『현대한국어 동사구문사전』, 『인문학을 위한 컴퓨터』 등이 있다.

📖 심리학에서는 인간의 마음을 과학적으로 연구하기 위해 다양한 실험 방법들을 개발해 왔다. 이런 실험 방법을 활용하여 언어의 작동 방식을 탐구하는 학문 분야를 '심리언어학' 또는 '언어심리학'이라고 한다. 실시간 의사소통 과정에서 언어가 어떻게 작동하는지를 알려 준다는 것뿐 아니라, 그것을 알아내는 기발한 실험 과정 자체가 주는 재미가 있다.

『심리언어학, 말과 마음의 학문』
존 필드 지음, 이성은 옮김
학이시습, 2020

"심리언어학은 인간의 마음과 언어의 관계를 연구하는 학문이다. 심리언어학은 전체 언어 사용자보다는 개별 언어 사용자에게 우선적인 관심을 둔다. 하지만 개인의 언어 능력은 특정 언어 사회의 모든 사용자가 공유하는 인지 기제를 얼마나 자유롭게 활용할 수 있는가에 따라 결정된다. 그래서 심리언어학의 가장 우선적인 목표는 특정 언어 사용자 혹은 모든 언어 사용자의 언어 행위에서 나타나는 공통 양상을 추적하는 것이다. 심리언어학은 이를 통해 우리의 인지 체계가 어떠한 방식으로 의사소통을 가능하게 하는지를 파악하고자 한다."— 책 속에서

📖 노화에 따른 언어 능력의 감퇴보다 어린이의 언어 능력 발달에 대해 훨씬 더 많은 연구가 축적되어 있다. 토마셀로는 이 분야에서 주목받는 학자로서, 어린이의 언어 습득 과정에 대한 학계의 연구 성과를 잘 정리하면서, 자기 나름의 관점을 피력하고 있다.

『언어의 구축: 언어 습득의 용법 기반 이론』
마이클 토마셀로 지음
김창구 옮김
한국문화사, 2011

"본고의 모델은 철저하게 기능주의적이다. 즉 사람들이 의사소통을 할 때 자신의 의도를 어떻게 표현하고 상대방의 의도를 어떻게 이해하는지를 중시한다. 바로 이 점에서 생성문법 및 연결주의와 구분된다. 이들 이론에서는 형식적 패턴의 습득에 주로 관심을 갖고, 실세계에서 일어나는 일들을 가리킬 때 언어가 실제로 어떻게 사용되는지는 별로 관심을 안 갖는다. 인간의 인지적 표상이 주로 지각으로부터 나온다면, 인간의 언어적 표상에 대한 이론도 사람들이 주위의 사건이나 존재물에 주의를 기울이고 다른 사람의 주의를 거기로 돌리기 위해 언어가 사용되는 방식에 주목해야 할 것이다." — 책 속에서

LIFESPAN: WHY WE AGE—AND WHY WE DON'T HAVE TO

하버드 의대 수명 혁명 프로젝트

노화의 종말

데이비드 A. 싱클레어·매슈 D. 러플랜트 지음 | 이한음 옮김

부·키

『노화의 종말』
데이비드 A. 싱클레어·매슈 D. 러플랜트 지음, 이한음 옮김
부키, 2020

'노화의 종말'은 아직 없다

홍성욱

생로병사(生老病死): 태어나서 늙고 병들고 죽는다.

싯다르타는 늙고 병들고 죽는 사람들을 보고 생로병사 대신 생로해탈을 얻고자 출가했다. 그는 해탈했다고 하지만, 아직도 모든 사람은 늙고 병들고 죽는다. 뉴턴의 중력 법칙과 맞먹는 생물학의 법칙이 있다면 모든 생명체는 늙다가 죽는다는 것일 거다. 다윈이 진화론을 제창했던 시기만 해도 왜 모든 생명체가 늙고 죽어야 하는지 어렴풋하게만 알았다. 지금의 생물학은 DNA를 자손에게 물려준 생명체가 지구상에서 사라지는 것이 자연의 법칙임을 확실히 이해하고 있다. 일찍 자손을 낳는 생명체는 수명이 짧고, 늦게 자손을 낳는 생명체는 더 오래 산다. 인간은 거북이나 고래만큼 오래 살지는 못해도 웬만한 포유류보다는 오래 산다.

이렇게 보면 노화는 자연적 과정이다. 다만 역사적 변화와 개인 차이는 존재한다. 예전에는 환갑잔치를 했지만, 지금은 환갑이라는 말을 꺼내는 것도 삼간다. 개인 차이도 더 두드러져서, 어떤 이들은 노화가 한참 늦게 찾아온다. 1962년생으로 60세가 넘은 영화배우 톰 크루즈는 2023년에 개봉되는 〈미션 임파서블 7〉의 촬영에서 오토바이, 스카이다이빙과 낙하산, 카레이싱을 스턴트 대역 없이 소화했다. 보통 영화배우 같으면 주인공의 아버지로 나올 나이인데, 그는 아직도 액션 영화의 주인공을 하고 있다. 90세가 넘어 마라톤 풀코스를 완주하는 사람도 적지 않은데, 전설로 회자되는 파우자 싱(Fauja Singh)은 90세가 넘어 마라톤을 뛰기 시작해서 100세까지 매년 마라톤 풀코스를 완주했다.

　이런 사람이 있다고 노화가 정복된 것은 아니다. 대부분은 나이가 들면서 노화에 수반되는 당뇨병, 고혈압, 심장병, 치매 같은 질병이 찾아오고 약을 입에 달고 산다. 지병이 없는 건강한 노인도 80세가 넘으면 20대에 비해 코로나19로 사망할 확률이 800배가 된다. 100세까지 건강하게 살았던 사람도 100세가 넘으면 급속하게 쇠약해지는데, 20세기 초와 지금을 비교한 연구에 의하면 80세까지 사는 사람들의 비율은 눈에 띄게 증가했지만, 100세 이상 사는 사람의 비율은 거의 증가하지 않았음을 알 수 있다. 110세 이상 산 사람들의 통계를 분석해 보면, 125세까지 사는 사람이 나올 확률은 10,000년에 1명이라고 추정된다. 인간의 몸은 최대 100년 동안 작동하면 그냥 자연적인 한계에 이른다는 얘기다. 역사가 기록된 이래 수명이 120세를 넘긴 사람은 지금까지 딱 1명뿐이다.

　부모님이 늙고 병드는 것도 안타깝고 내가 늙고 약해지는 것도 안타깝지만, 노화는 필연적이고 비가역적이며 자연적인 과정이라는 것이 우리의 상식이다. 그런데 이 서평의 대상이 되는 데이비드 A. 싱클레어의 『노화의 종말』*은 이런 상식을 거부한다. 『노

---

* 이 책은 하버드 의대 유전학자 데이비드 A. 싱클레어와 저널리즘을 전공한 작가 매슈 D. 러플랜트가 공동 저자로 되어 있다. 둘의 역할이 무엇이었는지에 대한 설명은 없지만, 책에 담긴 과학적 내용은 싱클레어에 의해 제공되었음을 바로 알 수 있다.

화의 종말』에 의하면 노화는 필연적이거나 자연적이지 않으며, 무엇보다 비가역적이지도 않다. 늙지 않을 수 있고, 늙어도 다시 회춘할 수 있다는 얘기다. 진시황이 무덤에서 벌떡 일어날 소리다. 우선 노화의 메커니즘부터 알아본 뒤에, 이런 주장의 근거를 들여다보자.

왜 늙는가? 기존의 이론과『노화의 종말』의 주장

1930년대부터 미국과 영국에서 발달한 노인학(gerontology)은 노인을 어린아이와 비슷한 존재로 보고 이들의 개인적, 사회적 속성을 연구했다. 노인학 연구자 중에는 자연과학자와 의사도 있었지만, 주류는 사회과학자였다. 그런데 1990년대 이후에 꼬마선충, 효모, 초파리, 쥐 같은 실험동물을 사용해서 노화를 연구하는 과학자들이 대거 등장했고, 이들과 의사들이 협력해서 노화의 기전을 연구하는 생물노인학(biological gerontology, biogerontology) 분야를 발전시켰다. 생물노인학 분야에서 규명한 노화의 기전은 다음의 아홉 가지이다.*

> DNA 손상으로 생기는 유전적 불확실성
>
> 텔로미어(telomere)의 마모
>
> 후성유전체(epigenome)의 변화
>
> 단백질 항상성 능력의 상실
>
> 대사 변화로 생기는 영양소 감지 능력의 혼란
>
> 미토콘드리아 기능 이상

---

* 이 목록은 연구자에 따라서 조금씩 다르다. 열 가지를 제시하는 사람도 많다. 여기서는 편의를 위해 『노화의 종말』 63쪽에서 제시된 목록을 인용했다.

노화세포의 축적

줄기세포의 소진

세포 내 의사소통 변형과 염증 분자의 형성

텔로미어의 예를 들어 보자. 세포가 분열할 때 염색체가 분열하면서 분열된 세포의 염색체 끝부분에 있는 텔로미어라는 조직이 조금씩 짧아진다. 이 단축을 억제하는 효소를 제공하면 텔로미어가 짧아지지 않고 세포 분열을 거의 무한정 진행하게 할 수 있는데, 이 과정은 세포의 젊음을 유지하게 만드는 것이라고도 볼 수 있다. 과학자들은 이런 원리를 이용해서 꼬마선충 같은 실험동물의 수명을 늘리는 데 성공했고, 이를 인간과 같은 고등 생명체에 이용할 방법을 찾고 있다.

텔로미어 외에도 과학자들은 위에서 언급한 다양한 노화의 원인 각각에 대한 연구를 진행하면서, 이를 이용해 인간 수명을 연장할 방법을 열심히 탐색 중이다. 그렇지만 이 아홉 가지 영역 중 한두 가지에서 실험적인 성과가 있어도 이것을 인간에게 확장하는 과정에서 또 다른 문제가 등장하곤 한다. 무엇보다 노화라는 것이 이런 여러 가지 요소들의 조합과 상호작용을 통해 진행되는 것이기 때문에, 아직 인간의 노화의 속도를 늦추는 연구는 실험실의 영역을 벗어나서는 구체적인 성과를 내지 못하고 있다.

흥미로운 사실은 싱클레어가 위에서 언급한 노화의 아홉 가지 원인을 '원인'이 아니라 '징표(hallmark)'라고 부른다는 것이다. 징표는 원인보다는 결과에 가깝다. 싱클레어는 노화의 진짜 원인, 혹은 노화의 단일한 원인이 존재하며, 20여 년의 연구를 통해 이를 발견했다고 주장한다.(67쪽) 그는 효모를 대상으로 한 실험에서 SIR2라는 유전자가 활성화되어 서투인(sirtuin) 단백질이 많이 생성되면 효모가 더 오래 생존함을 발견했다.(90-100쪽) 이후 후성유전체의 변화를 낳게 만들어진 ICE 쥐를 가지고 한 실험에서 이런 쥐가 다른 쥐에 비해서 더 빨리 노화됨을 발견했다.(112-118쪽) 생명체에는 장수를 가능하게 하는 SIR2 같은 '장수 유전자(longevity gene)'들이 있는데,* 이런 유전자가 활성화되면 노화가 억제되고, 이런 유전자가 제대로 일하지 못할 정도로 후성유전학적 잡음이 들어오면 노화가 진행된다는 것이 그의 이론의 요체다.

싱클레어는 현대 통신 기술의 토대가 되는 클로드 섀넌(Claude Shannon)의 정보 이론(information theory)과 비슷한 "노화의 정보 이론"을 주장한다.(286-288쪽) 이 이론에 의하면 노화의 근본 원인은 심한 스트레스나 해로운 환경 같은 후성유전적 잡음이 DNA를 여기저기 자르고 망가뜨렸기 때문이다. 여기서 그가 말하는 후성유전적 정보는 DNA에 담긴 디지털 정보가 아닌 환경이 만들어 내는 각양각색의 아날로그 정보이며, 후성유전적 잡음에 의해서 잘리는 DNA는 유전자 돌연변이가 아니라는 점이 중요하다. 싱클레어의 비유를 들자면 후성유전적 정보 때문에 잘리는 DNA는 마치 CD나 DVD 표면에 생기는 스크래치와 비슷한 것이다.(281-284쪽) 스크래치가 좀 깊게 나도 치약을 티슈에 묻혀서 문지르면 원음을 복원할 수 있듯이, 후성유전적 손상은 복구할 수 있다. 반면에 방사능에 의한 유전자 돌연변이는 CD의 구석이 깨져 나가는 것과 비슷하며, 복구할 수 없다. 노화는 주름살, 흰머리, 노안처럼 몸의 물질적 변화에서 가장 잘 보이지만, 그 근원은 정보의 손실이라는 것이 싱클레어의 주장이다.

---

* SIR2 같은 유전자는 아니지만, TOR(포유류는 mTOR) 같은 단백질이나 AMPK 같은 물질을 관장하는 유전자도 싱클레어는 장수 유전자라고 칭한다.

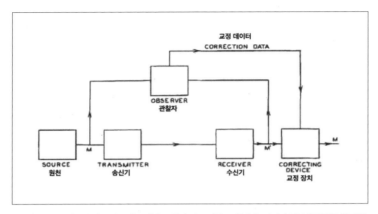

그림은 클로드 섀넌의 정보 이론에 근거한 노화의 정보 이론 도식이다. 여기서 정보의 원천은 난자와 정자에 들어 있는 유전 정보이다. 송신기는 후성유전적 정보를 전송하는 우리의 후성유전체이며, 수신기는 이를 받는 미래의 우리 몸이다. 후성유전체가 보내는 잡음 때문에 미래의 몸에 노화가 생기는데, 원천에 저장된 정보와 노화가 진행된 몸이 가진 정보를 비교하는 관찰자가 교정 데이터를 만들어서 교정 장치로 보낼 수 있다면 노화 이전의 원래 정보가 재생될 수 있다. 싱클레어에 의하면 이것이 노화의 역전, 즉 회춘이다.(출처: 『노화의 종말』, 286쪽, 부키 제공)

이렇게 보면 노화는 결코 자연적인 과정이 아니다. 싱클레어는 노화가 정보의 손실이 복구되지 못해서 나타나는 질병이라고 단언한다. 다만 다행스러운 사실은 우리가 이 질병을 극복할 실마리를 잡았다는 것이다. 장수 유전자들은 적절한 자극을 받아서 활성화되면 노화를 막아주는데, 적게 먹거나 간헐적으로 단식을 하고, 육식을 줄이고, 땀을 흘릴 정도로 운동을 하고, 추위에 스스로 노출하고, DNA 변이를 일으키는 화학 물질이나 방사선 같은 것을 피하는 것이 이런 건강한 자극을 주는 생활 습관이다. 여기에 몇 가지 약물이 도움이 된다. 싱클레어에 의하면 면역 부작용 억제제로 사용되는 라파마이신이 노화 억제의 효용이 있다. 당뇨병 치료제로 사용되는 메트포르민도 항노화제로 작용하며, 포도주에 들어 있는 레스베라트롤과 니코틴아마이드 모노뉴클레오타이드

(NMN)라는 화학 물질도 항노화제이다. 이것들은 모두 적절한 정도의 스트레스를 제공해서 장수 유전자를 활성화하는 물질들이다.

싱클레어는 이런 약들의 놀라운 효능을 광고한다. NMN을 섭취한 한 학생의 어머니가 다시 생리를 시작했다는 일화, 그리고 80세가 넘은 자신의 아버지가 메트포르민과 NMN을 섭취하고 6개월 뒤에 마치 젊은이와 같은 육체적, 정신적 활력을 되찾아서 새 직장을 잡고 전 세계를 돌아다니고 있다는 얘기를 전한다.(255쪽) 성체 세포를 줄기세포로 만들어 주는 야마나카 인자들(Yamanaka factors)을 이용한 실험에서는 시력을 잃은 늙은 생쥐가 시력을 찾았다는 기적 같은 실험 결과도 소개한다.(297쪽) 그 자신도 매일 NMN 1그램, 레스베라트롤 1그램, 메트포르민 1그램을 섭취하며, 50세를 넘겼지만 30대의 몸과 마음을 가지고 있다고 자랑한다. 그뿐만 아니라 그의 아내와 동생도, 심지어 집에서 키우는 개들도 NMN을 매일 복용한다고 한다.(495-500쪽) 그는 바람직한 라이프스타일을 유지하고, 장수 유전자를 활성화하면 새로운 가까운 미래에 수명이 33년이 늘어나고, 평균 113세까지 건강하게 살 수 있다고 본다.(362-363쪽)

책머리에 적힌 헌사(獻辭)는 이 책을 자신의 할머니, 어머니, 아내, 그리고 아직 태어나지 않은 고손주에게 바친다. 그리고 책의 마지막은 "고손주를 만날 준비를 하자"(477쪽)는 소절로 마무리된다. 건강한 노년으로 고손주와 함께 즐겁게 지내는 미래. 현대 과학이 가능케 한 유토피아 아닌가.*

---

* 이 책의 3부에서는 인간 수명의 증가가 인구 증가를 낳는 사회적 문제에 대한 저자의 낙관적인 견해가 피력된다. 이 역시 매우 흥미로운 주제이지만, 아쉽게도 지면의 제한 때문에 이 서평에서는 이 주제에 대한 논의를 건너뛸 것이다.

싱클레어 항노화제의 문제점들

싱클레어는 서투인 유전자를 비롯해서 자신이 주목하는 몇몇 유전자들을 '장수 유전자'라고 부르는 데 거침이 없다. 그렇지만 서투인 유전자가 가장 중요한 장수 유전자라는 데 노화 연구자들 사이에 합의가 이루어진 것은 결코 아니다. 최근에 인간의 노화와 관련이 있다고 보고된 유전자들과 그 역할을 개괄한 리뷰 논문에 따르면, 과학자들이 지금까지 보고한 소위 '장수 유전자'는 인간의 경우 50개가 넘는다. 서투인 유전자(SIR1, SIR2)는 그중 두 개의 후보일 뿐이다.*

동물 실험에서 서투인이 수명 연장의 효과가 분명하다고 보고한 초기 연구들이 있었지만, 후속 연구에서 효과가 의심스럽거나 없다고 보고된 것도 여럿 있다. 2011년의 한 연구는 서투인 유전자가 꼬마선충이나 초파리에게서 수명 연장 효과를 확인하기힘들다고 보고했으며, 2016년의 초파리 연구는 서투인 유전자를 제거해도 초파리 수명의 변화가 없으며, 초파리에 제공하는 영양분을 제한한 상태에서는 오히려 이 유전자의 제거가 수명을 늘림을 보여 주었다.** ICE 쥐를 가지고 한 실험에서 싱클레어는 자신의 실험이 쥐의 유전자가 없는 DNA 영역을 잘랐다고 했지만, 몇몇 연구자들은 이전의 같은 실험에서 ICE 쥐의 DNA의 상당한 영역이 결실되었음을 보고했다. 다른 말로, 싱클레어 팀이 인위적으로 만들어 낸 ICE 쥐의 노화가 후성유전적 잡음 때문이 아니라

---

* May Nasser Bin-Jumah et al., "Genes and Longevity of Lifespan", *International Journal of Molecular Sciences* 23(3), 2022.

** Camilla Burnett et al., "Absence of effects of Sir2 overexpression on lifespan in C. elegans and Drosophila", *Nature* 477, 2011, pp. 482-485; Jennifer D. Slade and Brian E. Staveley "Extended longevity and survivorship during amino-acid starvation in a Drosophila Sir2 mutant heterozygote", *Genome* 59(5), 2016, pp. 311-318.

이런 DNA의 결실 때문일 수도 있다는 것이다.*

　싱클레어의 '노화의 정보 이론'은 노화의 근본 원인을 정보의 손실에서 찾음으로써 노화를 되돌릴 가능성을 제시한다는 매력이 있다. 노화를 연구하는 다른 연구자들이 주로 체세포의 돌연변이나 단백질 항상성의 붕괴에서 노화의 원인을 찾는 데 비해, 싱클레어는 노화된 동물의 체세포 복제를 통해 만들어진 복제 동물이 어린 상태로 태어난다는 사실에서 체세포 변이가 노화의 근본 원인이 아니라고 주장한다. 그렇지만 이는 동물 복제 연구자들 사이에서 아직도 논쟁적인 영역이다. 동물 복제의 성공률이 높지 않을 뿐만 아니라, 돼지를 대상으로 한 연구에서 복제된 어린 동물에 노화된 모체와 연관된 유전자 변이가 등장한 사례들도 보고되었기 때문이다.**

　싱클레어가 사람의 노화를 막는다고 광고하는 약물의 효과에 대해서도 이견이 존재한다. 메트포르민의 효용에 대한 기존의 연구들을 메타 리뷰한 논문의 저자들은 메트포르민이 장수 유전자를 활성화해서 수명을 늘려 주는 효과를 내는지 의심스럽고, 다만 이 약이 지방의 축적을 줄여 주고 당뇨병이나 심장병을 방지하는 효과를 통해 약간의 수명 연장이라는 간접적인 효과를 낼 수는 있다고 평가하고 있다.*** 지난 수십 년 동안에 이루어진 노화 연구를 리뷰한 연구자는 레스베라트롤이 사람의 수명을 늘린다는 이론이

*　Kim Jeongkyu et al., "Controlled DNA double-strand break induction in mice reveals post-damage transcriptome stability", *Nucleic Acids Res* 44(7), 2016.

**　Jörg Patrick Burgstaller and Gottfried Brem, "Aging of Cloned Animals: A Mini-Review", *Gerontology* 63, 2017, pp. 417-425.

***　Ibrahim Mohammed et al., "A Critical Review of the Evidence That Metformin Is a Putative Anti-Aging Drug That Enhances Healthspan and Extends Lifespan", *Front Endocrinol* 12, 2021.

확실한 증거에 근거한 것이 아니라 프레임 편향(framing bias), 확증 편향, 그리고 장수 산업에 대한 거품이 만들어 낸 산물이라고 비판한다.*

　나는 싱클레어나 그의 연구팀의 실험에 문제가 있음을 말하려고 하는 것은 아니다. 지금 막 진행되고 있는 연구 프런티어(research frontier)에서는 이렇게 이견과 논쟁이 없는 경우가 오히려 드물다. 한 연구자의 실험 결과는 다른 연구자에 의해 잘 재연되지 않는 경우가 많고, 하나의 실험동물을 가지고 얻어진 연구는 다른 실험동물에서 엉뚱한 결과를 내기도 한다. 효모와 인간이 수천 개의 유전자를 공유하고, 초파리와 인간이 유전자의 60퍼센트를 공유한다고 해도, 효모나 초파리에서 얻은 결과가 인간에게서 그대로 나오지 않는다. 이는 실험동물을 가지고 실험을 하는 과학자들이 기초적으로 알고 있는 사실이고, 논문을 쓸 때는 자신의 실험 결과의 의의와 한계 모두를 분명히 적시하기 위해 애를 쓴다.

　그렇지만 대중 과학서에서는 얘기가 달라진다. 그나마 대학 출판부에서 내는 책은 논문처럼 전문가들의 심사를 거치지만, 『노화의 종말』은 사이먼앤슈스터(Simon and Schuster)라는 유명한 상업 출판사의 자회사인 아트리아 북스(Atria Books)에서 출간되었다. 싱클레어는 전문가 심사를 거친 논문에서는 도저히 포함할 수 없는 주장이나 이론을 책을 통해서 화려하게 펼쳐 놓았다. 게다가 저자 자신이 20년 이상 노화 연구를 수행했고, 그 자신이 주름살 하나 없이 젊음을 유지하는 하버드 의대 교수 아닌가. 『노화의 종말』은 책이 출판된 미국에서 베스트셀러가 되었고, 10개 이상의 언어로

---

* Charles Brenner, "Sirtuins are not conserved longevity genes", *Life Metabolism*, loac025, 2022.

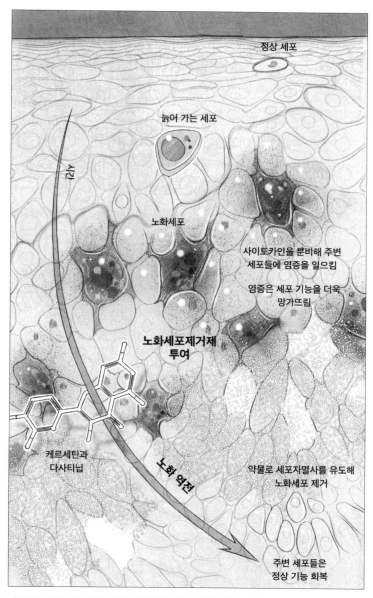

저자가 설명하는 항노화제를 통한 노화 역전의 메커니즘.(출처: 『노화의 종말』, 272쪽, 부키 제공)

번역되어 전 세계적으로 널리 읽혔다. 독자들은 싱클레어식으로 라이프스타일을 바꾸고 약을 섭취하면 젊음을 되찾고 건강하게 오래 살 수 있다는 주장에 매료되었다. 싱클레어는 책의 출간에 맞추어 팟캐스트와 강연, SNS를 통해 자신의 주장을 홍보했고, 지금도 이런 행보는 계속되고 있다.

하버드 의대에 재직하지만 싱클레어는 의사가 아니고 유전학자이다. 그가 어떻게 건강식품이 아닌 당뇨병 치료제 메트포르민을 처방받아서 매일 먹고 있는지는 분명치 않지만(그의 아버지는 당뇨병 치료제로 처방받았다고 한다), 그는 사람들에게 이런 처방을 내려 주거나 권장할 자격을 가진 사람이 아니다. 더 문제가 되는 것은 그 자신과 가족 및 지인 몇 사람이 효과를 보았다고 해도 그것 때문에 이런 약물을 장수 약물이라고 선전하는 것은 과학자의 태도라고는 이해하기 힘들 정도로 비과학적이라는 것이다. 약물을 시판하기 위해서는 세포 실험과 동물 실험을 하고, 사람을 대상으로 1상, 2상, 3상에 걸친 엄격한 임상시험을 하고, 그 결과를 심의해야 한다. 그가 책에서 항노화제로 선전하는 약은 이런 테스트를 거치지 않은 것들이다.

노화를 연구한 유전학자는 자신이 노화를 예방할 수 있다고 확신한 약물이나 건강 보조제를 추천할 수 없는가? 나는 특정한 조건을 만족하면 가능하다고 생각한다. 그 첫 번째 조건은 바로 위에서 말했듯이 식약청 같은 정부 기관에 의해서 승인을 받은 약물을 추천하는 것이다. 두 번째 조건은 연구자가 이런 약물이나 보조제와 이해관계가 없어야 한다는 것이다. 싱클레어가 홍보하는 메트포르민과 레스베라트롤은 항노화제로 허가를 받지 않은 것이어서 첫 번째 조건을 만족하지 못한다. NMN은 건강 보조제로 시판되는 것이지만, 역시 항노화의 효능을 확실히 입증받지는 못한 것이다.

그렇지만 더 큰 문제는 두 번째 조건 역시 만족하지 못한다는 것인데, 싱클레어가 이런 약물이나 보조제와 이해관계가 무관한 사람이 아니라는 것이다. 그는 항노화 약품이나 보조제를 만드는 OvaScience, Cohbar, Life Biosciences, Senolytic Therapeutics, Spotlight Biosciences, GSK(글락소스미스클라인), Jumpstart Fertility, Jupiter Orphan Therapeutics, Liberty Biosecurity, Metrobiotech East/Midatlantic 등의 회사에 창업자, 주주, 이사, 자문, 혹은 특허 소유권자 등의 이해관계를 가지고 있다. 특히 GSK는 싱클레어가 창업한 Sirtris Pharmaceuticals을 합병한 뒤에, 서투인 항노화제를 만드는 연구에 총력을 기울이고 있는 회사이다. 그가 자신의 책에서 몇몇 약물을 항노화제로 대대적으로 선전하고 대중이 이에 열광하면 이런 회사들의 주가가 (그리고 자신의 연구비가) 오를 것이라는 사실은 명확하다. 이런 홍보의 성격이 강한 그의 책은 이해관계에서 자유롭지 못하다.

과학 대중서를 어떻게 읽어야 하나

2019년에 미국에서 출판된 『노화의 종말』은 2020년 7월에 한국에서 번역되어 나왔다. 내가 가지고 있는 책은 2022년 8월에 65쇄로 인쇄된 책이다. 이 책의 인기를, 늙고 싶지 않은 사람들의 욕망을 확인해 볼 수 있는 숫자이다.

　『노화의 종말』의 앞머리에는 수많은 매체와 유명인들의 추천사가 적혀 있다. 한국의 유명한 과학자 정재승도 이 책을 강력하게 추천했다. 그는 "이 책을 집어 든 당신은 행운아다. 노화를 되돌리고 건강하게 장수할 과학적 비법을 얻게 될 테니 말이다"라고 하면서, 이 책의 "백미는 노화를 늦추는 실질적인 조언들이 가득 담겨 있다는 것. 게다가 저자가 직접 실천하고 있다고 하니 신뢰하지 않을 수 없다"고 적고 있다. 그렇지만 이 서평을 통해 보이려고 했듯이, 책이 제시하는 장수 비법, 노화를 늦추는 실질적인 조언들, 저자의 실천 모두 엄밀한 과학과는 거리가 있다. 이 책은 특정한 목적을 가지고 대중을 겨냥해서 쓴 과학 대중서이지, 심사를 거친 연구 논문이 아님을 이해하고 읽는 것이 중요하다.

　노화의 비법은 없는가? 모든 노화 연구자들은 땀을 흘릴 때까지 정기적으로 운동하고, 고기 대신 야채를 많이 먹고, 담배를 끊고, 술을 줄이고, 심한 스트레스를 피하는 생활 습관이 노화를 늦춘다는 데 의견 일치를 보고 있다. 절식을 하거나 단식을 하는 것의 효과는 분명치 않다. 쥐의 수명을 늘린 정도의 비율로 적게 먹으려면 매일 허기가 진 채로 살아야 한다. 추위에 노출되는 것의 효과도 사람에 따라 다르다는 분석이 있다. 그저 우리가 상식적으로 알고 있는 건강한 삶을 살면 조금 더 천천히 늙는다. 이게 지금까지 '인간' 노화에 대해서 과학이 밝혀낸 전부라면 실망스러울 수 있다. 그렇지만 건강한 과학은 마법이나 비법보다 상식에 더 가까운 법이다. **서리북**

홍성욱
과학기술과 사회의 관계를 연구하는 과학기술학자. 《서울리뷰오브북스》 편집장. 가습기 살균제나 세월호 참사 같은 과학기술과 재난 관련 주제, 그리고 이와는 상당히 다르지만 1960-1980년대 산업화와 기술발전에 대해서 연구하고 있다.

📖 젊었을 때 노인들을 보면서 한 번씩은 해봤을 생각. '나는 절대 저렇게 추하게 늙지 말아야지.' 심너울의 SF 단편집에 실린 같은 제목의 소설에서 보청기가 장착된 아이팟 실버를 산 70대 주인공은 시대에 뒤처지지 않기 위해 무진 애를 쓰지만, 결국 최신 게임에 적응하지 못한 채 젊은이들로부터 같은 얘기를 듣는다. 기술이 빠르게 변하는 세상에서 노인의 필연적인 밀려남을 웃게 그리는 소설.

"그래, 내가 70대여도 이 정도면 품위 있고 트렌드를 따라가는 모습이지. 완전히 젊은이처럼 살 수는 없어도 젊게 사는 구석이 있어야 사람들도 나를 존중하는 거 아니겠나 싶었다. 곱게 늙기가 힘들고 청춘은 빠르게 시든다지만 아직 수십 년 치 생기는 남은 몸이다. 나는 살아 있다. 아직 활기차게 살아 있다." — 책 속에서

『나는 절대 저렇게 추하게 늙지 말아야지』
심너울 지음
아작, 2020

🎬 미국의 작가 마크 트웨인은 "80세로 태어나서 18세를 향해 늙어 간다면 인생은 더없이 행복할 것"이라는 얘기를 남겼다. 젊었을 때 미래를 모르고 무모하게 한 행동을 다시 반복하지 않을 것이기 때문일 텐데, 정말 그럴까? 프랜시스 스콧 피츠제럴드의 단편 「벤자민 버튼의 기이한 사건」에 원작을 둔 이 영화는 사랑하는 사람이 노인이 되는 세상에서 자신의 시간만이 거꾸로 흐를 때 빚어지는 균열을 슬프지만 아름답게 그려 낸다.

"너 자신에게 자랑스러운 인생을 살았으면 좋겠어. 하지만 만약에 네가 가고 있는 길이 너 자신에게 자랑스러운 길이 아닌 것 같다고 느껴질 때에는 모든 것을 새롭게 시작할 수 있는 용기를 가지고 있으면 좋겠어." — 영화 속에서

데이비드 핀처의 〈벤자민 버튼의 시간은 거꾸로 간다〉(2008)

『나이듦에 관하여』
루이즈 애런슨 지음, 최가영 옮김
Being, 2020

나는 고발한다,
현대 의학이 노년에게 주는 고통을

김은형

아픈 노인의 견본, 에바의 경우

노인의학 전문의 루이즈 애런슨이 쓴 『나이듦에 관하여』를 읽고 나면 800쪽이 넘는 이 책에 사례로 등장하는 노인들에게 질투심이 일어난다. 사회적으로 존경받거나 은퇴 후 삶을 고급 휴양 도시에서 즐기기는커녕 기저귀 때문에 고생하고 발톱조차 스스로 깎을 힘이 남지 않는 이들이다. 고통과 고독으로 가득 찬 노년을 보내는 와중이지만 말년에 저자 애런슨을 만나는 행운을 누렸기 때문이다.

　'의사가 무슨 구원자나 천사라도 되는 것처럼 인생의 행운씩이나?' 싶다면 이 책에 등장하는 에바의 사례를 보자. 저자는 어느 겨울날 병원 앞에 서 있는 에바를 봤다. 잘 차려입은 노인이구나 생각하고 병원에 들어가 한참 볼일을 보고 나온 뒤에도 에바는 같은 자리에 서 있었다. 매서운 바람에 머리는 다 헝클어졌다. 저자는 다가가 사정을 묻고는 같이 택시를 잡아 줬는데 택시들은 가까이 오다가 주렁주렁 짐을 든 노인이 보행 보조기에 의지해 걸어오는 걸 확인하고는 줄행랑을 쳤다. 보다 못한 저자는 자신의 차로 에바를 집에 데려다주기로 했는데 그의 집은 샌프란시스코의 어느 경

사진 골목에 위치한 오래된 주택의 꼭대기 층이었다. 1층에서 에바를 부축해 계단으로 거처까지 가는 데 40여 분이 걸렸다. 여기까지는 마음씨 좋은 사람의 소소한 미담이지만 본론은 여기부터다.

애런슨은 내친김에 전공을 살려 왼발을 거의 쓰지 못하는 에바의 의료 기록을 확인했다. 80대의 에바는 혈액암, 천식, 심장 기능 이상, 녹내장, 요실금에 관절염을 앓고 있었다. 종양내과, 방사선과, 호흡기내과, 순환기내과, 안과 등 저자가 일하는 병원에서 최소 다섯 명 이상의 의사를 만났고 처방받은 약만 열일곱 가지였다. 약만 먹어도 배부른 노년을 보내면서 에바의 삶은 점점 더 고통스러워질 뿐이었다. 저자는 이를 "미국 노인 사례의 견본"(334쪽)이라고 말하면서 질문한다. "(여러 담당 의사들이) 보행기능 검사와 관절통 치료를 시작하거나 사회복지사, 물리치료과, 노인의학과 같은 전문가들에게 조언을 구할 생각을 못했을까."(336쪽) 이어서 그는 말한다. "삶의 우선순위가 무엇인지, 병원을 다니는 궁극적인 목적이 뭔지, 혹은 만약의 경우 그녀 대신 치료 결정을 내려 줄 대리인으로 누구를 지정하고 싶은지 아무도"(336쪽) 에바에게 묻지 않았다.

여기서 고개가 갸우뚱해진다. 왜 의사가 환자에게 삶의 우선순위를 묻고, 병원에 다니는 궁극적 목적을 묻는가. 의사는 병을 고치고 환자는 병이 낫기 위해서 병원에 다니는 게 아니었던가.

현대 의료가 노인에게 행하는 폭력

저자는 에바와 다른 노인들의 사례를 통해 병을 고친다는 것, 즉 의료 행위의 폭력성을 고발한다. 각 분야의 전문의들은 자신의 분야에서는 최선을 다했겠지만 에바가 가장 고통스러워하는 게 무엇인지 들여다볼 생각은 하지 않았다. 움직이지 못해 가까스로 병원을 다니는 것 외에는 시장을 보는 일조차 어려워 끼니도 제대로 못 챙기는 노인 환자에게 가장 필요한 게 무엇인지 아무도 관심을 쓰지 않는다. 오로지 병에 대한 처방을 하고 때로 화학 요법 같은 처방이 노쇠한 육체에 더 큰 고통을 줘도 '의료 행위'의 알리바이는 언제나 완전무결하다. 이런 현대 의학의 컨베이어 벨트 위에서 뱅뱅 돌던 '흔한 노인' 중 한 명인 에바는 사회복지사와 적절한 간병인을 연결해 주는 것도 의사의 일이라고 생각하는 지구상에 몇 명 안 될 의사 애런슨을 만나 고통의 수위를 낮출 수 있었으니 행운이 아니고 달리 무엇이라고 말할 수 있을까.

　『나이듦에 관하여』는 의사가 쓴 책이지만 '나이듦'에 대한 전문적인 의학 지식이나 정보를 주지 않는다. 도리어 의료계나 사회가 규정하는 '노년'의 기준, 특징 같은 것들이 얼마나 현실과 맞지 않는지, 현대 의학이 얼마나 노년층을 제멋대로 무시하는지 비판한다. 이 글의 대부분은 사실 노인들의 처방전 목록을 다음 장까지 넘기면서 자신이 얼마나 유능한 의사인지 스스로 감탄하는 의사들을 향해 쓴 내용인데, 정작 당사자들은 아마도 애런슨의 비판을 조금도 수용하지 않을 것이다. 사회 전체가, 심지어 노인들조차도 의사는 병만 고치면 그만이라고 생각하기 때문이다.

　저자가 제시하는 의료계의 노인 무시 중 하나는 노인을 대상으로 하는 임상실험 등의 연구가 지극히 부족하다는 것이다. 한 예로 골다공증은 환자의 평균 연령이 85세이지만 그가 조사한 연구 논문들은 모두 연구 참가자 평균 연령이 64세였다고 한다. 연구자들이야 초고령이면서 다른 건강 조건이 실험에 맞는 사람들을 구하기 힘들다는 이유를 대겠지만 이런 잘못된 표본의 연구 결과는 마치 "35세 여성을 대상으로 폐경을 연구하겠다는 것"(196쪽)과 같은 이야기라고 저자는 말한다.

　　노년을 앞둔 전 세계인의 공포라고 해도 무방할 치매는 어떤 가. 누군가 신장이 안 좋다고 말할 때 그의 차트에는 당뇨병성 신장경화증 또는 3기 신장 질환 등 병증의 구체적 증상이나 원인이 적혀 있다. 같은 유방암이라도 세포 유형, 수용체 돌연변이 유무, 등급, 병기까지 상태가 구분되어 있다. 하지만 치매는 그런 게 없다. 건망증과 비슷해 보이는 초기와 일상생활이 불가능한 말기 중간에 무엇이 있는지는 아무도 모른다. 저자는 치매에 대한 연구 성과의 빈약함을 두고 "현대 의학의 정보 편식 습성을 잘 보여 주는 현상"(501쪽)이라고 비판한다. "무슨 형의 몇 기라는 분류도 없이 막연히 치매라는 선고만 덜렁 내리고 마는 바람에 환자 본인과 가족들은 앞날이 막막해진 채로 방치"(501쪽)된다는 저자의 주장은 치매 환자를 둔 가족 구성원이라면 누구나 해봤을 경험이기도 하다.

　　미국에서도 한국에서도 건강보험 지원을 받지 못하는 보청기 문제 역시 노년에 대한 사회적 무관심과 무관하지 않다. (한국에서는 보청기 구입에 대한 일부 지원을 건강보험공단이 하지만 이는 장애 등급을 받았을 때 공단에서 하는 장애인 지원 차원의 대책이다.) 청력이 떨어지는 노인들이 귀가 밝은 노인들에 비해서 인지 장애가 빨리 온다는 건 익히 알려진 사실이다. 귀가 들리지 않으면 말을 알아들을 수 없고 대화에 참여할 수 없게 되면서 이해력과 인지력이 급속히 악화된다고 한다. 특히 청력 저하를 경증, 중등증, 중증으로 나눴을 때 치매 발병 확률은 각각 2배, 3배, 5배로 쭉쭉 올라간다. 그럼에도 청력 감퇴는 자연스러운 노화 반응으로 간주되어 보청기가 무슨 사치품이라도 되는 것처럼 소비되는 것이다.

　　이와 관련해 저자가 소개하는 한 대화는 노화란 원래 그런 것이라는 우리의 선입견을 환기한다. 95세 된 노인이 한쪽 무릎이 아파서 병원에 왔다고 한다. 의사는 말했다. "뭘 기대하세요? 95년을 쓴 무릎이잖아요!"(223쪽) 노인은 이렇게 답했다. "맞소, 하지만 똑같이 쓴 반대쪽 무릎은 조금도 불편하지 않은걸."(223쪽) 95세에 무릎이 조금도 불편하지 않은 걸 노인 전체의 기준으로 삼을 수는 없겠지만 고통을 경감하려는 노력을 하지 않는 것은 의학 기술로 평균 수명은 늘려 줬으니 나머지는 각자 알아서 하라는 의료계의 무책임한 발뺌처럼 느껴진다.

따돌림당하는 노인의학

저자는 노인들이 사회에서 찬밥 신세인 것처럼 노인의학도 의료계의 '왕따' 분야라고 말한다. 사실 우리 중 대부분은 노인의학이 왕따라는 걸 모르는 게 아니라 노인의학이라는 게 있다는 것 자체를 모른다. 소아청소년과, 산부인과처럼 인생의 특수한 어떤 단계를 하나의 독립 분야로 확립한 전공들이 있지만 고혈압에 당뇨, 골다공증에 신부전증처럼 여러 병을 패키지로 달고 사는 노인들을 위한 의학이 아직도 확립돼 있지 않다는 게 이상할 정도다. 그렇지만 원래 없었으니 없는 게 당연하다고 생각한다. 서구보다 노년의 건강에 대한 논의가 더뎠던 한국에서 최근 서울아산병원 등 극히 일부 대형 병원에서라도 노인의학이 독립된 분야로 자리를 잡은 건 그나마 다행스럽다.

　　저자가 노인의학이 따돌림당한다고 생각하는 이유는 이 분야 전문의들이 "의료계의 규칙을 따르지 않는다는 데 있다"(93쪽)고 말한다. 노인과 의사들은 생리학 연구나 완치에 최우선 순위를 두지 않고 생활하는 집안 환경, 의지하는 지인, 감정 상태 등 변두리 정보에 눈을 돌린다. 저자는 전인 의료를 표방하는 노인 전문 병원에 견학을 다녀온 한 의대생이 했던 말을 복기한다. "이건 의학이 아니에요. 그냥 환자를 돌보는 거지."(673쪽)

풋내기 의대생뿐 아니라 노련한 의사들도 동의할 이 생각은 현대 의학의 가장 큰 함정이다. 돌봄과 의료 행위의 분리. 돌봄은 하찮은 것, 허드렛일이 되면서 가족 또는 가족 안에서도 가장 힘없는 구성원이나 저임금 간병인들의 몫이 됐다. 하지만 적어도 노인 의학에서는 환자를 돌보는 일과 의료 행위가 나누어질 수 없다는 게 저자의 입장이다. 이와 관련해 정기적으로 방문 검진을 하며 돌봤던 환자 이네즈의 에피소드는 시사하는 바가 크다. 어느 날 이네즈가 다리가 아파 죽겠다고 비명을 지르며 응급실에 실려 갔다. 담당 의사였던 자신에게 전화를 건 응급실 의사와 통화하다가 저자는 누워 있는 자세를 바꿔 보면 어떻겠냐고 제안했다. 그가 2년간 지켜봐 온 이네즈는 앓고 있는 지병이 많았지만 다리가 아픈 적은 한 번도 없었고, 그 와중에 이네즈가 늘 오른쪽으로만 누워 있었다는 사실이 생각났기 때문이다. 응급실 의사는 당연히 콧방귀를 뀌었다. 혈전, 골절, 탈구 중 하나일 거라고 생각한 의사는 엑스레이부터 다양한 검사를 했다. 그리고 마침내 자세를 바꿨고, 이네즈의 보호자는 곧 통증이 사라졌다고 기뻐했지만 의료 차트 어디에도 자세를 바꿔서 호전이 됐다고는 적혀 있지 않았다고 한다.

은퇴한 지 한참 된 70-80대 노인은 하루빨리 병을 완치해 회사로 돌아가 하루 8시간 근무하면서 때로는 야근도 너끈히 감당해야 하는 몸무게 70킬로그램의 30대 남성이 아니다. 저자는 늙고 병약한 노인의 경우 검사 결과와 처방전 기록 못지않게 평소 상태와 주변 환경 역시 중요한 진료 정보가 된다고 말한다. 그가 단지 착하고 봉사 정신이 넘쳐서 노인 환자의 집안 환경과 가족 관계에 관여하는 게 아니라 실제로 그런 요소들의 해결이 열일곱 가지 약이 든 봉지보다 좋은 결과를 보여 주는 사례가 많기 때문이다.

환자와 친구가 되어주는 의사

다시 행운 이야기로 돌아가 보자. 저자는 노인의학 전문의로서 노년기를 잘 보내기 위한 필수품이 뭐냐는 질문을 자주 받는데 그때 써먹는 모범 답안이 있다고 한다. 우월한 유전자, 행운, 두꺼운 지갑, 착한 딸 하나다. 우월한 유전자는 타고난 건강일 터이고 두꺼운 지갑은 잦아지는 병원 출타와 때로 간병인까지 필요하게 되는 상황에 대한 대비, 착한 딸은 현실적으로 여전히 필요한 가족의 돌봄을 의미할 것이다. 여기서 행운은 여러 가지로 해석될 듯한데 다시 생각해도 이 책의 저자 같은 좋은 의사를 만나는 것이 아닐까 싶다. 새롭게 펼칠 일보다는 정리할 것이 늘어나는 인생의 국면에서 "삶의 우선순위가 무엇인지, 병원을 다니는 궁극적인 목적이 뭔지"(336쪽) 물어 주는 의사를 만난다면 나는 '늙음'에 대해 진지하게 생각해 보게 될 것 같다. 추하고 쓸모없는 인생의 찌꺼기 같은 시기라는 지독한 편견에서 벗어날 수 있을 것 같다.

　에바와 이네즈의 행운을 모든 노인이 누릴 수는 없겠지만 『나이듦에 관하여』는 애런슨이 그가 환자들을 대한 방식으로 쓴 글이라 독자에게 적지 않은 위로를 준다. 저자는 방문 진료를 다닐 때 '환자 집에서 내가 하는 가장 중요한 일이란 친구가 되어 주는 것 아닐까'라는 생각을 종종 했다고 한다. 환자들 대부분이 자신을 만나는 것 말고는 며칠이고 몇 주고 침묵 속에서 고독하게 지내는 노인들이었기 때문이다.

　친구가 되어 준다는 건 전지적 시점에서 지시를 내리는 위치가 아니라 동등한 눈높이에서 상대방의 고통과 고독을 이해하려고 노력한다는 의미일 것이다. 이 책은 전지적 시점에서 독자들을 환자 대하듯 가르치는 수많은 의사 저자들의 책과는 전혀 다른 질감으로 쓰였다는 게 가장 큰 미덕이다. 저자는 전문의로서 자신이 저질렀던 과오, 느꼈던 무력감 등을 솔직하게 드러낸다. 또, 그는 요양 병원의 문제점과 간병 로봇, 안락사 논쟁 등 최근 노년 담론의 논쟁적 주제에 대해 솔직한 자신의 생각을 이야기하면서도 그는 선뜻 어느 편의 손을 들어 주지 않는다. 중립을 내세운다기보다는 자신이 어떤 선명한 결론에 도달하지 못했음을 글에서 드러낸다. 현실은 이론과 달라서 하나의 방향이나 정책이 복잡다단한 인생의 문제, 죽음의 문제를 해결해 줄 수 없다는 걸 누구보다 뼈저리게 느끼고 있기 때문일 것이다. 따뜻함이든 냉정함이든 환자 앞에서 불가피하게 가면을 써야 하는 의사로 수십 년을 살면서 이처럼 첨예한 문제의식에 솔직함을 담을 수 있었다는 게 불가사의하게 느껴지기도 한다. 결국 모든 글쓰기의 핵심은 타인에 대한 애정 어린 관찰과 스스로에 대한 성찰일 텐데 이런 의미에서 『나이듦에 관하여』는 의사라는 특수 직업인이 쓸 수 있는 최대치 가운데 하나가 아닐까 싶다. 서리북

김은형
한겨레신문사 문화부 선임기자. 경제부, 문화부, 주말판 팀 등에서 일해 왔다. '너도 늙는다'라는 제목의 나이듦에 관한 칼럼을 《한겨레》에 연재하고 있다. 50대 초반으로 '나이듦'에 관한 칼럼을 쓰기에는 너무 젊지 않느냐는 이야기를 종종 듣는다. 나이 들면서 우리를 괴롭히는 건 노안과 요통, 골다공증이 아니라 어떤 두려움이라는 걸 절감하면서 하루하루 나이 든다.

📖 다큐멘터리 감독인 저자가 딸로서가 아닌 객관적
관찰자로서 담은 치매 가족의 풍경은 때로 고통스럽지만
때로는 웃음이 나오고 대개는 평온하다. 우리보다 일찍
초고령사회를 맞은 일본의 발전된 노인 복지 시스템의
뒷받침이 있기 때문에 가능한 평온이기도 하다.
가족과 사회의 지원이 있다면 치매는 '천형'이 아니라
노년의 질환 중 하나가 될 수 있다는 걸 보여 주는,
용기를 주는 책.

"지금 가족을 돌보고 있는 분들에게도 이 '객관적으로 보는'
방법을 추천한다. 자신이 카메라를 들고 있다는 기분으로,
간병으로 꽉 막힌 기분은 싹 덜어내고 객관적인 시점으로
바라보면 분명 관점이 크게 바뀐다." — 책 속에서

『치매니까 잘 부탁합니다』
노부토모 나오코 지음
최윤영 옮김
시공사, 2021

📖 일정 정도 『나이듦에 관하여』의 한국 버전처럼 느껴지는
책. 좀 더 데이터에 기반한 정보 중심의 책이지만 노년의학이
노인들이 겪는 갖가지 질환 치료의 합이 되어서는 안 된다는,
애런슨과 공통되는 문제의식을 가지고 있다. 이 밖에도 살던
곳에서 나이 들기, 의료와 돌봄의 분리 문제 등 이 책이 짧게
담고 있는 각각의 주제들에 대한 저자의 깊이 있는 다음
저술들을 기대하게 된다.

"원래 하나였던 것은 다시 하나가 되어야 한다. (나이듦과
관련된 치료와 돌봄 문제 사이의) 인위적인 선은 없애야 한다."
— 책 속에서

『지속가능한 나이듦』
정희원 지음
두리반, 2021

『아주 편안한 죽음』
시몬 드 보부아르 지음, 강초롱 옮김
을유문화사, 2021

추방했던 죽음의 귀환, 그리고 깨달음

최윤영

나이듦과 유한성

최근 나이듦에 대한 관심이 높아지고 있다. 관련 서적이 많이 나올 뿐만 아니라 교양 강좌들도 우후죽순 생겨나고 있다. 나이듦은 물리적인 나이듦뿐 아니라 성찰적인 나이듦을 의미하기도 하는데, 이전에 이 둘의 관계를 설명해 주었던 약관, 이립, 불혹, 지천명, 이순 등의 개념들이 현대에는 현실과 부합하지 않는다는 지적이 나온다. 왜 그럴까? 깨달음은 자신과 삶이 유한하다는 한계의 인식과 관련이 있는데 무엇보다도 유한성을 대표하는 죽음은 점점 우리 주변에서 멀어져 보이지 않게 되었기 때문이다. 많은 사람이 지적하듯 평균수명, 기대수명이 높아지면서 죽음은 우리의 주변에서 점점 사라져 가고 있다. 한국인의 기대수명이 1970년대에 60세를 조금 넘은 정도였다가 지금은 80을 넘었으니 우리는 죽음을 20년 더 저 멀리 보이지 않는 곳으로 내쫓은 셈이다. 로마노 과르디니는 『삶과 나이』(문학과지성사, 2016)에서 인생의 여러 단계를 이야기하면서 신중년을 "각성한 인간"으로, 노년을 "지혜로운 인간"으로 구분하는데, 각성의 단계에 꼭 필요한 것이 유한성에 대한 인식이다. 죽음이 우리에게서 타자로 멀어지면 멀어진 만큼 우리는 우리의 물리적 생명과 우리 삶의 유한함을 깨닫기 어렵다. 삶은 영원히 계속될 것 같고 나이듦과 맞서 싸우고 젊음을 붙들어야 할 것만 같다. 이러한 과정은 역사적, 집단적 과정이기도 하다. 19세기 유럽에서부터 근대화, 산업화, 도시화가 보편화되고 전 지구적으로 확산되면서 병과 죽음의 공간이 가정에서 병원, 장례식장 등으로 옮겨지고 전문 인력의 영역이 되어, 가까운 삶의 공간에서 죽음은 타자로서 멀리 추방되어 버렸다.

라이너 마리아 릴케가 『말테의 수기』(열린책들, 2013)에서 이야기했던 병원식 죽음, 공장식 죽음은 이제 표준적인 죽음이 되었다. 병원에서의 죽음을 객사라고 불행하다고 여기는 사람도 없고 이제는 거꾸로 집에서 죽음을 맞이해도 병원으로 옮겨 장례식을 치른다. 한국도 마찬가지이다. 불과 반세기 전만 해도 가족의 병과 죽음은 집에서 돌보아지고 체험되었으나 이제 그 공간이 병원과 장례식장으로 옮겨졌다. 타인의 죽음은 장례식장에서 일정 거리를 둔 애도와 슬픔의 새로운 의식을 만들어 내었고, 나이가 50, 60대가 되어서야 부모님 같은 가까운 가족의 죽음을 겪으면서 우리가 추방했던 죽음은 언젠가 나의 것일 수도 있는 가능태로 우리 곁으로 돌아온다.

시몬 드 보부아르의 『아주 편안한 죽음』은 이러한 점에서 큰 충격과 깨달음을 안겨 주는 책이다. 우리가 저 멀리 추방했던 타자인 죽음을 귀환시키기 때문이다. 그것도 우리가 의식적으로나 무의식적으로 신성하게 여기는 '내 어머니'의 죽음에 대한 생생하고 구체적이며 거리낌 없는 관찰과 체험을 통해 죽음을 아주 가까이로 가져오는데, 바로 내 곁으로, 아니 내 안으로 가져온다.

1967년, 시몬 드 보부아르의 모습.(출처: 위키피디아)

어머니의 죽음

이 책은 제목 『아주 편안한 죽음』에서 죽음을 꾸며 주는 단어 "아주 편안한(très douce)"이 시사하는 것처럼, 그리고 병원에서 늘 죽음을 보아 온 간병인의 말처럼 어머니의 죽음은 "아주 평안히 맞이한 죽음"(127쪽)으로 규정된다. 독일어 번역본을 찾아보니 『편안한 죽음(Ein sanfter Tod)』으로 "아주"라는 단어가 생략되어 있다. 아마 "sanfter Tod"라는 말이 독일어에서 관용구로 자리를 잡았기 때문일 것이다. 또 프랑스어와 독일어의 형용사를 비교해 보아도 프랑스어에 있는 "단, 단맛이 있는"이라는 부가적 뜻이 독일어에는 없다. 저자는 개인적으로 힘든 산고를 겪고 첫 아이를 독일에서 낳았을 때 "순산(sanfte Geburt)"이라는 말을 하는 것을 보고 내 고통은 어디 가고 이게 순하다(sanft)는 것인지 의문을 제기했던 적이 있다. 그러다가 이 단어는 제왕절개와 대비되는 자연적인 출산을 뜻한다는 것을 알았다. 독일어본 제목이 『편안한 죽음(Ein sanfter Tod)』*이라면 독일인들은 제목에서 사고사나 급사가 아닌 자연사를 떠올릴 것이다. 즉 한글 번역본은 "'아주 편안한' 죽음"이라고 제목을 달고 있는데 한국인과 프랑스인, 독일인은 각 제목에서 죽음에 대한 조금씩 다른 표상을 떠올릴 것이다. 보부아르 역시 처음에는 어머니의 죽음에 대한 상상을 "이해 가능한" "슬픔"이 아니라 "통제를 벗어난" "절망"(41쪽)이라고 묘사하지만 결국 어머니는 편안하게 죽었다고 결론을 내린다.(138쪽)

개인적인 죽음

보부아르의 글은 1963년 10월 24일 시작하고, 어머니 프랑수아즈 드 보부아르의 임종까지가 1-4장의 주요 내용이다. 집 안에서의 골절 사고와 더불어 어머니의 갑작스러운 병원 생활이 시작되고 의사들은 계속적인 통증을 호소하는 어머니를 진찰하여 말기 암이라 진단한다. 어머니의 간병을 위해 불려온 두 딸은 사실대로 암이라 알리지 않고 수술을 받게 하며 임종까지 곁에서 어머니를 관찰하고 지켜본다. 병명을 모르는 어머니는 때로 회복기가 아닌가 오판도 하지만 고통과 싸우고 또한 고통을 수용한다. 시몬과 푸페트 자매는 어머니의 죽음을 곁에서 온전히 체험한다. 어머니도 병원에서 죽음을 맞이하지만 딸들은 어머니의 마지막을 함께하고, 제한된 범위 내에서 어머니가 개인적인 죽음을 맞이할 수 있도록

---

* 독일어에서 'sanft'는 '순한', '자연스러운'이라는 뜻도 갖고 있다.

돕는다. "소중한 사람의 죽음을 통해 우리는 그가 그 누구도 대신할 수 없는 독자적인 존재라는 사실을 깨닫는다."(136쪽)

'개인적인 죽음'은 의미를 두 가지로 나누어 볼 수 있는데, 우선 망자와 관련하여 '개인적' 죽음이라 부를 수 있다. 서두에서 언급했듯이 보부아르는 문명과 문화가 발전하면서 병원이라는 폐쇄된 공간의 비밀로 추방했던 타자로서의 죽음을 가까이 가져온다. 문학은 역사나 철학과 달리 죽음을 보편적 진리나 객관적 사실이라기보다는 한 개인의 체험으로 주관적으로, 또 사적으로 그린다. 죽음은 유한함을 의미하는데, 무엇보다도 이 유한성은 육체의 유한성으로 대표된다. 어머니의 죽음의 과정은 어머니가 자신의 노년과 병을, 그리고 병자로서의 상황을 받아들이면서 시작한다. 이 것은 하나의 큰 문턱을 넘어가는 것이다. "이제 내가 부끄러워할 건 아무것도 없잖니"(25쪽) 하며 병원에서 자신의 몸을 간병인에게 내맡기고 자신의 치부를 보이는 것을 부끄러워하지 않는 어머니는 이를 지켜보는 자식에게는 큰 충격이다. 더 이상 이제까지 알고 있던 어머니나 여인이 아닌 "고통받고 있는 가련한 몸뚱이"(73쪽)로 보이기 때문이다. 그러나 다른 한편 저자는 어머니가 병을 받아들이고 이제까지의 편견과 오만을 깨뜨려 버리고 "자신과 평화롭고 조화로운 관계를 맺"(83쪽)은 모습을 보는 등 죽음을 앞둔 어머니의 변화를 관찰한다. 이후 어머니는 임종할 때까지 죽음의 문턱에 갔다가 일시적으로 회복하기를 반복하며 고통과 죽음 사이에서 투쟁한다.

자식으로서 또한 저자로서 보부아르는 어머니의 현재 진행 중인 병과 다가올 죽음만 보는 것이 아니라 어머니의 삶을 자기 시각에서 회상하고 한 인간의 전체적 삶 속에서 보여 준다. 병원의 의사나 다른 직원들이 하듯 어머니를 죽음을 목전에 둔 암 환자로

서만이 아니고 소녀, 아가씨, 여인, 아내, 어머니로서, 프랑수아즈
드 보부아르로 한평생을 살아온 인간으로 회상한다. 즉 다시 말해
서 어머니가 개인적 죽음을 맞는다는 것은 어머니가 환자로만 죽
는 것이 아니라 지나온 삶 속에서 한 인간, 한 개인으로서 통합론
적인 시각에서 회상되고 또한 현재 삶의 전체 맥락(가정과 사회) 속에
서 보여진다는 것이다.

　　이때 보부아르의 글은 여성의, 여성에 대한 기록이라는 점에
서도 중요하다. 인생의 지혜를 전달해 주는 스토아 학파나 키케로
혹은 파스칼 등의 많은 남성 회고록과 달리 『아주 편안한 죽음』은
한 보통 여성의 삶을 회상한다. 특히 이제까지 어머니를 부르주아
가부장제에서 결혼을 통해 '주체'가 아닌 욕망과 정열을 억누르고
자기 자신에게조차 낯선 '타자'로서의 삶을 살았다고 거리를 두고
비판했던 실존주의자 보부아르는 이러한 삶에 대한 회고와 관찰
을 통해 어머니의 삶에 대한 접근과 이해를 시도한다. 그러한 한에
서 어머니의 삶에 대한 회고는 어머니와의 화해를 시도하는 것이
기도 하다. "나는 죽음을 거부하고 죽음과 맞서 싸우던 엄마와 세
포 구석구석까지 연결되어 있었다."(151쪽)

애도와 가까이 다가온 죽음

다른 한편 개인적 죽음은 체험하는 병자의 입장에서뿐만 아니라
이를 체험하는 가족, 혹은 글을 쓰는 저자의 시각에서도 그러하다.
이 글은 어머니의 죽음으로 끝나지 않고 계속 이어진다. 고인에 대
한 기억과 애도는 남은 자의 몫이다. 어머니의 죽음 이후에 보부아
르는 여동생과 밤을 같이 보낸다. 그들이 목격했던 죽음의 체험은
그들 자신의 죽음을 미리 예견한다.

시몬의 동생 엘렌 드 보부아르. 푸페트는 '작은 인형'을 뜻하는 애칭이었다.(출처: 위키피디아)

"유일하게 위안이 되는 건 나 역시 저곳을 거쳐 가게 될 거라는 점이
야. 그렇지 않았다면 너무나 부당하다고 생각했을 거야."

그랬다. 우리는 우리 자신의 장례식 예행연습을 하러 가는 길이었던
셈이다. 불행한 점이라면 모두가 공적으로 겪어야 하는 이 일을 각기
혼자서 경험해야 한다는 것이리라.(144쪽)

어머니의 죽음은 죽음의 여러 의미를 가까이에서 온전히 체험하는 과정이다. 한때 한 몸이었던 나의 기원이기도 하고 유년 시절의 중심이었던 사람의 죽음은 나의 유한성과 다가올 미래를 통렬하게 느끼게 해주는 사건이다. 삶의 유한성에 대한 통렬한 깨달음은 여러 가지 방식으로 이루어질 수 있으나 보부아르의 『아주 편안한 죽음』은 타자화된 죽음의 귀환을 통해 그것을 이끈다.

마지막으로 전공자의 정확하고 유려한 번역으로 이 책을 읽을 수 있었던 것은 큰 행운이었다는 것을 강조하고 싶다. 서리북

최윤영
'개인'이라는 주제에 꽂혀 독일 본(Bonn)대학에서 「사실주의 소설의 침묵하는 주인공들」이란 제목으로 박사논문을 썼으며 여전히 이 주제에 관심이 많다. 오래전부터 독어권의 이민 작가들에 대한 논문과 연구서를 주로 쓰고 있고 이들 작품의 번역과 소개에 힘쓰고 있다. 현재 서울대학교 인문대학 독어독문학과 교수이며 한독문학번역연구소장으로 일하고 있다.

📖 다른 사람의 죽음이 아니라 나의 죽음을 생각해 보고
준비하게 만드는 책. 언론인의 입장에서 죽음에 대한
태도들을 정리하고 내게 닥칠 수 있는 '죽어감'의 순간들을
재구성하며 남은 이들의 죽음에 대한 애도까지 정리한 책.

"사실 죽음은 너무 멀리 있었습니다. 그건 언제나 다른
사람의 죽음일 뿐, 단 한 번도 당신의 죽음이었던 적은
없습니다. 이런 방식으로 당신은 다른 모든 사람과
마찬가지로 너무나도 확실한 사실을 보지 않고 회피해
왔습니다. 우리 모두가 죽어간다는 사실 말입니다."
— 책 속에서

『죽음의 에티켓』
롤란트 슐츠 지음
노선정 옮김
스노우폭스북스, 2019

📖 덴마크 청년 말테가 파리로 와서 막 시작되는 새로운
형식의 대도시의 사랑과 죽음, 삶의 양식들을 관찰한 산문
소설. 고향에서의 "독특한 품위"와 "조용한 자긍심"을 갖던
개인들의 죽음과 대도시 병원에서 맞이하는 무차별적인
공장식 죽음을 비교하고 있다.

"자기만의 죽음을 갖겠다는 소망은 점점 찾기 힘들어지고
있다. 조금 더 있으면 자기만의 죽음은 자기만의 삶만큼이나
드물게 될 것이다. 맙소사 모든 것이 이미 다 마련되어
있다. 사람이 세상에 나오면 다 짜여진 하나의 삶을 찾아
기성복처럼 그것을 걸치기만 하면 된다. (……) '여기 당신의
죽음이 있습니다. 선생.' 사람들은 죽음이 닥치는 그대로
죽는다. 자기가 지닌 질병에 속해 있는 죽음을 맞이하는
것이다." — 책 속에서

『말테의 수기』
라이너 마리아 릴케 지음
안문영 옮김
열린책들, 2013

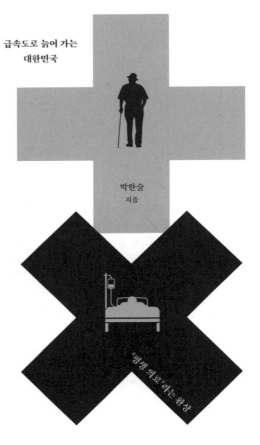

『노후를 위한 병원은 없다』
박한슬 지음
북트리거, 2022

'가성비 의료'는 앞으로도 지속될 수 있을까

김경배

2020년에는 보건의료계에 중요한 사건이 두 번이나 있었다. 코로나19 확산을 막기 위해 정부는 강력한 사회적 거리두기를 실시했다. 그리고 정부의 의대 정원 증원 정책에 대한 반대로 2020년 8월 의사들은 파업을 결행했다. 코로나19 위기와 그 대응에서는 의사와 간호사 등 보건의료 인력의 헌신을, 파업에서는 집단(혹은 공공)의 이익을 위해 실력 행사도 불사하는 결기를 사람들은 각각 떠올린다. 어찌 보면 상반되는 두 사건에서 우리는 공통적으로 무엇을 배울 수 있는가.

박한슬은 『노후를 위한 병원은 없다』에서 두 사건이 공통적으로 '안전 마진(margin of safety)' 혹은 여유분 없이 빡빡하게 맞물려 돌아가는 우리나라 의료계를 보여 주는 상징적인 일들이라 지적한다. 코로나19 확진자 치료와 방역을 위해 전국에서 동원된 의료 인력은 상상 이상의 업무에 직면했고, 이들 상당수는 이 과정에서 육체적·정서적 고통을 겪어야 했다. 한편 의사들에게 의대 정원 증원은 의료 서비스 가격을 낮게 유지하는 대신 의사 정원을 통제해 준다는 암묵적 합의를 깨는 정책인 까닭에 납득할 수 없었다. 즉

과중한 업무로 지친 의료인.(출처: 위키피디아)

장시간 근로와 낮은 의료 서비스 가격 등은 모두 상황이 조금만 변해도 작동하기 힘든, 지속가능하지 않은 의료계의 단면이라는 것이다.

　이렇게 위태위태한 의료계는 앞으로도 지속될 수 있을까? 우리나라의 고령화 속도는 다른 어느 주요 국가들보다도 빠르다. 고령화사회에서 고령사회로* 18년 만에 도달했는데 이는 미국 73년, 일본 24년에 비해 매우 짧은 수준이다. 고령화에 따라 의료비도 상

---

* 고령화사회(aging society)와 고령사회(aged society)는 65세 이상 인구 비중이 각각 7퍼센트 이상, 14퍼센트 이상인 사회를 의미한다.

승할 것으로 예상된다. 국회예산정책처의 2020년 추계에 의하면 GDP 대비 건강보험 재정 지출은 2018년 3퍼센트에서 2065년 약 13-30퍼센트로 증가한다. 즉 앞으로 나라 경제 규모 대비 4-10배 더 많은 비용을 건강보험에 지출해야 한다. 건강보험이 포함하지 않는 진료비 지출까지 합하면 그 크기는 더 클 것이다. 그런데 이렇게 엄청난 양적 변화는 의료계의 질적 변화 또한 동반하지 않을까? 현재 의료계가 과연 고령화라는 정해진 미래에 효과적으로 대응할 정도로 건강한 방식으로 작동하고 있을까?

'안전 마진'이 없는 의료계

박한슬은 책에서 겨우 균형이 맞게 돌아가고 있는 의료계의 다양한 모습을 그려 낸다. '태움'이라 불리는 간호사 간 직장 내 괴롭힘의 배경에는 업무에 빨리 적응하지 못하면 도태되고 마는 간호사들의 높은 근무 강도가 있다. 합법과 불법의 경계에 서서 의사 업무 일부를 대신 수행하는 PA(physician assistant) 간호사의 증가는 흉부외과 등 필수 의료에 대한 의사들의 기피와 맞물려 있다. 병원에 수많은 검사 장비가 가득한 까닭은 의사의 진료에 비해 진단·검사로 인한 금전적 보상이 상대적으로 높게 설정되어 있기 때문이다. 약사의 복약 지도는 환자의 무관심과 많은 환자 수 등으로 인해 경시되고 있다. 환자와 의사가 각각 수준 높은 진료와 안정된 생활 환경을 위해 수도권 병원으로 쏠리는 것은 개인적으로는 합리적인 선택일지 모르나, 이로 인해 의료 자원이 수도권으로 집중되고 지방 필수 의료는 점점 유지되기 어려워진다.

　이렇게 안전 마진 없이 아슬아슬하게 운영되는 우리나라 의료 서비스 시장은 일견 최대의 성과를 뽑아내는 매우 효율적인 체제라고도 볼 수 있다. 그러나 인구 고령화로 인하여 건강보험 지출과 의료·돌봄 인력 수요가 폭발적으로 늘어나면 현 제도는 지속가능하지 않다는 것이 저자의 주장이다. 박한슬은 우리나라 의료 서비스가 지속가능하지 않은 이유로 먼저 비용 통제로 인한 자원 배분의 실패를 꼽는다.

비용 통제의 빛과 그늘

시장 경제에서 자원 배분은 가격을 통해 이루어진다. 어떤 재화나 서비스가 수요자에게 큰 가치를 제공하거나 공급자의 생산 비용이 높다면 가격은 상승한다. 즉 시장 가격에는 수요자가 받아들이는 가치와 생산 비용이 모두 반영되어 있다. 만일 의료 서비스의 가격이 시장에서 결정된다면, 수요자(환자)의 건강 개선에 큰 도움이 되는 핵심 의료 서비스의 가격이 높아져 핵심 의료 서비스의 공급이 증가하는 방향으로 자연스레 자원 배분이 이루어질 것이다.

그러나 의료 서비스의 가격과 공급을 시장이 아닌 정부가 통제하는 이유는 시장 가격과 의료 이용이 왜곡되어 의료 비용이 상승할 수 있기 때문이다. 의사는 건강과 의료비를 모두 감안한 최선의 치료 방법이 무엇인지 잘 알지 못하는 환자에게 불필요한 치료를 제공하여 수입을 증가시킬 수 있다(의사 유인 수요, physician-induced demand). 의료보험에 가입한 환자는 의료비 일부만 본인 부담금으로 지불하기 때문에 의료비 부담이 적어 보험 미가입자에 비해 더 많은 의료 서비스를 이용할 수 있다(도덕적 해이, moral hazard). 실손보험 가입자들에게서 유독 도수 치료와 백내장 수술 등 과잉 진료라 의심할 만한 치료가 많은 이유는 이러한 의사 유인 수요와 도덕적 해이가 나타나기 때문이다. 이러한 정보 비대칭(information asymmetry)이 큰 의료 시장에서 자원 배분을 시장에만 맡겨 놓기는 어렵다.

우리나라에서 국가가 보험자와 과잉 진료 심사 역할을 모두 담당하는 배경에는 이러한 비용 통제의 동기가 있다. 먼저 국민건강보험공단은 유일한 보험자로서 의료 기관과 의료 서비스 가격을 협상한다. 전 국민이 건강보험에 가입하고 모든 의료 기관이 국가 건강보험을 적용해야 하는 우리나라에서는 국가가 사실상 가격을 결정한다. 그리고 건강보험심사평가원(이하 심평원)은 의료 기관의 보험 청구 건 중 과잉 진료라 판단하는 건의 진료비를 삭감한다. 이를 방지하기 위해 의료 기관은 심평원 심사 기준에 맞춰 의료 서비스를 제공할 수밖에 없다.

　사실 의료 서비스의 가격과 의료 이용이 순수하게 시장에서 결정되는 나라는 지구상에 존재하지 않는다. 정부 개입을 가급적 자제한다고 여겨지는 미국에서도 정부의 역할은 크다. 미국에서 각각 65세 이상 고령자와 저소득층에게 제공되는 국가 의료보험인 메디케어(Medicare)와 메디케이드(Medicaid) 지출이 개인 의료비에서 차지하는 비중은 2019년 기준 41퍼센트로 사보험의 33퍼센트를 넘어선다. 의료 서비스 가격은 보험자와 의료 기관의 협상을 통해 결정되는데, 메디케어와 메디케이드의 경우 보험자는 국가이므로 정부가 가격에 큰 영향을 미치는 셈이다.

　우리나라의 비용 통제는 그간 꽤 성공적이었다. GDP 대비 전체 의료비 비중은 2019년 기준 한국 8.1퍼센트, 미국 16.7퍼센트로 미국이 두 배 높다. 그런데 기대수명은 한국이 83.5세로 미국의 77세에 비해 오히려 높다. 우리나라 사람들은 저렴하고 수준 높은, 즉 가격 대비 성능('가성비')이 높은 의료 서비스를 누리고 있는 셈이다.

　그러나 박한슬은 책에서 비용 통제의 그늘, 구체적으로 보건의료 서비스에서 자원 배분의 실패라는 문제를 드러낸다. 간호, 필수 의료, 의사의 진료, 복약 지도, 지방 의료 등은 적정 수준에서 유지되어야 하는 핵심 의료 서비스임에도 불구하고 과소 공급되고 있다. 반면 진단·검사, 서울 대형 병원의 규모는 점점 커지고 있다. 이러한 원인 중 하나는 정부가 정한 의료 서비스 가격, 즉 수가가 의료 서비스의 가치와 비용을 충분히 반영하지 않기 때문이다. 가격을 시장이 아닌 정부가 결정하므로 정부는 개별 의료 서비스의 가치와 비용을 각각 추산하여 가격에 반영해야 한다. 그런데 근거 자료 부족 등으로 가격이 지나치게 낮게 정해지는 의료 서비스는 의사와 의료 기관 입장에서는 더 이상 매력적이지 않으므로 기피 될 수밖에 없다. 수가가 비용에 비해 전반적으로 낮은 것도 문제이 지만, 서비스별로 비용 대비 수가가 다른 것도 큰 문제이다. 수가가 낮은 곳에서 높은 부문으로 의료 자원이 쏠리기 때문이다. 정확한 비용 산출이 어렵다는 것이 문제를 더욱 어렵게 한다. 공급자는 비용을 최대한 부풀려 수가를 올려 받고 싶어할 것이기 때문이다. 코로나19 위기 초기에 공공 마스크 가격을 정부가 1,500원으로 정했 지만 지금은 마스크 가격이 80퍼센트 이상 하락했음을 떠올려 보자. 그래도 대체로 수가가 비용에 비해 낮고, 특히 필수 의료 수가 가 더 낮은 경향이 있다는 것은 어느 정도 인정하는 것 같다. 저자 도 인정하듯 이 부분은 조금씩 개선되고 있다.

기피 과와 지방 의료 기관 운영의 문제

의료 시장에서 자원 배분의 왜곡 문제는 주로 이러한 저수가 문제 라는 맥락에서 논의되어 왔다. 그렇다면 문제의 해답은 어떻게 수 가가 가치와 비용을 적절히 반영하도록 하느냐는 것이다. 사실 이 는 우리나라만의 문제는 아니며, 저자가 지적하듯 수가는 느리게 나마 현실화되고 있다. 그러나 박한슬은 수가 조정만으로 해결되 기 어려운 의료 시장의 현실을 드러낸다. 예컨대 흉부외과 전문의 는 협진이 필수적이므로 대형 병원에서만 원활한 활동이 가능하나, 병원에서는 인건비가 비싼 전문의가 아닌 전공의나 PA 간호사를 통해 인력 공백을 메우고 있다. 이런 상황에서 흉부외과 수술 수가가 인상된다고 하여 전문의 채용이 획기적으로 늘어나리라 장담할 수는 없다. 실제로 흉부외과와 외과 수가를 각각 100퍼센트, 30퍼센트 인상하는 수가 가산 제도가 2009년부터 실시되었으나 전공의 지원자 수에 큰 변화는 없었다. 한편 의료 인력은 지방 근무로 수도권 대비 1.5-2.5배 더 높은 소득을 누릴 수 있음에도 불구하고 지방 거주를 꺼린다. 생활·교육 인프라가 상대적으로 빈약하기 때문이다. 우리나라는 주치의의 진료 의뢰가 없어도 서울 대형 병원 이용이 사실상 자유로운 국가인 까닭에, 전국의 환자들이 서울 대형 병원에 몰리며 지방 의료 기관은 공동화되고 환자들은 다시 서울로 몰리는 악순환이 이어지고 있다. 이미 지방 병원의 임금이 높은 상황에서, 지방 병원 수가 인상만으로 의료 인력이 지방에 내려가 지방 의료 공백이 해소될 것이라 보기는 어렵다.

병원이 간호·기피 과 의료 인력을 늘리고, 지방 연고가 있어 수도권으로 빠져나갈 가능성이 낮은 학생들을 의대에 입학시키고, 의료 이용이 각 지역 내에서 해결되도록 하는 방법 등이 있다. 그러나 이를 위해서는 정부가 인건비를 지원하고 의대 정원·선발 과정에 개입하며 환자의 병원 선택을 통제해야 한다. 다시 말하면 정부 보조금으로 유휴 인력을 유지하는 한편 의대 선발과 의료 이용과 관련한 사회적 갈등을 감내해야 한다. 우리는 이러한 개입을 할 준비가 되어 있는가? 즉 가성비 높은 현 의료 시스템을 우리는 일정 부분 포기할 수 있는가? 저자는 책에서 이렇게 묻는다.

한계에 다다른 의료 서비스 시장의 묘사

저자는 이 책에서 한계에 다다른 의료 서비스 시장의 묘사와 대안

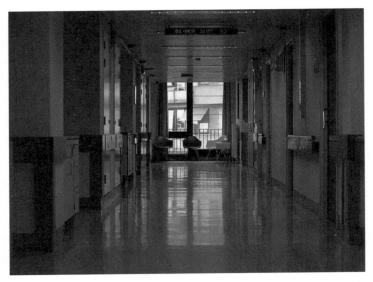

지방 의료 인력의 공백과 서울 대학 병원으로의 쏠림은 지방 의료 기관의 공동화와 서울에 환자들이 더욱 몰리는 악순환으로 이어진다.(출처: hippopx.com)

제시 사이에서 균형을 잡아 보고자 노력한다. 이 책이 우리나라 의료 체계의 문제점을 체계적으로 분석하고 그에 대한 종합적인 대안을 내놓고 있다고 보기는 어렵다. 그보다는 우리나라 의료 체계의 다양한 문제점에 대한 묘사에 가까운데, 그마저도 책에서 다층적인 현실을 모두 포괄하고 있지는 않다. 저자는 '해결 가능한' 원인을 파악하기 위해 이 책에서 돈과 인력 문제에 집중했다고 말한다. 그러나 저수가로 인한 특정 과 기피 등 자원 배분 왜곡 문제를 다루기 위해서는 수가의 결정 과정, 비급여와 의사의 전공 선택, 실손보험의 현실과 의사의 진료 결정 등에 대해서도 다룰 필요가 있다. 책에서 명시적으로 언급하고 있지는 않지만, 우리나라에서 비급여와 실손보험의 존재는 의료 서비스의 자원 배분을 더욱 악화시킨다. 비급여는 건강보험에서 보장하지 않는 의료 서비스로, 의료 기관이 가격을 자율적으로 정한다. 정부의 비용 통제 대상인 의료 서비스에 비해 가격이 자연스레 높은 수준에서 형성된다. 실손보험은 환자의 본인 부담금을 낮춤으로써 의료 서비스 이용을 늘리는 도덕적 해이를 초래한다. 정부의 가격 통제, 가격 통제가 불가능한 비급여, 도덕적 해이를 심화하는 실손보험의 존재는 수입이 큰 과들로 의료 자원을 집중시킴으로써 기피 과 문제는 더욱 악화된다. 한편 저자가 제시한 대안인 예방의학적 접근 강화, 기피 과 인건비 지원, 지방 응급 의료 문제 해결 등 역시 대체로 기존에 논의되어 왔던 방안들에 가깝다.

그러나 저자는 최소한 책에서 다루는 주제에 대해서는 균형 감각을 가지고 현실을 있는 그대로, 깊이 있게 독자들에게 소개해 주려 노력한다. 결국 현 상황을 타개하기 위해서는 소위 '가성비 의료'에서 벗어나 기피 과와 지방 의료에 더 많은 자원을 배분하고, 이 과정에서 일정 부분의 불편을 감수하겠다는 사회적 합의가 있어야 한다. 즉 문제의식의 환기와 국민적 동의가 무엇보다 중요하다. 박한슬은 책에서 어렵고 무거운 주제들을 다루고 있음에도 불구하고 실례와 관련 통계 등을 적절히 소개해 가며 독자가 문제를 최대한 이해하기 쉽도록 풀어 간다. 그리고 모든 주제를 백과사전식으로 열거하기보다는 중요 주제에 대한 선택과 집중을 통해 독자의 관심을 이끌어 내고자 노력하고 있다.

현행 직장가입자 건강보험료율*의 법정 상한은 8퍼센트이다. 보험료율은 2022년 6.99퍼센트에서 2023년 7.09퍼센트로 0.1퍼센트포인트 높아졌다. 국회예산정책처는 보험료율이 2027년에 상한에 도달할 것으로 전망한다. 이는 위태위태하게 돌아가던 가성

---

* 직장인이 보수 대비 건강보험료로 지불하는 비율.

비 의료마저도 고령화라는 예정된 미래하에서 앞으로는 현행대로 작동하기 어려울 것임을 의미한다. 그렇다면 지금이야말로 의료계의 자원 배분과 환자의 의료 서비스 이용 방식 등을 전반적으로 검토해 봐야 하지 않을까. 지속가능한 의료를 위해 우리가 감당해야 할 몫은 무엇인지, 저자의 질문은 바로 이것이다. 서리북

김경배
현재 세종대학교에서 산업조직론, 보건의료경제학 등을 연구하고 강의하고 있다.

📖 한국 보건의료가 직면한 문제, 현 제도의 역사적 연원, 미래의 도전 등을 의사 출신 저널리스트가 종합적으로 정리한 책. 특히 의료보험 제도 도입 과정과 의약 분업 대란 당시 이해관계자의 입장 등이 잘 정리되어 있어 현 제도를 둘러싼 갈등의 배경을 이해하는 데 도움이 된다. 출판 이후 시간이 다소 지났지만 여전히 시의성 있는 책.

"정부와 의약 분업 주도세력이 범했던 또 다른 실수는 의사들의 마음속을 전혀 읽지 못했다는 데 있다. 의사들이 어떤 부분을 가장 중요하게 생각하는지, 의사들에게 역린(逆鱗)과 같은 부분이 무엇인지를 알지 못했다. 그저 수입이 좀 줄어드는 것에 대한 저항으로 생각했고, 몇 푼 더 쥐어주면 무마할 수 있는 저항으로 생각했다. 의사들이 왜 그렇게 '임의 조제 근절'에 목을 매는지, 대체조제의 폭넓은 허용에 대해서는 왜 그토록 거부반응을 보이는지, 정부는 제대로 이해하지 못했다." — 책 속에서

『개념의료』
박재영 지음
청년의사, 2013

📖 중환자실 간호사로 근무했던 간호사 김수련은 극한의 근로 환경에서 혹사당해 온 본인과 동료 간호사들의 모습과 병원의 풍경을 생생히 그려 낸다. 이를 통해 적정 수준의 간호 인력 유지가 환자의 안전을 위해 시급하다고 지적한다.

"병원은 자기주장이 강한 간호사를 원하지 않는다. 민간이 주도하는 병원은 자본이 지배한다. 병원은 환자의 안전을 책임지지만, 돈을 벌어다주지 않는 간호사는 가능한 한 적게 고용한다. 또한 환자와 관련 없는 온갖 잡일을 모두 간호사에게 맡긴다." — 책 속에서

『밑바닥에서』
김수련 지음
글항아리, 2023

이마고 문디

디자인 리뷰

북&메이커

서울
리뷰 오브
북스

벨라 타르의 〈토리노의 말〉.(출처: 필자 소장 DVD 캡처)

미래의 악마적 힘:
구로사와 아키라와 벨라 타르의 종말론

김홍중

〈생존의 기록〉

구로사와 아키라(黑澤明)의 〈생존의 기록〉(1955). 거대 공장을 경영하는 나카지마 노인은 원자폭탄에 대한 공포에 시달린다. 시골 마을 대지 480평을 구입, 지하 주거지를 건설하고자 한다. 하지만 거기도 방사능 문제가 있음을 알고 철수하면서 결국 740만 엔의 손실을 입는다. 놀란 자식들은 재산을 보전하기 위해 노인을 한정치산자로 만들어 가정법원에 그를 제소한다.

노인은 포기하지 않는다. 아예 일본을 떠나 브라질로 이주하려는 계획을 세운다. 평생 가꿔 온 공장을 매각하고자 한다. 이에 법원은 결국 그에게 한정치산자 판정을 내린다. 노인의 집착은 광기로 변해 간다. 자식들이 브라질 이민을 원치 않는 이유가 생활의 확고한 터전이 있기 때문이라 생각해, 공장에 불을 지른다. 다 불타 버린 폐허에서 망연자실한 노동자들이 '당신 가족만 브라질로 가면 우리는 어떻게 하느냐'고 절규할 때, 나카지마 노인은 무너진다. 결국 노인은 정신병원 독방에 감금된다.

영화에서 이 모든 과정을 관찰하며 고뇌에 빠지는 인물이 있

다. 치과의사 하라다 박사. 가정법원 자문위원으로 호출되어 사건의 전모를 지켜본 그의 눈에 나카지마 노인의 불안은 과도하다. 하지만 그렇다고 그 공포에 근거가 없는 것은 아니다. 치과의사는 심리적으로 흔들린다. 원자폭탄의 참상을 다룬 『죽음의 재』라는 책을 읽고 아들에게 이렇게 말한다. "일본에 있는 새나 짐승이 이 책을 읽으면 다들 도망갈 거야." 그는 노인의 광기에서 서서히 어떤 '이성'의 작용을 발견해 간다. 결국, 그를 한정치산자로 판정한 법원의 결정에 가책을 느끼고, 그는 노인이 감금된 정신병동을 찾아간다. 독방에 나카지마 노인이 실성한 표정으로 앉아 있다. 마치 다른 별에 와 있다는 듯, 치과의사를 보고 이렇게 중얼거린다.

"잘 오셨어요. 흠 잘도 오셨어요. 여기라면 이제 괜찮아요. 안심하세요. 그런데 그 뒤로 지구는 어떻게 되었나요? 아직 사람들이 많이 생존해 있을까요? 사람들은 아직 많이 살아 있나요? 응? 그럼 안되지. 그럼 안돼. 빨리 도망치지 않으면 큰일 날 거예요. 왜 그걸 모르지? 응? 빨리 여기에 이 별로 도망쳐 와야 해. 빨리 이 별에! 엇! 불타고 있잖아. (창문에 걸려 있는 눈부신 태양을 보며) 아앗! 지구가 불타고 있어. 아이 지구가 불타고 있어. 아아 불탄다. 불타고 있어. 아아. 불타고 있어. 불타고 있어. 아아 결국은 지구가 불타고 말았어. 아아아아."

〈생존의 기록〉은 묻는다. 나카지마 노인의 파국감은 병리적 망상인가? 아니면 그를 비웃으며 스스로 정상이라 생각하는 자들이 오히려 안전의 환상 속에 사는 환자들인가? 망상과 정상의 경계는 어디인가? 현실과 비현실의 경계는 누가 결정하는가?

영화가 촬영되기 불과 10년 전의 원폭 참상을 생각하면 노인의 걱정은 터무니없는 것이 아니다. 그러나 1955년 당시 일본 사회는 이미 발전주의 시대로 접어들고 있었다. 영화가 시작되면 관객들은 변화하고 역동적인 도쿄의 도심 풍경이 클로즈업되는 것을 본다. 대도시는 분주하게 움직이는 사람들로 가득하다. 빌딩들은 치솟아 있고, 거리는 역동적이다. 시대정신은 발전, 번영, 성장 쪽으로 방향을 틀었다. 오직 나카지마 노인만이 발전주의의 황량한 바깥을 살고 있다. 환언하면, 나카지마 노인만이 외롭게 파국을 '사고'하고 있다. 자신의 생각을 한계까지, 극한까지 몰아붙이고, 그 끝에서 미쳐 버렸다. 생각한다는 것은 무엇인가?

생각이란 무엇인가?

언젠가 하이데거는 '사유(denken)'를 '감사(danken)'와 연결시킨 적이 있다. 생각이 감사라면, 그것은 결국 기억이다. 기억을 통해 은혜에 보답하는 것이며, 사라진 무언가를 적극적으로 보존하는 것이다. 과거다.* 아름다운 사상이다. 그러나 나카지마 노인에게 생각한다는 것은 감사가 아니라 저주에 더 가깝다. 과거가 아니라 미래와 더 깊이 연관된 행위다. 그는 생각할 수 없는 것을 생각하지 않으면 안 된다는 희한한 강제에 처해 있다.

'그가 생각한다'는 말은 나카지마 노인에게 부합하지 않는다.

---

* 마르틴 하이데거, 『사유란 무엇인가』, 권순홍 옮김(길, 2005), 196-201쪽.

그는 생각의 주격이 아니다. 반대로 그는 자신을 휘감고 작용하는 생각을 겪고 있다. 수동이다. 생각에 휘말려, 생각하지 않으면 안 되는 상태에 빠져 있다. 생각이 노인을 통해 생각하고 있다. 생각이 노인을 움직여 반가족적이고, 비도덕적이고, 비사회적인 일들(땅의 구입, 브라질 이주 계획, 공장 방화)을 감행하게 하는 것이다. 노인은 다른 사람들에게는 보이지 않는 어떤 현실과 (천사와 싸우는 야곱처럼) 혼자 드잡이하고 있다. 그는 자신의 생각이 옳다는 것을 증명하거나 논증하지 못한다. 그저 윽박지르고 주장하고 답답해할 뿐이다. 누구나 한 번쯤 해봤겠지만 그 정도로 심각하게 고민하지는 않았을 위험을 노인은 의식에서 놓지 않는다.

인간이 본성적으로 알기를 욕망한다는 아리스토텔레스『형이상학』첫 구절은 얼마나 기만적인가? 인간은 궁지에 몰려 생각의 강제에 복속되기 전까지, 생사의 활로를 뚫기 위해 생각에 몰두하기 전까지는, 필사적으로 생각을 외면한다. 생각하지 않기 위해, 진실을 알지 않기 위해 최선을 다한다. 이데아의 관조라는 그리스 철학의 이상은 얼마나 안이한가? 우리가 뇌파를 낮추고 선정(禪定)에 들어 마음의 평화를 획득하면 원자폭탄의 이데아를 관조할 수 있을까? 그것은 귀족의 생각, 부유한 자들의 생각, 안전한 곳에서 눈동자만으로 세계를 바라보는 한 줌 유력자들의 착각이다.

원자폭탄의 이데아는, 그 괴력에 부서지고 불타고 찢겨진 생명체를 바라보면서 우리가 구토하거나 패닉에 빠질 만큼 흔들릴 때만 관조될 수 있다. 끓는 물에 데쳐져 껍데기가 벗겨진 동물처럼, 흙에서 버둥거리는 맨살의 애벌레들처럼, 좀비처럼, 폐허를 헤매는 히로시마와 나가사키의 피폭 민중들의 사진을 볼 때, 시각적 폭력 속에서만 우리는 원자폭탄의 실상을, 방사능의 본성을 간신히 직관할 수 있다. 흐물거리며 녹아내린 살덩어리가 자신의 것이거나, 자신이 사랑하는 자들의 것일 수도 있다는 '망상' 속에서만 우리는 원자력을 사유한다. 들뢰즈는 이렇게 쓴다.

> 사유는 비자발적인 한에서만 사유일 수 있고, 사유 안에서 강제적으로 야기되는 한에서만 사유일 수 있다. 사유는 이 세계 속에서 불법 침입에 의해 우연히 태어날수록 절대적으로 필연적인 것이 된다. 사유 속에서 일차적인 것은 불법 침입, 폭력, 적이다. 또 사유 속에서 그 어떤 것도 지혜의 사랑을 상정하지 않으며 오히려 모든 것은 어떤 지혜의 증오에서 출발한다. 사유에 기대어 그것이 사유하는 대상의 상대적 필연성을 공고하게 만들어주는 일은 없도록 하자. 오히려 거꾸로 어떤 마주침, 사유하도록 강제하는 것과의 우발적인 마주침에 기대도록 하고, 이를 통해 사유 행위와 사유하려는 정념의 절대적 필연성을 일으켜 세우도록 하자.*

들뢰즈에 의하면, 사유는 지혜에 대한 사랑이 아니다. 현명함, 원만함, 효율성, 덕, 소통, 관용 같은 것이 아니다. 사유는 세상살이를 불가능하게 하는 끔찍한 것과 마주칠 때 솟구치는 생명력의 발작이다. 이런 면에서, 인간만 사유하는 것이 아니다. 뱀과 대면한 생쥐도 사유한다. 마비되지 않고 도주로를 찾아내는 능력, 그것이 생각이다. 면역계와 마주친 바이러스도 사유한다. 변이하여 숙주의 방어막을 뚫고 침투하는 것, 그것이 생각이다. 끔찍한 것과의 마주침이 발휘하는 폭력이 사유의 참된 계기다.**

---

* 질 들뢰즈,『차이와 반복』, 김상환 옮김(민음사, 2004), 310-311쪽.
** 끔찍한 것과 마주친 자리는 사유의 자리인 동시에 음주의 자리이기도 하다. 끔찍한 것을 본 자들은 술을 마신다. 사유와 음주는 이런 점에서 유사하다. 술꾼이 술을 마시는 것이 아니라, 그가 본 끔찍한 것이 술꾼을 통해 술을 마시는 것이다. 생각처럼, 술도 끔

　　2011년 동일본 대진재가 발생하기 전까지 〈생존의 기록〉의 나카지마 노인은 그저 한갓 광인으로, 예술가가 창조한 편집증자로 인지되었을 것이다. 하지만, 원자력 신화가 붕괴하는 것을 지켜본 21세기의 인간에게, 제6의 멸종을 목전에 앞둔, 기후 재앙을 마주한 인간에게, 나카지마 노인은 더 이상 '광인'이 아니다. 그는 당대의 지배적 감각에는 결코 보이지 않던 파국의 기호들을 정확히 읽어 낸 '예언자'로 나타난다. 파국의 시대, 사유의 자리는 대학이 아니고 논문이나 책이 아니다. 논리의 자리, 법의 자리가 아니다. 21세기의 참된 사유는 망상과 사고와 사망과 재난의 현장에서 이뤄진다. 사고의 예감, 걱정, 근심, 공포, 불안의 현장에서 발생한다. 많이 배우거나 똑똑한 사람들이 사고하는 것이 아니다. 겁 많은 자들, 벼랑에 몰린 자들, 두려움에 떠는 자들이 생각한다. 병든 자가 사유하며, 재난에 휘말린 자가 사유하고, 피해자가 사유하며, 어리석은 자가, 아직도 사람을 사랑하는 자가 사유한다.

구로사와 아키라의 〈생존의 기록〉.
(출처: 필자 소장 DVD 캡처)

미래의 악마적 힘

〈생존의 기록〉은 구로사와의 다른 영화들처럼 도스토옙스키적이거나 셰익스피어적이라기보다는 오히려 카프카적이다. 〈생존의

찔함의 사막에 찔끔찔끔 부어진다. 그 사막이 모두 적셔질 때까지, 술은 마셔져야 한다. 그 과정에서 술꾼은 파괴된다.

기록〉에서 구로사와는 '인간은 왜 사는가', '진리란 무엇인가'를 묻지 않는다. 저 물음들보다 더 절실한, 다음과 같은 질문을 던진다. 도대체 출구(出口)가 어디냐? 비상구가 어디냐? 원자력이 지배하는 이 세상의 밖으로 나가는 문이 어디 있느냐? 이것은 카프카적 물음이다.

「학술원에 드리는 보고」(1917)에 등장하는 원숭이 페터가 아프리카에서 사냥꾼들에게 포획되어 유럽으로 이송될 때 꿈꾼 것은 '자유'가 아니라 '출구'였다. 원숭이는 말한다. "저는 자유를 원하지 않았습니다. 단지 하나의 출구만을 원했습니다. 왼쪽이든 오른쪽이든 어디든 관계없이. 저는 그 밖의 다른 요구는 하지 않았습니다."* 페터의 고백은 상식을 때려 부수는 망치질 같다. 궁지에 몰려 있을 때, 당신이 정말로 원하는 것이 무엇인가? 가장 절박한 생명의 운동은 무엇을 겨냥하는가? 도망치는 것이다. 무언가와 마주쳤을 때 생명은, (자신이 그보다 강하면) 대결하고 (자신이 그보다 약하면) 도주한다.

권력이 제일 두려워하는 것은 자신에게 저항하는 것들이 아니라, 자신의 통제권 바깥으로 새어 나가는 것, 도망쳐 사라지는 것들이다. 권력을 무너뜨리는 것은 (건물을 무너뜨리는 것이 그러하듯) 언제나 미세한 크랙(crack)이다. 틈새를 빠져나가는 공기와 물, 그리고 벌레나 작은 동물들이다. 이들이 강자다. 도주는 권력의 영토를 벗어나 밖으로 새는 힘이다. 카프카의 천재성은 여기에 있다. 그가 본 세계는 출구를 찾는 것들과 출구를 봉쇄하려는 것들 사이의, 화해가 불가능한 전쟁이다. 이때, 출구 없는 세계의 다른 이름이 파국이다. 약자에게 이 세상은 항상적 파국이다. 파국과 파국 아닌 것 사

---

* 프란츠 카프카, 『카프카 전집 1: 변신』, 이주동 옮김(솔, 1997), 261쪽.

이에는 오직 문(門) 하나가 있다. 그 문을 찾아 밖으로 나가는 것, 이것이 존재의 필사의 과제다.

우리는 20세기 중반 이래 인류세(Anthropocene)라는 지질학적 시간을 살아오고 있다. 약 11,700년 지속된 홀로세(Holocene)는 20세기 중반에 종식되었다.* 이 심대한 변화를 야기한 주된 원인은 화산 활동이나 지각 변동 같은 자연적 사태가 아니라, 지난 300년 동안 제한 없이 가동된 탄소 자본주의 문명이다. 근대 문명이 이룬 번영은 가이아의 파괴와 평행으로 진행되었다. 그 결과, 인류세는 우리가 "미래의 악마적 힘(puissance diabolique de l'avenir)"**과 대면하게 한다. 미래로부터 오는 끔찍한 빛. 이 빛에 비추어진 현재는 이미 종말을 맞이한 것 같다. 우리는 인류세 파국 속에 갇혀 있다.

이런 점에서 나카지마 노인은 시네마가 창조한 최초의 '인류세적 인간'이다. 탈출을 욕망했던 페터처럼 그도 원자력과 방사능의 외부로 나가고자 한다. 그가 미쳐 가는 과정은 파국으로부터의 출구를 찾으려는 (카프카 단편 제목을 빌려 말하자면) '어떤 싸움의 기록'이다. 인류세적 인간은 광인과 예언자 사이에서, 현행 권력과 미래의 악마적 힘 사이에서 찢겨져 있다. 그는 괴물이다. 미치거나, 파괴되거나, 도주하는 것이 그에게 주어진 유일한 활로다. 그는 현존 인류의 위선을 폭로한다. 그렇게 존엄하고 주권적인 '인간'이 번영하기 위해, 비인간 전체가 변형, 수탈, 착취, 파괴되는 것은 불가피

---

* 2019년에 결국 국제지질학연맹 산하 국제층서위원회에 부속된 인류세 워킹 그룹(Anthropocene Working Group)이 중요한 결의를 이끌어 낸다. 34명의 구성원 중 29명이 20세기 중반을 인류세의 기점으로 삼는 데 동의한다. 핵심은 1945년 7월 16일 최초의 원자폭탄 실험과 같은 해 8월 히로시마와 나가사키에서의 원자폭탄 사용 이후 방사능 물질들의 침전과 같은 지질학적 기록이었다(https://www.nature.com/articles/d41586-019-01641-5).

** Gilles Deleuze, *Francis Bacon, Logique de la sensation*(Paris: Seuil, 2002), p. 61.

하며 더 나아가 정당하다고 생각하는 것. 이 문명적 위선을 더 이상 견딜 수 없게 된 자가 인류세적 인간이다.

토리노의 니체

나카지마 노인의 최종 도피처는 망상이었다. 하지만 광기 속에서 그는 '인간적인, 너무나 인간적인' 근대의 외부로 가는 크랙을 뚫었다. 니체처럼 말하자면, 그는 인간과 초인, 인간과 포스트휴먼, 충적세와 인류세 사이에 걸려 있는 교량, 혹은 "인간이라는 어두운 먹구름에서 치는 번개"다.* 실제로 노인은 근대 서구 문명에 무서운 저주를 퍼붓고 자멸해 버린 철학자 프리드리히 니체의 말년을 연상시킨다.

　1888-1889년경, 니체는 정신착란 증세를 보이기 시작했다. 그러다가 1889년 초에 실성하여 정신병원에 수감된다. 니체의 사유는 후반기로 갈수록 인간이라는 지배적 가치에서 이탈하는 돌파선을 그렸다. 인간의 바깥, 포스트휴먼 쪽으로 도망치고 있었다. 파멸의 전조가 뚜렷해진 것은 1888년경이다. 그해 니체는 여섯 권의 문제작을 집필했다.『바그너의 경우』,『우상의 황혼』,『안티크리스트』,『니체 대 바그너』,『디오니소스 송가』,『이 사람을 보라』. 한 인간의 창조적 역량이 한계를 넘어가고, 그 움직임에 의해 도리어 인간 자체가 파괴될 듯한 위태로운 풍경이 펼쳐졌던 한 해였다.

　1888년 9월 말 니체는 스위스의 질스마리아에서의 여름휴가를 끝내고 이탈리아의 토리노로 떠난다. 광증은 깊어지고 있었다. 그는 지인들에게 괴이한 편지들을 써댔다. 서명란에 이름 대신 '디

---

* 프리드리히 니체,『차라투스트라는 이렇게 말했다』, 김인순 옮김(열린책들, 2015), 25쪽.

오니소스'나 '십자가에 달린 자', '니체 카이사르' 등을 적은 편지들이었다. 해가 바뀌고 운명적인 1889년 1월 3일이 온다. 카를로 알베르토 광장. 19세기 유럽이 배출한 가장 격렬하고, 깊고, 참혹하며, 투명하고, 단호한 목소리 하나가 거기서 파열되어 버린다. 죄 많은 유럽 근대의 착란적 파동을 온몸으로 받아 낸 명증한 지진계, 혀-기계, 글쓰기-기계가 고장나 버렸다. 니체는 미쳐 버린 것이다. 전기 작가는 그날 벌어진 일에 대해 다음과 같이 보고하고 있다.

> 1889년 1월 3일, 그날 아침 정확히 무슨 일이 일어났는지는 확실치 않다. 사람들은 그날도 보통 때처럼 그가 카를로 알베르토 광장에 있는 다비데 피노의 집을 나섰다고 전한다. 그들은 생각에 잠겨 쓸쓸하게 걸어가는 고독한 남자의 모습에 익숙했다. (……) 그날도 카를로 알베르토 광장에는 승객을 기다리는 몇몇 마차와 택시 사이에 늙은 말들이 힘없이 축 늘어진 채 서 있었다. 불쌍한 말들은 주인의 명령을 따르느라 속절없이 괴롭힘을 당했다. 니체는 한 마부가 말을 심하게 채찍질하는 모습에 충격을 받고 그 자리에 풀썩 주저앉았다. 그러고는 몸을 던지다시피 하여 마부를 가로막았고, 말의 목을 부둥켜안고 목 놓아 울다가 정신을 잃었다.*

실성한 니체는 바젤 대학 정신병원을 거쳐 오토 빈스방거(Otto Binswanger)가 운영하던 예나 정신병원에 입원된다. 사람을 알아보지 못한 채 지적 작업이 전혀 불가능한 상태로 10년 이상을 연명하다 결국 1900년 8월 25일 향년 55세로 세상을 뜬다. 니체의 일화는 개인적 비극을 넘어서는 사상적 함의를 갖는다. 밀란 쿤데라

---

* 수 프리도, 『니체의 삶』, 박선영 옮김(Being, 2021), 551쪽.

는 『참을 수 없는 존재의 가벼움』에서 말을 끌어안고 오열하는 니체가 "데카르트를 대신하여 말에게 사죄"하는 것이라고, "그의 정신착란(인류와의 단절)은 그가 말을 애도하여 우는 순간에 시작된다"고 쓴다.* 쿤데라가 옳다. 니체는 동물 앞에 무릎을 꿇고 있다. 데카르트가 '연장체(res extensa)'라 부른, 느낌과 사고의 능력을 결여한 '고기-기계' 앞에. 죽여도, 먹어도, 부려도, 태워도 상관없는, 생명과 영혼이 없는 물질 덩어리 앞에.

　　이것은 니체 철학의 정점을 이루는 자기 배반의 장면이다. 그토록 단호하게 연민을 경멸해 온 니체가 지금, 말을 향한 격한 동정에 휩싸여 흐느끼고 있다. 짊어지고 견디고 인내하는 정신인 낙타를 폄하하고 사자의 포효를 상찬하던 니체가 지금, 인간의 노예로 수레를 끄는 동물 앞에 무릎을 꿇고 있다. 페미니즘과 사회주의와 민주주의 특유의 약자에 대한 감수성, 타자의 고통에 대한 감수성을 존재의 약화로 단죄하던 니체가 지금, 매 맞고 휘청거리며 곧 쓰러질 듯 쇠약해진 한 마리 말의 목을 끌어안고 울고 있다.

비(雨)

니체의 일화에 등장하는 말과 마부의 후일담을 펼치며 세계의 종말을 그리는 영화가 있다. 헝가리의 거장 벨라 타르(Béla Tarr)의 마지막 작품 〈토리노의 말〉(2011)이다. 이 압도적 작품은 21세기 시네마가 창조한 가장 암울하고, 철저하고, 희망 없는 묵시록이다. 1955년 헝가리에서 태어난 벨라 타르는 1977년의 〈패밀리 네스트〉를 시작으로 〈아웃사이더〉(1981), 〈조립식 인간〉(1982), 〈가을 연감〉(1985), 〈파멸〉(1988), 〈사탄탱고〉(1994), 〈베르크마이스터 하모니즈〉(2000),

---

* 밀란 쿤데라, 『참을 수 없는 존재의 가벼움』, 송동준 옮김(민음사, 1988), 353쪽.

〈런던에서 온 사나이〉(2007) 같은 묵직한 작품들을 남겼다.

초기작 〈패밀리 네스트〉,〈조립식 인간〉,〈가을 연감〉은 존 카사베츠(John Cassavetes) 영화를 연상시킨다. 다큐멘터리처럼, 카메라가 자유롭게 인물 표정을 근접 촬영하며 인간관계의 파탄을 적나라하게 드러낸다. 아내와 남편, 시아버지와 며느리, 엄마와 아들 사이의 갈등은 착잡하기 그지없다. 타인을 향해 던지는 언어는 독화살 같고, 일상은 적대로 뒤엉켜 있고, 가족의 친밀성도 타락의 냄새를 풍긴다. 이 모든 난장판의 배후에 사회주의 헝가리의 기계적 관료제가 군림하고 있다. 폭력, 권위주의, 부패, 그리고 이제 시작되는 자본주의적 욕망. 그의 초기작들은 이런 사회적 모순에 대한 예술가적 분노로 이글거린다.

〈파멸〉부터 벨라 타르는 소설가 크러스너호르커이 라슬로(Krasznahorkai László)와 함께 시나리오 작업을 시작하는데, 이를 기점으로 그의 시네마는 과거와 크게 달라진다. 난삽하게 움직이던 카메라는 이제 명상에 잠긴 듯 느리고 침착하게 대상을 응시한다. '사회학적' 관심이 뒤로 물러나고 '형이상학적'인 태세가 전면화되면서, 영화 이미지는 서사적 운동과 분리되어, 자체의 관능성과 시간의 훈기를 뿜어낸다.

또한, 스크린에는 동물들이 나타나기 시작한다. 〈파멸〉의 배회하는 개들, 〈사탄탱고〉에서 소녀 에슈티케가 학대하고 독살해 버리는 고양이, 풍경을 가로지르는 가축들과 부엉이, 〈베르크마이스터 하모니즈〉의 고래,〈토리노의 말〉에서 음식을 거부하고 죽어가는 말. 이 동물들은 벨라 타르 후기작에 탈(脫)인간적 벡터를 부여한다. 가족과 사회의 문제에 집중되어 있던 그의 영화 우주는 인간적인 것의 바깥에서 난입해 오는 비인간 생명체들을 통해 한층 더 낯설고 불안하게 진동한다. 동물들은 침묵하지만, 쇠멸해 가는 인간계의 종말을 증언하는 착실한 증인들처럼 보이기도 한다.

　　벨라 타르 후기작을 특징짓는 또 다른 요소는 자연 현상이다. 특히,〈파멸〉과〈사탄탱고〉에서 세상을 다 부식시킬 듯 추적거리며 내리는 비,〈토리노의 말〉에서 한 차례도 쉬지 않고 몰아닥치는 바람은 압도적이다. 자크 랑시에르가〈파멸〉의 세계를 "비의 제국"이라 부른 것은 결코 과장으로 들리지 않는다.* 퇴폐적이고 관능적이면서 동시에 고전 영화의 기품이 살아 있는 걸작인〈파멸〉에서 비는 하나의 기상 현상이나 무대 장치가 아니라, 감독이 세계를 바라보는 방식, 감독이 구현하려 하는 세계를 규제하는 형이상학적 원리 그 자체로 나타난다.

벨라 타르의 〈파멸〉.
(출처: 필자 소장 DVD 캡처)

　　쉬지 않고 내리는 겨울비는 어두운 실내에도, 술집에서 여가수가 부르는 노래에도, 주인공의 기억에도, 인간의 내장 속에도 내리는 듯이 느껴진다. 모든 존재자가 비를 맞고 있는 듯이, '존재＝비 맞음'이라는 듯이. 비 아래서 인간, 사물, 물질, 영혼, 기억, 과거, 미래, 정신은 공평하게, 평등하게 파괴되고 있다. 비에 의해서 존재는 소멸 쪽으로의 '분자적' 운동을 한다. 지각되지 않는 미분적 삭감들을 통해서, 모든 것은 서서히 사라져 간다. 엔트로피다.〈파멸〉

---

* Jacques Rancière, *Béla Tarr, The Time After*, trans. by Erik Beranek(Minnesota: Univocal, 2013), p. 25.

의 주인공 카레르(Karrer)는 이 철학을 자신의 입으로 공표한다. "모든 이야기는 해체의 이야기"라고.

〈사탄탱고〉에서 마을 주민들이 새로운 공동체로 이주하는 장면은 또 어떠한가? 우산도 없이 비 내리는 먼 길을 사람들이 걸어갈 때, 그들의 외투도, 모자도, 얼굴도 다 젖어 가고 있다. 턱을 타고 빗물이 주르륵 흐른다. 저 비에는 뭔가 '모멸적인 것'이 있다. 막아야 하는 뭔가가 속절없이 진행되는 것 같다. 모멸은 무력감에서 온다. 벨라 타르의 인간은 빗물을 타고 실현되는 파멸을 인지하지도 못하고, 대처하지도, 막지도 못한다. 누구도 다른 누구를 도울 수 없다. 그저 젖어 간다. 인간은 파멸 그 자체가 되어 간다. 빗방울이 피부를 적시고, 그 한기와 습기로 마음까지 떨게 만들고, 영혼을 마비시키는 것이다. 젖어 들어감의 어쩔 수 없음에 다들 마비되어 간다.

21세기 시네마에서 내가 가장 인상적인 것으로 기억하는 비는 차이밍량(蔡明亮)의 〈안녕, 용문객잔〉(2003)에서 내리던 아열대의 폭우다. 쇠락한 극장 건물을 밤새 두드리던 그 하얀 빗줄기는 시네마의 종언을 애도하는 장례의 날에 내리는 비다. 시네마는 죽었다, 시네마는 죽었다고 흐느끼는 귀신 같은 비.

〈안녕, 용문객잔〉을 이해한다는 것은 저 비인간적, 탈인간적 흐느낌에 물드는 것이다. 21세기에 아직도 영화를 보는 자는 사람이 아니라 귀신이다. 영화를 사랑하는 자는 '이 시대의 인간'이 아니다. 그렇게 주장하듯 내리는 비. 파국의 시대에 아직도 우리는 영화를 통해 바깥으로 도주할 수 있는가? 혹은 그런 착각의 결정체가 영화인가? 차이밍량의 비가 영화의 종말을 애도하는 슬픔이라면, 벨라 타르의 비는 영화를 넘어서 세계의 종말을 재촉하는 힘이다. 인간과의 깊은 관계 속에서 하나의 세계로 설립된 바로 그런 세계 자체의 사라짐을 가속화하는 물질.

〈토리노의 말〉

〈토리노의 말〉은 니체의 마지막 일화를 내레이션하면서 시작한
다. 내레이션이 끝나자마자, 우리는 황량한 초원에 불어닥치는 광
풍을 맞으며 마부가 마차를 몰아가는 장면을 본다. 어느 나라의 어
떤 지방인지, 19세기인지 아니면 미래의 어떤 시점인지, 아무런 설
명도 주어지지 않는다. 어떤 이야기도 제공되지 않는다. 서사적 장
치는 꺼져 있다. 우리는 어떤 이야기의 도움도 없이 무방비 상태로,
영화가 전개시키는 화면 속의 세계와 직접 대면하게 된다.

벨라 타르의 〈토리노의 말〉.
(출처: 필자 소장 DVD 캡처).

　　화면을 지배하는 것은 바람이다. 비가 스며들며 파괴한다면,
바람은 모든 것을 흩어 버린다. 흙먼지가 시야를 가리고 낙엽들은
허공에 휘날린다. 바람이라는 것이 세상에 있다는 사실을 인간에
게, 신이나 악마에게, 동물이나 식물에게 알려야 할 사명이라도 있
다는 듯, 맹렬하게 불어온다. 마부는 고개를 쉽게 들지조차 못한다.
구부정하게 바람에 맞서 걸어갈 수밖에 없다. 간신히 집에 도착해
헛간에 말을 묶어 두고, 마부는 집 안으로 들어간다. 돌로 만들어진
컴컴한 실내에는 침대, 식탁, 화덕 같은 최소한의 살림살이만이 있
다. 무표정한 딸이 아버지의 외투를 벗기고, 상자에서 감자 두 알을
꺼내 삶아 식탁에 낸다.

　　이렇게 이들은 감자를 먹고, 빨래를 하고, 장작을 패고, 잠을
자고, 우물에서 물을 긷고, 독주를 두 잔 입에 털어 넣고, 말을 몰아

노동을 하고, 다시 귀가하고, 휴식하는 반복을 살아간다. 세계는 소진되어 있다. 존재자들은 헐벗은 상태로 되돌려져 있다. 집 밖에는 한 방향으로만 불어오는 미친 바람이 생명을 다 고갈시키고 있다. 살아 있는 것은 모두 말라붙어 가고 있다. 한편, 집 안에는 어떤 문화적 훈기도 존재하지 않는다. 부녀는 거의 대화를 하지 않는다. 감자를 삶아 식탁에 놓고, 딸이 침대에 누워 휴식하는 아버지에게 건네는 '식사하세요'가 소통의 거의 전부다. 말에는 어떤 감정도, 기대도, 요구도 실려 있지 않다. 안쓰러울 정도로 빈약하고 공소하다. 언어도 자신의 종말을 향해 가는 빈사 상태에 있다.

저들은 몸짓도, 표정도 없다. 동선은 일정하며, 동작도 정형화되어 있다. 화성에서 우주인이 걷듯이 미니멀하게 걷고 가까스로 움직인다. 웃거나 울지 않는다. 얼굴이라는 기관은 몰락해 있다. 가면이 피부에 흡착되어 버린 듯이 기괴한 안면들. 그리고 먹는다는 것. 한 알의 뜨거운 감자가 전부인 식사. (오른팔을 쓰지 못하는) 아버지는 한 손으로 감자의 껍질을 벗겨, 대충 움켜쥔 소금을 뿌려, 허겁지겁 그것을 먹어 치운다. 아버지는 감자를 살해하듯이 먹는다. 사물을 파괴하듯이, 사물로부터 그 현존을 앗아가려는 것이 목적인 것처럼 먹는다. 혹은 감자라는 생물을 사냥해서, 그 자리에서 가죽을 벗기고, 살을 뜯듯이, 그렇게 먹는다. 음식은 음식이 가져야 하는 존엄을 상실해 있다. 소비되면서, 소비하는 살에게 향유의 시간을 주는 음식 고유의 실존을 박탈당해 있다.

이들이 오랫동안 반복하며 살아왔을 이 천편일률적이고 쇠락한 일상은 영화가 진행되면서 좀 더 명료한 단계들을 거쳐 가며 파괴되어 간다. 〈토리노의 말〉에서 벨라 타르는 구약의 「창세기」를 거의 기계적으로 전도하고 있다. 「창세기」 1장에서 신은 첫째 날 빛을 만들고, 둘째 날 공간을 만들고, 셋째 날 땅과 식물을 만들고,

넷째 날 밤과 낮을 만들고, 다섯째 날 동물과 어류를 만들고, 여섯째 날 인간을 만든다. 〈토리노의 말〉은 창조된 현존 세계를 다시 창조되기 이전으로 되돌리는 파괴의 일주일을 그대로 보여 준다. 6일 동안 하나씩, 모든 것이 사라져 간다.

첫째 날 밤, 일과를 마치고 불을 끄고 침대에 누운 아버지는 지난 수십 년간 집에서 하루도 멎은 적이 없는 소리, 나무좀이 나무를 갉아먹는 소리가 멈췄다는 것을 깨닫는다. 뭔가 발생하기 시작했다. 곤충이 활동을 멈춘 것이다. 둘째 날 아침, 부녀는 평소처럼 일과를 시작하려 마구를 말에 매고 집을 나서려 한다. 그런데, 말이 노동을 거부한다. 움직이지 않는다. 체념한 채, 이들은 다시 말을 마구간에 넣고 집에서 장작을 패고 빨래를 한다. 이웃 남자가 찾아와 술을 찾는다. 그는 마부에게 세상의 멸망에 대해 다음과 같은 긴 장광설을 늘어놓는다.

> 모든 것은 파멸하고 타락하게 마련이니까. 그들이 모두 파멸케 하고 타락하게 한 거야. 무슨 큰 재앙이 벌어져서가 아니라, 인간의 순수한 본성에서 비롯된 걸세. 바꿔 말하면 인간이 자초한 심판이야. 인간이 인간 자신에게 내린 심판인 거지. 물론 하느님도 관여하시긴 했지. 한몫하셨다고나 할까. 어떤 식으로 관여하셨건, 지금껏 가장 끔찍한 일을 벌이신 건 분명해. 세상이 점점 나빠지고 있어. 내가 뭐라고 말하든 그들이 가진 모든 게 나빠지고 있어. 가진 게 모두 비열하고 교만한 싸움 끝에 얻은 것이라 다 나빠만 지는 거야. 그들이 무엇을 만지든 만지는 것마다 모두 나빠지거든.

셋째 날, 말은 건초를 먹기를 거부한다. 딸이 달래지만, 말은 한사코 먹기를 거부한다. 그때, 언덕을 넘어 떠들썩하게 나타난 집

벨라 타르의 〈토리노의 말〉.
(출처: 필자 소장 DVD 캡처)

시 무리가 나타나 우물물을 마신다. 마부가 도끼를 들고 집시를 쫓는다. 그들이 딸에게 자신들의 성서를 건네 준다. 거기에는 어두운 미래에 대한 예언이 적혀 있다. 넷째 날, 물을 길러 간 딸은 말라붙은 우물을 보고 놀란다. 생명줄이 끊어진 것을 확인하고, 마부와 딸은 다른 고장으로 이주하기 위해 짐을 싼다. 몸소 수레를 끌며 언덕을 넘는다. 하지만, 이들은 멀리 가지 못한다. 더 갈 곳이 없는 것이다. 허망하게 다시 집으로 돌아와 짐을 푼다. 이제 이들은 자신들의 집에 갇힌다.

다섯째 날, 기름을 가득 채운 램프에 더 이상 불이 붙지 않는다. 화덕의 불씨도 꺼져 버린다. 빛과 불이 이렇게 소멸해 버린다. 그리고 그 밤에 드디어 폭풍이 멈춘다. 죽음과 같은 정적이 집에 찾아든다. 여섯째 날, 딸과 마부는 어두운 식탁에 앉아 있다. 햇빛도 사라진 듯하다. 어둠이다. 삶지 못한 감자가 한 알씩 접시에 놓여 있다. "먹자. (……) 먹어야 한다." 아버지는 손톱으로 생감자의 껍질을 까며 말한다. 하지만, 딸은 미동도 하지 않은 채 감자에 손을 대지 않는다. 서서히 더 짙은 어둠이 밀려온다. 이들의 몸과 얼굴이 어둠 속으로 사라져 간다. 동시에 영화는 끝난다.

인류세

유태-기독교가 상상한 종말은 진정한 끝이 아니라 언제나 그다음에 올 세상을 예기한다. 종말은 '무언가'의 종말이며, 종말을 통해 정화된 세계의 신생(그것이 천년왕국이건 유토피아건)을 함축한다. 그것은 유보와 제한이 가해진 종말이다. 최종 종말은 미래 너머 가장 먼 미래로 미뤄져 있다. 일종의 변증법적 종말이다. 미래의 악마적 힘을 다스리는 신학적, 역사철학적 간지(奸智)다. 그래서 종말론(eschatology)은 묵시록(apocalypse)과 흔히 결합하며, 서로 쉽게 혼동된다.* 단순한 소멸이 아니라 의미로 충만한 계시 사건으로서의 종말.

〈토리노의 말〉은 이 전통적 상상계를 배반한다. 재앙, 재난, 사건, 파국은 없다. 바람이 어디서, 왜 저렇게 불어오는지 아무도 알지 못한다. 외계 행성과 지구가 충돌하지도 않고, 화산이 폭발하거나, 홍수가 닥쳐오지도 않는다. 바이러스나 핵전쟁 따위도 없다. 세계는 참담할 정도로 일상적이며 진부하다. 미래의 악마적 힘은 사건의 부재와 결합해 있다. 사람들은 언제나 그렇듯이 노동을 하고, 술을 마시고, 밥을 먹고, 잠을 잔다. 그뿐이다. 분명 세계는 망해 가고 있지만, 아버지와 딸은 생각하지 않는다. 걱정도, 불안도, 공포도 엿보이지 않는다. 언어도, 얼굴도, 음식도, 생각도 종말 근처에 이미 도달해 있는 세계다. 세계를 이루는 정신의 뼈들이 다 부러져 버린 듯하다. 마비된 생명.

---

* 어원적으로 보면 종말론은 시간의 끝(eschaton)과 관련된 것이지만, 묵시록은 가리개(kalupsis)를 열어 보이는 것(apo), 폭로하는 것(apokalyptein), 즉 계시를 가리킨다.

종말은 다가올 사태가 아니라 이미 도래한 사태다. 미래의 악마적 힘은 현재 속으로 풀려 나와 운동하고 있다. 가령, 바람의 작용. 바람은 분자적이고 프랙털하며 미시적이고 불가항력적인 종말의 이미지를 완성한다. 사건으로서의 종말이 아니라 과정으로서의 종말. 생명체는 이 종말의 과정을 '거주 불가능성 (uninhabitability)'의 확장으로 체험한다. 살 곳이 없어지고 있다. 나무좀도, 식물들도, 그리고 말도 자신들의 거주지를 상실해 가고 있다. 그래서, 이들은 파괴되거나 아니면 자기-파괴를 행한다. 인간은 뒤늦게 이를 깨닫는다. 도망갈 곳도 없고 숨을 곳도 없다. 부녀는 집에 유폐된다. 집을 가진 자는 버티지만, 집시들은 난민으로 떠돈다. 원래부터 권리를 박탈당했고 차별받았으며, 인간으로 대접받은 적 없는, 소유물도 미래도 없는 저들은, 종말의 흙먼지에도, 술에 취해 떠돌며 유쾌함을 상실하지 않는다. 무리 지어, 노래를 부르며 종말을 뚫고 나간다.

벨라 타르의 〈토리노의 말〉.
(출처: 필자 소장 DVD 캡처)

거주한다는 것은 무엇인가? 레비나스처럼 말하자면 그것은 '-으로 산다(vivre de)'는 것이다. 빵으로, 풍경으로, 햇빛으로, 공기로, 물로, 언어로, 사랑으로 산다는 것. 거주한다는 것, 산다는 것은 타동사다. 대상을 요청한다. 그 대상과 인간의 근원적 관계는 재현이나 사용이 아닌 향유다. 레비나스는 이렇게 쓴다. "우리는 '맛 좋은 수프'와 공기와 빛과 풍경과 노동과 생각과 잠 등등으로 산다. 이것들

은 재현의 대상이 아니다. 우리는 이것들로 산다. 우리가 그것으로
사는 이것은, 펜이 펜으로 쓰는 편지에 대해 수단이듯이 '삶의 수단'
이 아니다. 또 의사소통이 편지의 목적이듯이 삶의 목적인 것도 아
니다. 우리가 그것으로 사는 것들은 연장들이 아니며, 그 용어의 하이
데거적인 의미에서 도구들도 아니다. (……) 그것들은 언제나 어느 정
도로는——그리고 망치와 바늘과 기계조차 그러한데——이미 질서
잡히고 다듬어진 채로 '미감(goût)'에 주어지는 향유의 대상이다."*

　　홀로세란 지구상의 다수의 생명체들이 각자에게 고유한 향유
시스템의 네트워크를 구축했던 지질학적 시대가 아닐까? 환경과
생명 사이에, 종과 종 사이에 만들어져 있던 향유의 구조. 인류세
는 이 향유의 시스템, 서로가 서로의 존재를 향유할 수 있는 조건
이 파괴되는 시간을 가리킨다. 말이 건초를 먹는 것을 거부한다는
것, 나무좀이 나무를 갉아먹는 것을 거부한다는 것은 지구적 존재
의 운명적 타동성(他動性), 즉 살기 위해서 불가피하게 공생해야 한
다는 운명적 관계성의 소멸을 가리킨다.

　　이런 점에서, 〈토리노의 말〉이 그리는 종말은 단순한 파괴가
아니라 일종의 회수(回收)나 몰수, 혹은 빚의 변제처럼 보이는 것이
다. 인간이 향유할 수 있는 대상으로 '무상' 제공되던 기름진 땅, 햇
빛, 신선한 공기, 맑은 물, 동물의 살, 식물의 잎사귀가 하나씩 박탈
되어 가는 것이다. 마치, 우리가 그것들을 향유할 권리나 자격을 상
실해 버렸다는 듯이. 하여, 노동을 거부하는 말, 사라지는 생명체
들, 이제는 마실 수 없는 물, 숨 쉴 수 없는 공기, 고갈되어 버린 불,
텅 빈 식탁 위 날 것의 감자 한 알과 함께 부녀도 사라져 간다.

---

* 에마뉘엘 레비나스, 『전체성과 무한』, 김도형·문성원·손영창 옮김(그린비, 2018),
154쪽.

벨라 타르의 〈토리노의 말〉.
(출처: 필자 소장 DVD 캡처)

어떤 계시도, 의미도, 섭리도 저 연쇄적 소멸 과정에 개입하지 않는다. 이후(以後)가 없는 소멸이다. 인류세의 인간이 처해 있는 위치가 이 영화에서 아무런 수식도, 장식도, 비유도 없이 있는 그대로 표상되고 있다. 매일 조금씩, 마비되어 가면서, 약한 고리로부터 종말의 어둠에 잠겨 가는 저 세계가 바로 지금 우리가 사는 21세기 지구의 모습이다. 나카지마 노인이 최초의 인류세적 인간이라면, 〈토리노의 말〉의 부녀는 최후의 인류세적 인간이다. 20세기 중반 인류세가 시작될 무렵 그것을 자각했던 자가 광인이 될 수밖에 없었다면, 인류세의 끝을 마주한 인간들은 저 부녀처럼 한 알의 감자를 허겁지겁 으깨 먹으며, 별다른 말도 없이, 사무엘 베케트의 연극에 나오는 소진된 인간들처럼, 침대에 누워, 세상이 이렇지 않던 시절을 가끔 그리워하며, 아무 일도 없다는 듯이 그렇게 사라질 것이다. 서리북

김홍중
본지 편집위원. 사회학자. 사회 이론과 문화사회학을 전공했으며, 현재 서울대 사회학과에서 가르친다. 최근 관심은 물성(物性), 인성(人性), 생명, 영성(靈性)의 얽힘과 배치이다. 지은 책으로 『은둔기계』, 『마음의 사회학』과 『사회학적 파상력』이 있다.

◀ 여덟 개의 몽환극으로 구성된 구로사와 아키라의 마지막 작품. 사회와 문명 비판적 성격이 짙다. 그 꿈 이야기 중 하나가 핵발전소 폭발이다. 후지산 화산 분출로 근방의 핵발전소가 폭발하고, 이 카오스 속에서 시민들은 낭떠러지로 떨어져 죽거나 바다에 빠져 죽는다. 핵발전소의 절대적 안전을 주장하던 과학자가 뒤늦게 참회하고 자결한다.

구로사와 아키라의 〈꿈〉(1990)

◀ 〈토리노의 말〉이 나온 2011년에는 라스 본 트리에의 〈멜랑콜리아〉와 아벨 페라라의 〈4:44〉도 함께 나왔다. 두 영화 모두 일순간의 종말을 다룬다. 외계 행성과의 충돌로 모든 것이 끝나는 〈멜랑콜리아〉처럼, 〈4:44〉도 매우 구체적인 시계의 시간에 세계가 끝난다. 미국 동부 시각으로 새벽 4시 44분에, 오존층이 완전히 뚫린 지구상의 모든 생명체가 절멸하는 것이다.

아벨 페라라의 〈4:44〉(2011)

P'의 여성주의 그래피즘

전가경

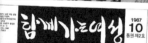

(위) 《텃밭》 제2호.(출처: 한국여성단체연합 기증, 민주화운동기념사업회 제공)

(아래) 《인천여성노동자》 제2호.(출처: 한국여성단체연합 기증, 민주화운동기념사업회 제공)

(위) 《여성평우》 제2호.(출처: 최교진 기증, 민주화운동기념사업회 제공)

(아래) 《함께 가는 여성》 제2호.(출처: 박용수 기증, 민주화운동기념사업회 제공)

한국의 1980년대는 민주화 운동뿐만 아니라 여성운동의
성취 또한 이룬 시기다. 여러 문헌이 반복적으로 기술하듯이
1983년에는 한국여성의전화, 1984년에는 한국여성단체연합과
또하나의문화 그리고 민주화운동청년연합 여성부가
결성되었으며, 1987년에는 한국여성민우회(이하 민우회)가
조직되었다. 이 중에서도 1983년 6월에 만들어진 여성운동
조직인 여성평우회는 해방 이후 최초의 진보 여성 단체로서
1980년대 여성운동의 상징적 기점이 된 것으로 평가받는다.
1980년대의 이러한 상황은 1970년대 중후반부터 점진적으로
전개되어 온 여성해방 운동과도 맞닿아 있었는데, 1975년
세계 여성의 해 제정을 계기로 국내에서도 여성 관련 단행본이
급증하기 시작했다. 이선옥이 「1980년대 여성운동 잡지와 문학
논쟁의 의미」(2018)에서 연대기적으로 서술했듯이 1970년대
후반부터 『제2의 성』(1973), 『성의 정치학』(1976), 『여성해방의
이론과 현실』(1979) 등의 출판물들이 선보였으며, 1978년
이화여자대학교에 국내 첫 여성학 강좌가 개설됨으로써 여성주의
담론의 생산과 확산은 보다 탄력을 받는다.
　　이 글은 이러한 시대를 배경 삼아 여성운동의 주춧돌이
되었던 1980년대 인쇄물 몇 종을 디자인 관점에서 조명한다.
그간 지식 운동의 추동체로서 1980년대 출판이 몇 차례 거론된
적은 있었으나 인쇄물에 나타난 '그래피즘(graphism)', 즉 그래픽적
특성에 대해 논의된 바는 거의 전무한 것으로 안다. 대부분의
논의가 내용 중심으로 전개되었으며, 조형적 분석이었다고
할지라도 당대 출판물의 뚜렷한 시각적 특징이라 할 수 있는
목판화 및 이와 연계된 민중미술 장르 분석에 집중하는 데
머물렀다. 그 결과 완결된 디자인 산물로서 당대의 인쇄물을

들여다보는 시선은 확보하지 못했다. 비록 지면의 한계로 더
넓고 깊게 당대 여성운동 관련 인쇄물을 관망할 수는 없지만,
부족하게나마 선별된 몇 종을 중심으로 여성운동이 시각화되었던
방식을 짚어 보고자 한다. 무엇보다 이 글을 대문자로서의 민주화
운동이 아닌, 소문자로서의 여성운동에 한정 지어 보고자 하는
이유는, 여성 재현 방식의 특이성 때문이다. 목판화 및 삽화 그리고
사진 등 다양한 매체를 통해 나타난 여성은 1980년대 여성주의
운동의 기치와 방향을 가늠해 볼 수 있는 척도이다.

　　한때 'P'라는 은어가 존재했다고 한다. 이는 1980년대
운동권에서 생산된 다양한 인쇄물을 지칭하는 말이었다. 이
지면에 소개하는 여성운동 인쇄물 또한 그 당시에는 'P'로
지칭되었을 '이피머러(ephemera)'로 추정된다. 회지와 소식지를
비롯해 각종 전단, 포스터와 신문 등은 과거에 이곳에서도
여성주의 그래픽 행동주의가 존재했음을 증명한다. 오늘과 같은
일사불란한 디지털 개인 소통망이 부재할 때 여성주의 'P'는
민주화와 성평등을 앞당기기 위한 전방위 여성운동으로서 그
역할을 담당하지 않았을까. 무엇보다 다채로운 여성 재현 방식을
선보였다는 점에서 이 여성주의 'P'의 목판화와 사진이야말로
한국 여성의 삶과 일터에 밀착된 시각화이자 동시에 선언이
아니었을까 질문해 본다. 여성의 다양한 군상을 확보하고 기록해
나가는 것 또한 여전히 유효한 여성운동이라고 믿는바 그 일부를
소개하며, 당시에는 한시적 삶을 선고받았던 인쇄물이 현장에
충실한 보고서로서 1980년대 한국 여성 초상의 범주를 확장하는
데 일조하리라 기대한다. 끝으로 이 글에서 다루는 대상은 모두
표지에 국한되어 있음을 밝힌다.

《여성평우》 창간호. (출처: 박남식·박성자·이종옥 기증, 민주화운동기념사업회 제공)

《여성평우》 (1984년 6월 18일 창간)

농민으로 보이는 한 여성이 갯벌에서 허리를 굽힌 채 일하고 있다.
인물의 표정이나 동작을 자세하게 볼 수 없을 만큼 거친 질감의
흑백 사진이지만 척박한 노동 환경과 노동자의 억척스러움이
전달되기에는 부족함이 없다. 1980년대 여성운동의 기수였던
여성평우회의 첫 소식지는 1984년 6월 18일, 질척한 갯벌 노동의
현장을 표지에 내세운 모습으로 첫선을 보였다. 잡지 정보들이 몇
개의 사각형에 구획 지어 자리 잡은 기하학적 모양새가 1980년대
나름 하나의 유행이었다고 볼 수 있는 한국 그래픽 모더니즘의
단면을 보여 준다. 상단에는 굵은 명조체의 '여성평우'가 넓은

글자 간격으로 띄엄띄엄 인쇄되었다. 단조롭고도 차분하고 현대적이지만, 갯벌에서 일하는 여성 노동 현장의 사진은 1988년 서울 올림픽으로 흔히 회자되는 한국적 그래픽 모더니즘과 크게 상충한다. 흥미롭게도 이 회지에서는 사진의 단서를 읽어 낼 수 있는 표제시를 수록했다.

《여성평우》 창간호에 표제시로 실린 나혜원의 「물 일」. (출처: 박남식·박성자·이종옥 기증, 민주화운동기념사업회 제공)

▨ 표제시 ▨

물 일

나 혜 원

꺼먼 흙밭이로구나
쭈그려 앉아 인형에 코 붙이는
한칸짜리 월세방보다는 시원했지
하루 일 나와 본 바다는
천지사방 분간못하는
흙바다

내 살던 집 앞 텃밭에는
고랑마다 온갖 푸성귀 심어놓고
남편은 힘깨나 쓰는 농군
마을 어귀에 새마을공장이 선다든가
풍문으로만 들었더니
정박이 개구리 알 세던 도랑은
개흙 풀어놓은 듯
검정물

이듬해 갈아엎은 땅도
검게 색은 땅
쟁기는 논 가운데 세워 놓고
맨손에 흙삽 대신 쥔

일당벌이 막노동꾼
개당 몇푼짜리 잡일꾼
그나마 이 한철엔 자리차지 못하고
남은 것은
하루 해 등짐지는 고달픈 물일

이틀낮 이틀밤 물일에
닳아버려 붉은 피 내비치는
손발 미처 아물기전
동죽이며 고둥, 낙지까지 닥치는 대로
하루 꼬박 잡아야 만원
일년이면 초여름 햇살 따가운
단 며칠간만 쥐어보는 큰돈
정부미 반말 찬거리 또
영이 신발이랑 책은 얼마라든가
어림잡은 셈이 자꾸만 모자라
그런 내가 부끄러운지
어느새 붉게 물든
서쪽 하늘

　　　표제시는 사진 속 인물이 빈곤한 상태의 여성임을 암시한다.
표제시와 만난 표지 사진은 농촌 빈곤 여성의 실태를 폭로하는
시각 언어였던가. 이는 ——《여성평우》 창간사에 기술되었듯이
——전 계층을 아우르는 여성운동을 전개해 나가겠다는
《여성평우》의 당찬 시각적 포부로도 읽힌다.

《텃밭》 (1987년 6월 20일 창간)

여성운동에 있어 농촌 여성과의 연대야말로 절박한
과제였음을 보여 주는 또 다른 잡지가《텃밭》이다. 이 잡지는
한국가톨릭농민회에서 발행한 것으로 '여성농민 글마당'이라는
표제어를 내걸었다. 연두색 띠를 두른 표지는 당시 운동권 계열의
인쇄물 다수가 공유했던 시각적 특징인 목판화로 꾸몄다. 먹이
강조되는 손글씨의 '텃밭' 제호와 여성 농민을 시각화한 목판화는
별다른 설명 없이도 잡지의 지향점을 글자와 그림으로 뚜렷하게
보여 준다.

이제 우리 여성농민들도 마지막 그들의 발악에 우리의 위대한
분노와 독한 맛을 보여줘야 할 때가 온 것 같다. 촌아낙네로 세상일과는
무관하게 일만 하던 때는 지났다. 역사의 주인공으로 깨어 일어나는
자매들을 보면 고달픈 우리 인생에 희망이 생긴다.

《텃밭》의 강한 결의가 읽힌다. 표지 목판화는 2호까지 진행된
후 3호부터는 사진으로 교체됐는데, 고달픈 여성 농민의 형상은
사진에서도 이어졌다. 잡지는 여성 농민들의 적극적인 민주화
운동 참여를 독려함과 동시에 소외된 여성 농민들의 발언대로서
기능했다.

《함께 가는 여성》 (1987년 9월 12일 창간)

서로 어깨동무한 여성 네 명이 쾌활하고 당찬 모습으로 앞을
향해 행진하고 있다. 다리 하나씩을 든 모양새에는 전진에 대한
열망이 가득 담겨 있다. 1987년 9월 12일 민우회에서 발간한
《함께 가는 여성》 표지에서 단연 눈에 띄는 것은 네 명의 여성이
그려진 목판화다. 두려운 것 없다는 듯한 호쾌함이 지면 전체에
흐른다. 자세히 보면 직종을 암시한 듯하다. 앞치마를 두른 가장
맨 앞의 여성은 가정주부, 그다음은 여공과 농촌 여성 그리고
마지막으로는 여학생을 재현한 것으로 보인다. 3단으로 구획된
창간사에는 그림을 충실하게 설명하는 내용이 수록되어 있다.

(……) 우리는 첫째, 복종적이고 이기적이며 나태한 여성상을
극복하고 당당하고 진취적이며 건강한 여성상을 고취하려 한다. (……)
둘째, 여성들의 연대의식을 돕고자 한다. 생산직 여성, 사무직 여성,
주부, 농촌 여성, 학생 등, 각자가 현재 서 있는 자리와 지금 갖고 있는

함께 가는 여성 창간호/1987년 9월 12일 발행 / 발행인: 이효재 / 발행처: 한국여성민우회 / [1][2][3] 서울 서대문구 충정로 3가 30 - 6 ☎ 313 - 1060

함께 가는 여성

창간에 부쳐

'함께 가는 여성'은 남녀가 평등하고 인간의 존엄이 보장되는 민족공동체 사회를 향한 여성들의 힘찬 대열에서 발받침이 되고자 한다.

이를 위해 우리는 첫째, 복종적이고 이기적이며 나태한 여성상을 극복하고 낭당하고 진취적이며 건강한 여성상을 고

추하려 한다. 이 사회의 지배 질서는 소리들에 순응적인 여성, 성적 매력있는 여성을 찬양하고 있으나 우리는 현실의 생활에 굳건히 뿌리박고 있는 여성의 건강성을 발굴할 것이다.

둘째, 여성들의 현대의식을 돕고자 한다. 생산직여성, 사무직여성, 주부, 농촌여성, 학생 등, 각자가 현재 서있는 자리와 지금 갖고있는 생각들은 다르다 할지라도 이들은 진정한 민주사회와 남녀평등사회의 건설에서 공통의 이익을 찾을 것이기 때문이다. 공통의 목표를 위해 각자가 몸담고 있는 자리에서 최선을 다하는 것, 이를 위해 연대의식을 갖고

함께 나아가는 것, 이것을 위해 노력할 것이다.

셋째, 여성대중이 올바른 정치·사회의식을 갖도록 힘쓰려 한다. 여성들은 비록 취업을 하고 있는 경우에도 가정이라는 책무까지 같이 지고 있으므로 흔히 세상을 보는 시야가 좁고 자기 가족, 가정의 작은 울타리에 갇혀있는 수가 많다. 거기에다 지배질서는 여성에게 올바른 의식, 깨어나는 의식을 주기 보다는 온갖 거짓된 정보와 허위의식을 심어줌으로써 여성의 정치·사회의식을 잘재운다. 우리는 여성이 잘못 보고 잘못 인식하고 있는 현실을 바로 볼 수 있도록 현실의 문제점을 파헤치고 남녀 평등하고 민주적인 사회의 모습을 제시함으로써 여성 스스로의 판단을 도우려 노력할 것이다.

우리는 여성을 위한 신문이라고 해서 여성의 특수한 문제만을 다루지는 않을 것이다. 여성은 여성의 특수한 문제뿐 아니라 여성문제를 발생시키는 사회전반의 문제에 관심을 가져야 하고 또 가질 수 있기 때문이다.

여성의 정치적 세력화·조직화를 위한 도구로서의 역할을 자임하면서 우리는 어떠한 작은 변화도 여성대중이 함께 참여할 때만이 이루어진다는 점을 거듭 거듭 명심하고자 한다. 이를 위해 우리는 언제나 구체적 생활의 현장에서 기사를 끄집어내려 한다. 삶의 현장에서 느끼는 고통, 분노, 기쁨이 함께 해곡된 의식, 이기적 태도 등을 도마위에 놓고 같이 토론해 보고자 한다. 여기에서 우리 여성들은 자신의 분노, 외로움이 혼자만의 것이 아닌 모두가 같이 가지고 있는 공통의 문제였음을 확인하게 될 것이다.

'함께 가는 여성'이 분명한 방향을 제시하면서도 구호의 남발이 아닌 친절한 사실탐구로서 여성 스스로의 양심 속에 뿌리박는 것, 이것이 우리의 목표이다.

의욕만 크고 힘은 못미쳐 주저하지 않도록 여성 여러분의 큰 성원과 가르침, 적극적인 참여가 있기를 기대한다.

194779

생각들은 다르다 할지라도 이들은 진정한 민주사회와 남녀평등사회의 건설에서 공통의 이익을 찾을 것이기 때문이다.

위아래로 삐뚤삐뚤하게 쓴 한글 서예 양식의 제호마저도 호방함이 가득하다.

《인천여성노동자》 (1989년 12월 창간)

인천여성노동자회에서 발행한《인천여성노동자》는 시원시원한
표지 운용과 제호가 인상적이다. 흑백 사진을 표지 전면에
과감하게 배치했으며, 사진에는 공단에서 일하는 여성의 모습을
담았다. 특히 탈네모꼴의 제호 디자인은 서둘러 1980년대와

결별하려는 듯한 인상마저 풍긴다. 1990년대를 풍미했던 글자체 유형이 탈네모꼴이었음을 고려할 때 《인천여성노동자》의 표지 디자인은 당시 운동권 기관지로서는 매우 이례적으로 현대적 감각을 뽐낸 모양새다. 이러한 새로운 시대에 대한 기대감이 실제 디자인에도 반영되었던 것일까. 표지를 넘겨 등장하는 창간사에서는 다음과 같은 구절을 만나게 된다.

> 80년대를 마감하고 노동자들의 조직적인 진출의 힘찬 장을 여는 90년대를 맞이하면서 노동자로서, 여성으로서 가해지는 온갖 차별과 착취를 깨부수고 노동해방과 여성해방의 가슴벅찬 그날을 향해 힘차게 진군해 나갑시다. 노동해방 만세! 여성해방 만세!

제호 옆 왼쪽 상단에는 작은 삽화가 삽입되어 있는데, 주목할 만한 가치가 있다. 앞선 사례에서도 볼 수 있듯이 이 작은 삽화에서도 성별, 연령 및 직종 간의 연대를 강조하고 있기 때문이다. 강강술래를 하듯 둥글게 손을 맞잡고 있는 일곱 사람은 노인, 지식인, 주부(아이를 업고 있음), 어린이 둘과 남공을 재현하고 있다. '운동하는' 여성들의 모습을 담은 이 회지는 1980년대 대표적인 여성지였던 《샘이깊은물》의 여성 표지 사진과 함께 한국 여성 초상 사진 군집에 어떤 시각 어휘를 보탤 수 있을지 더 들여다볼 문제다. 서리북

전가경

그래픽 디자인에 대해 연구하고 글을 쓰고 강의하며, 대구에서 '사월의눈'이라는 이름으로 사진책을 기획하고 만든다. 갈수록 짧아지는 그래픽 생애주기의 현장과 공백으로 놓여 있는 한국 그래픽 디자인 역사를 텍스트 생산을 통해 연결짓는 데 관심이 있다. 지은 책으로 『세계의 아트디렉터 10』 및 『세계의 북 디자이너 10』(공저)이 있으며, 여러 디자인 단행본과 잡지에 글쓴이로 참여했다.

독자–작가–출판사를 연결하는 실험, 계속해 보겠습니다

이현진

도서정가제가 시행된 후 첫 축제를 준비하던 2015년의 어느 날이었다. 출판사들의 서울와우북페스티벌 참여가 줄어들 거라는 예상으로 근심이 깊어져 가던 차에 북극곰 출판사 이루리 편집장이 그림책 작가와 일러스트레이터를 대상으로 공모전을 해보는 게 어떠냐는 제안을 했다. '상상만발 책그림전'은 이렇게 시작되었다. 이루리 편집장은 볼로냐 국제아동도서전에서 '올해의 일러스트레이터' 상이나 '일러스트레이터즈 월'을 통해 신인 작가에게 자신의 작품과 이름을 알릴 기회가 제공되는 것을 보고, 한국에서도 공모전이 필요하겠다는 생각이 들었다고 한다.

　독자-작가-출판사를 연결하는 실험 사례로 '상상만발 책그림전'을 소개하기 위해서는 배경 설명이 필요하다. 2005년에 시작한 서울와우북페스티벌은 (출판사들과 긴밀한 협력으로 이루어지는) 도서전에 가까운 책 축제였다. 해마다 홍대주차장거리에 100여 개의 출판사 부스가 들어서는 거리 도서전을 축으로 저자 사인회, 북콘서트, 낭독 공연, 버스킹 등 다양한 프로그램이 있는 네트워크형 축제로 자리 잡았다.

　그러다 2014년 전환의 시기를 맞았다. 도서정가제가 시행되면서 예전처럼 출판사들이 재고를 소진하기 위해 구간(舊刊) 도서에 높은 할인율을 매기고 다량의 책을 도서전에 가지고 나올 필요가 없어졌다. 서울와우북페스티벌이 앞으로 어떤 방향으로 나아갈 것인가 하는 문제에 봉착한 것이다. 출판사들의 참여가 핵심이 되는 이전의 방식으로는 책 축제를 이어 가기가 어려워졌다.

　도서정가제 시행 이후 책의 생태계 변화와 함께 서울와우북페스티벌은 어떤 역할을 할 수 있을지 고민이 깊었다. 우리는 다양한 실험을 해보았다. 1인 출판사들을 지원하는 사업이

시작이었다. 거리 도서전에 '진격의 1인 출판'이라는 이름의 1인
출판사 연합 부스 자리를 마련하고 판매와 정산도 도왔다. 또
1인 출판사의 책으로 강연하는 '백인백책 릴레이 강연회'라는
프로그램을 만들었다. 여기에 더해 홍대 앞의 독립서점을
중심으로 다양한 독립출판 제작자가 참여하고, 독립출판물을
전시하던 '서울독립출판축제'에 자리를 마련해 주기도 했다. 한 발
더 나아가 국내외 문학인, 출판 관계자의 교류를 통한 국제 문학
축제로 변화하고자 했다. 그 과정에서 국내외의 유명한 저자를
초대하고 깊이 있는 대담과 포럼을 선보이는 등 책 축제가 할
수 있는 역할을 계속 시도해 왔다. 여러 가지 시도 중 성공적인
사례가 바로 '상상만발 책그림전'이다.

연결의 실험, '상상만발 책그림전'
앞에 언급했듯 2015년에 그림책 작가와 일러스트레이터를
대상으로 공모전을 시작했다. 첫해에는 완성된 책 형태로
출품하는 그림책 더미북이 아니라 일러스트 공모전이었다. 총
80여 명이 참가해 이 중 당선된 5명의 작품을 축제에서 전시했다.
전시 기간에 네트워크 파티를 열어 출판사 편집자들을 초대하고
작가들과의 만남을 주선했다. 큰 기대는 하지 않았는데 뜻밖에도
이 만남을 통해 김정민 작가와 이은지 작가의 책이 이듬해
출간되었다. 더구나 이은지 작가의 『우주에서 온 초대장』은
*The Way to Outer Space*라는 제목으로 한국과 영국에서 동시에
출간되었고, 김정민 작가의 『곰곰아, 괜찮아?』는 한국에서 출간된
후 베트남에서도 출간되었다!

　　　멋진 출발이었다. 소박하게 시작한 그림책 및 일러스트
공모전에서 우리는 가능성을 발견했다. 이 성과를 바탕으로

이은지 작가의 *The Way to Outer Space*(Oxford University Press, 2016).

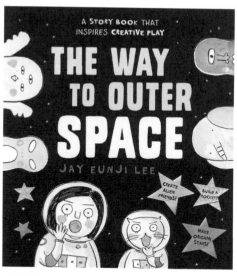

김정민 작가의 『곰곰아, 괜찮아?』(북극곰, 2015).

제2회부터는 네이버의 웹서비스이자 일러스트레이터들의
콘텐츠 커뮤니티인 '그라폴리오'와 함께 더미북 공모전으로
발전시켰다. 그라폴리오 플랫폼을 활용하니 참가작이 급격히
늘어나 매년 300편에서 500편에 이르렀다. 작년까지 8회를

진행한 공모전에서 총 62편의 당선작이 발표되었고 이 중 51편이 출간 계약을 맺거나 출간되었다. 무려 선정작의 8할이 출판사와 계약된 것이다!

실험적으로 시작한 공모전이 이렇게까지 성과를 낼 수 있었던 이유는 무엇이었을까. 지금까지의 그림책 공모전은 대부분 개별 출판사에서 진행하고 있어 당선작은 해당 출판사에서만 출간될 수 있었고 따라서 출간되는 작품의 수도 제한적이었다. 또한 출판사가 아닌 곳이 주최하는 공모전은 ('상상만발 책그림전'이 첫해에 그랬던 것처럼 일러스트와 그림책이 혼합되어 있어) 새로운 그림책이 발굴되어 출간으로까지 이어지기 어려웠다.

'상상만발 책그림전'은 완성된 그림책으로만 참가하도록 하고, 모두에게 열린 공모전이라 참가작이 다양했다. 심사위원들도 각각 다른 출판사의 편집자로 구성되어 있어 시각도 다양했다. 그러다 보니 당선작뿐만 아니라 다수의 참가작이 출판사와 연결되어 그림책으로 출간되었다. 얼마 전, 한 출판사의 신규 그림책 브랜드를 담당하는 편집자를 만났는데, '상상만발 책그림전' 당선작 중 두세 작품을 출간하며 신설 브랜드를 시작했다며 감사의 말을 전했다. 공모전 당선작은 검증된 작품이기에 신인 작가의 새로운 작품을 만나는 좋은 기회가 되었다는 말도 덧붙였다.

작년에는 또 다른 변화가 있었다. 그라폴리오 플랫폼을 활용할 때는 완성된 그림책 형태로 참가를 규정했음에도 한두 개의 일러스트나 작품의 완성도가 낮은 작품으로 참가하는 경우도 많았다. 그러다가 작년에 처음으로 와우컬처랩(서울와우북페스티벌의 주최·주관사)이 만든 자체 플랫폼에서 참가작을 받았다. 자체 플랫폼이 아직 알려지지 않아 참가작의 수는 180편으로 줄었으나 오히려 작품의 완성도는 높아졌다. 그 결과 서울와우북페스티벌에서 당선작을 전시한 후 4개월 만에 10편의 당선작 중 6편이 출판 계약을 맺었다.

'상상만발 책그림전'의 항해는 계속된다
공모전을 진행하는 동안 매년 영어로 쓰인 참가작이 한두 편씩 들어왔다. 2022년에 드디어 매튜 브로드허스트라는 영국 작가의 『당신은 아름다워요. 두꺼비씨!』가 당선작에 올랐다. 이 작품은 2023년 3월에 출간될 예정으로, 사람들에게 혐오스러운 동물로 여겨지는 두꺼비를 주인공으로 외모와 자존감이라는 민감하면서도 중요한 문제를 유쾌하게 다루며, 한국에서 보기 드문 독특한 그림체로 그려졌다. 매튜 작가는 한국의 그림책을 좋아해 한국에 왔고 우연히 '상상만발 책그림전'을 알게 되어 참가했다고 한다. 매튜 작가를 통해 해외에서도 한국 그림책에 대한 관심이 높다는 흥미로운 사실을 알게 되었다.

그런가 하면 제3회 당선작인 릴리아 작가의 『파랑 오리』가 프랑스, 스페인, 이탈리아, 일본, 대만, 중국, 독일에서 출간되는 등 당선작들의 해외 출간이 꾸준히 이뤄지고 있다. 『파랑 오리』는 홀로 남겨진 어린 악어를 사랑과 정성으로 키웠던 오리가 나이 들어 가면서 기억을 잃고 자신의 존재마저 잊어 갈 때 다 자란 악어에 의해 다정한 보살핌을 받는 내용을 담고 있어, 국경을 넘어 누구나 공감할 수 있는 작품이다. '상상만발 책그림전' 참가작의 국내외 출간 가능성을 고려한다면 국제 그림책 공모전으로까지 확장될 수 있을 것이라는 확신이 들었다. 2023년부터는 '상상만발 책그림전'의 공모 플랫폼을 국내뿐 아니라 해외에서도 참여할 수 있도록 개방하고 해외의 작가, 독자, 출판 관계자를 대상으로

강산 작가의 일러스트. (출처: '2022 한국 작가 대담' 티저 영상 캡처)

홍보할 계획이다.

'상상만발 책그림전'에 당선되어 그림책 작가가 되더라도 작가로서 계속 작품 활동을 할 수 있으리라는 보장은 없다. 그래서 이렇게 인연을 맺은 그림책 작가들이 출판·문화 생태계 안에서 살아갈 수 있도록 지난 몇 년간 이 작가들과의 협업 방안을 모색했다. 몇 가지 예를 들자면, 차야다 작가(제3회 당선작 『아빠 쉬는 날』 출간)는 직장인 문화예술 교육 프로그램인 '예술쉼표'의 작가로 몇 년간 참여했다. 조오 작가(제2회 당선작 『안녕, 올리』 출간)와 릴리아 작가(제2회 당선작 『파랑 오리』, 제2회 참가작 『딩동』 출간)는 2020년, 2022년 서울와우북페스티벌 포스터의 일러스트를 그렸다. 강산 작가(제2회 당선작 『크리스마스 선물』 출간)는 '2022 한국 작가 대담'의 티저 영상에 들어가는 일러스트를 그렸고 이 영상은 전 세계에 소개되었다. 이렇듯 서울와우북페스티벌은 그림책의 확장을 통해 변화하는 책의 생태계에서 선순환 구조를 만드는 역할을 모색하고 있다.

올해는 그림책 작가들과 협업할 새로운 실험을 하고자

한다. 지난해 서울와우북페스티벌에서는 '상상만발 책그림전'의
당선작 전시와는 별개로, 그간 당선되어 출간된 그림책의
원화를 전시한 바 있다. 이 전시를 계기로 2023년 2월 10일부터
4월 10일까지 파주 지지향 갤러리에서 '상상만발 책그림전
작가들'이라는 제목으로 전시를 하고 원화를 판매할 계획이다.
이를 통해 새로운 수익 모델 창출 가능성을 확인해 보고자 한다.
그렇게 되면 그림책 작가들은 그림책 작업에 더 집중할 수 있고,
와우컬처랩은 그 수익금으로 서울와우북페스티벌에서 또 다른
실험을 해볼 수 있을 것이다.
　2023년에는 공모 플랫폼을 국내외에서 누구나 참여가
가능하도록 개방하는 한편, 매년 서울와우북페스티벌에서
진행한 '상상만발 책그림전'의 네트워크 행사를 확장할 계획이다.
그해 당선된 작가들과 출판 관계자들과의 교류를 넘어 이전에
당선된 작가와 참가 작품이 출간된 작가들도 초청해서 작가들이
새롭게 만든 작품을 출판 관계자들에게 선보일 자리를 마련하기
위해서다.

실험, 계속해 보겠습니다

서울와우북페스티벌은 출판·문화의 증진을 위해 다른 실험도
준비 중이다. 2023-2024년 한국-캐나다 국제공동예술기금사업의
일환으로 한국과 캐나다의 작가들이 참여해 양국에서 앤솔로지를
동시 출간할 예정이다. 완성된 앤솔로지는 2024년 제20회
서울와우북페스티벌에서 발표할 것이다. 최근 K-컬처와
K-문학에 대한 세계적인 관심에 힘입어 한국과 캐나다 양국에
동시 출간함으로써 국내를 넘어 해외 독자를 발굴하는 역할까지
실험해 보려는 몸짓이다.

　　책을 읽지 않는 시대이지만 서울와우북페스티벌을 만들고 있는 우리는 책을 사랑한다. 그 마음으로 어떻게든 사람들이 책을 읽는 문화를 만들기 위해 노력한다. 2024년이면 20주년을 맞는 서울와우북페스티벌은 지속가능한 책의 생태계를 위해 어떤 역할을 해야 할지 끊임없이 고민하고 새로운 방법을 찾아 나설 것이다. **서리북**

이현진
와우컬처랩 대표. 섬세한 연결자가 되고자 노력하며 독서, 문학, 문화예술, 환경 등의 콘텐츠를 만든다.

리뷰

서울
리뷰 오브
북스

젊은 연구자 8인이 말하는 대학원의 현실

학령인구 감소, 약탈적 학술지의 범람, 위계질서까지. 대학원에 덧붙는 수식어는 지속하기 어려운 학계를 말한다. 어쩌다 대학원은 잘못된 선택이 됐을까? 대학원을 경험한 이들이 지금 학계의 문제를 진단한다.

BOOK
JOURNALISM

한국에서 박사하기

강수영 · 김보경 · 유현미 · 이송희
조승희 · 전준하 · 현수진 · 이우창

『한국에서 박사하기』
강수영·김보경·유현미·이송희·조승희·전준하·현수진·이우창 지음
스리체어스, 2022

한국이라는 울타리를 넘어설 수 있기를

김두얼

껄끄러움을 이겨내기

『한국에서 박사하기』는 대학원을 중심에 놓고 우리나라의 학계, 나아가 사회의 문제점을 살펴보고 대안을 모색하는 내용을 담은 대담집이다. 여덟 명의 대담자는 현재 우리나라 대학원에서 박사 학위를 준비 중이거나 최근 학위를 마친 신진 학자이다. 역사학, 국문학, 영문학, 사회학 등 다양한 영역의 연구자가 모였지만, 기본적으로는 상경계를 제외한 인문사회 분야 전공자들로 구성되었다. 따라서 이들의 논의는 우리나라 대학원 일반의 상황을 포괄하지만 인문, 사회과학 분야에 초점을 맞추고 있다.

교수 신분을 가진 사람으로서 신진 학자들이 우리나라 대학원과 학계를 조망한 이 책을 공개적으로 논하는 것은 매우 껄끄럽다. 이들이 지적하는 많은 문제의 원인 제공자이면서 해결의 열쇠를 쥔 집단의 일원이기 때문이다. 이 때문에 처음 서평을 구상할 때에는 이들의 고충과 비판에 공감하고 그런 문제를 충분히 인식하거나 개선하지 못한 점을 반성하면서 이들이 제시한 학계와 대학원의 개선 방안을 실현하기 위해 앞으로 함께 노력하자는 다짐을 적는 것이 이 어려운 과제를 적절하면서도 무난하게 처리하는 것이 아닐까 하는 생각을 하기도 했다.

　　하지만 나는 그런 유혹을 뿌리치기로 했다. 그것은 어려운 과제를 별 무리 없이 모면하는 좋은 처세일지 모르지만 내 기준에서 볼 때 좋은 서평을 쓰는 자세는 아니라고 느꼈기 때문이다. 모름지기 서평자는 저자가 아니라 책을 보아야 한다. 그리고 책의 성취와 한계를 꼼꼼하게 따져야 한다. 그러기에 나는 교수와 학생 또는 선배와 후배라는 암묵적인 상하 관계를 머리에서 지워 버리고, 저자와 서평자라는 대등한 관계로 저자를 대하고자 한다. 이 책이 제기하는 많은 문제에 대해 나는 얼마나 책임이 있는지와 같은 자책이나 걱정을 머리에서 지워 버리고, 여느 책을 대하듯 이 책의 저자가 무엇을 지향하는지, 책의 내용은 그 목적을 충실하게 담았는지, 그리고 어떤 부분이 미흡한지를 짚어 보려 한다.

대학원생의 눈으로 본 대학원생의 삶

대학원생이 직면하는 문제는 크게 네 가지 영역으로 나누어 볼 수 있다. 첫째는 독자적인 연구자로 성장하는 데 필요한 지도와 훈련을 제대로 받는가이다. 둘째는 학위 과정에서 연구에 전념할 수 있도록 적절한 환경과 충분한 경제적 지원이 제공되는가이다. 셋째는 지도교수, 소속 학과 교수, 나아가 학계의 선배 연구자들이 학문적, 학문 외적 영역에서 대학원생들을 부당하게 대우하지는 않는가이다. 넷째는 학위 취득 후에 전공 지식을 바탕으로 해서 활동할 수 있는 자리에 원활하게 취업을 할 수 있는가이다.

　　대담자들은 책 전반부에서 이상의 문제를 다양한 각도에서 논한다. 대학원생으로서의 직간접적 경험, 대학원 자치회 활동, 나아가 자신들이 참여하기도 한 여러 가지 실태조사 자료 등을 토대

저자들은 한국의 인문사회 분야 전공자로서 경험한 학계의 문제들을 비판하고 개선 방안을
모색한다.(출처: pxhere.com)

로 그들은 한국의 인문사회 분야 대학원생들이 위의 영역 모두
에서 열악한 상황에 처해 있다고 평가한다. "성폭력, 금전적 어
려움과 열악한 노동 환경, 교육 및 연구 제도의 미비, 건강 상태 악
화"(36쪽) 등 여러 가지 문제가 만연하지만, "실적주의가 강고한 공
동체"(42쪽)라는 성격으로 인해 문제가 해결되기는커녕 오히려 문
제를 제기하는 피해자가 비난받는 상황이 일어나곤 한다고 지적
한다. 나아가 연구와 대학 교육에 중요한 역할을 차지하면서도 여
러 가지 정책 결정에 대학원생이 목소리를 낼 수 없는 제도의 문제
점도 언급한다.

　　책의 후반부는 대학원을 넘어서 인문사회학계의 전반적 상황
과 미래에 대한 고민을 담고 있다. 학문과 현실의 괴리, 학술 성과
의 대중화, 정부의 학술 활동 지원, 이공계 중심의 연구 지원 체계,
학술지 평가와 약탈적 학술지 문제, 교수 임용 방식 등 학계의 주

요 과제들을 망라해서 살펴보면서, 이러한 문제들을 해결하고 학계가 발전할 방안을 모색한다.

나는 대학원생의 현실에 대한 저자들의 인식에 대체로 동의한다. 과거와 비교해 보면 많이 나아졌겠지만, 여전히 대학원생들의 처우나 상황은 개선의 여지가 많아 보인다. 그나마 과거에 비해 지금만큼 상황이 좋아진 데에는 사회 변화가 크게 작용했겠지만, 저자들처럼 자신을 희생해 가면서 학생회 등을 통해 대학원생의 인권과 처우를 개선하기 위해 활동한 사람들의 노력도 크게 기여했다. 그런 점에서 나는 저자들을 포함한 대학원생 활동가들에게 경의를 표한다.

기존 대학원 체제의 대안은 존재하는가?

반면 대학원의 현실에 대한 논의와 비교해 볼 때, 인문사회과학을 중심으로 한 학계의 문제점과 개선 방안을 다룬 내용은 동의하기 어려운 부분이 종종 눈에 띄었다. 가장 지적하고 싶은 것은 1980년대에 대한 향수로 느껴질 수 있는 제안이다. 대학원생들이 자체적으로 조직해서 운영하는 세미나를 활성화하자는 주장이 대표적이다. 저자들은 "2000년대 중반 이후로 세미나 문화가 사실상 사라졌다"(128쪽)고 지적하면서 대학원생들이 함께 모여 세미나를 조직하는 문화가 되살아나야 함을, 나아가 이를 촉진하는 유인책을 마련할 필요가 있다고 말한다.

나는 이 대목에서 대담자가 1980-1990년대의 대학원과 학계를 지나치게 미화하거나 이상향으로 설정하고 있는 것 같다는 느낌을 받았다. 사실 그 당시 많은 인문사회과학 분야의 진보 성향 대학원생들은 학교 수업은 그저 졸업 요건을 채우는 정도로 생각하고, 대학원생과 신진학자들이 스스로 조직한 세미나가 지식

텅 빈 대학 세미나실의 모습.(출처: hippopx.com)

을 습득하고 진정한 학자로 성장하는 기반이 된다고 여겼다. 그들은 학교는 물론 학과도 관계없이 이합집산해서 세미나를 조직하고 참여했다. 일주일에 두세 개는 기본이고 대여섯 개씩 참여하는 경우도 드물지 않았다. 그 결과 이 시기는 세미나의 전성시대라 할 만했다.

　하지만 이런 식의 세미나 문화가 저자들의 주장처럼 기존의 대학원 제도를 더 발전시킬 방안인지, 즉 제대로 된 학자를 키우는 바람직한 시스템인지 묻는다면 나는 동의하지 않는다. 그 당시 세미나 문화는 기본적으로 교수들이 공급할 수 있는 전문 지식과 진보적 학문에 대한 학생들의 수요가 불일치하는 과정에서 초래된 결과일 뿐이었기 때문이다. 그로 인해 많은 세미나가 대학원생들끼리 조직이 되었는데, 세미나를 제대로 이끌어갈 리더가 없다 보니 그저 최신 경향을 좇거나 새로 나온 책을 쪼개 나누어 발제해서 읽는 것에 머물고, 제대로 된 지식의 축적이나 연구 능력의 향상과는 거리가 먼 경우가 많았다. 그런 점에서 나는 세미나 문화를 다시 살려야 한다는 주장은 시대착오적이라고 생각한다. 세미나 문화가 사라진 것은 대학원이 후퇴한 것이 아니라 여러 측면에서 과거보다 정상화된 결과이기 때문이다.

지면 관계상 '세미나 문화'에 대한 짧은 언급에 대해 집중적으로 이야기했지만, 이 책에는 이외에도 지도교수와 대학원생 간의 도제식 관계에 기초한 기존의 대학원 시스템을 대체할 방안으로 "지도교수에 의존하지 않는 교육 커리큘럼"(106쪽)을 만들자거나, 대학원생들의 네트워크를 강화해서 인문사회과학계의 위기를 극복하자는 것과 같은 제안이 곳곳에 담겨 있다. 안타깝게도 이러한 방안들은 대부분 실현 가능성이나 효과성이 높다고 보기 어려운 것들이다. 외국의 사례들을 논거로 언급하기도 하지만, 자세히 들여다보면 실제 그 나라에서 이루어지는 것은 저자들이 생각하는 것과는 다른 경우가 많다. 기존 대학원 시스템을 개선하는 방안을 다양하게 모색하는 노력은 충분히 공감하지만, 더 낫다고 할 수 없는 여러 가지 아이디어를 열거하는 것은 이 책의 가치를 떨어뜨리는 힘으로 작용했다.

한국이라는 울타리 속에서 '박사하기'

비록 대학원 활성화를 위한 여러 제안들이 설익은 것이거나 현실성이 없다고 지적했지만, 나는 이러한 구상을 하는 것 자체를 비난하고 싶은 생각은 없다. 그런데 이러한 구상, 나아가 이 책 전반에 깔려 있는 '한국에서 박사하기'에 대한 대담자들의 인식은 큰 문제가 있다고 지적하고 싶다. 그것은 바로 학문을 하는 것에 대한 저자들의 생각이 기본적으로 대한민국이라는 일국적 한계에 갇혀 있는 것으로 보인다는 문제이다.

저자들은 박사 과정을 밟고자 할 때 유학과 국내 박사 과정을 놓고 많은 고민을 했으리라 생각한다. 그런데 결국 후자를 선택한 것은 "영미권 대학원의 연구 환경이 한국 대학원보다 훨씬 체계적"(135쪽)일지는 모르지만, 한국의 대학원이 한국 사회가 안고 있는 문제를 더 잘 이해하고 더 좋은 연구 성과를 낼 수 있는 토대가 될 수 있고, 그럼으로써 한국 사회를 발전시키는 데 진정으로 공헌할 수 있다고 판단해서였을 것이다.

나는 20-30년 전이라면 이런 식의 고민이 나름 의미가 있었지 않았나 생각한다. 하지만 저자들이 대학원 진학을 선택하고 '박사하기'를 하던 지난 10여 년 동안 한국 사회의 변화를 볼 때, 이런 접근 혹은 문제의식은 시대의 흐름을 앞서 나가기는커녕 그것을 따라잡지 못하고 있다는 느낌이 든다. 2023년 대한민국의 대학원생들은 '한국 대 외국'이라는 이분법을 뛰어넘어야 하는 것 아닐까? 한국에서 박사를 하는 이유는 그저 한국에 있으니까 한국을 더 잘 연구할 수 있다는 것이 아니라, 그것이 유학을 가는 것보다 세계적인 슈퍼스타 학자가 되는 더 좋은 길이라 판단했기 때문이라고 이야기해야 하는 것 아닐까? 반도체, 핸드폰, 자동차 등 많은 영역에서 세계 최고 수준의 제품을 생산하고, 김연아와 손흥민이 세계를 석권하고, 한국 영화와 한국 대중가요가 전 세계를 휩쓸며, 국내외를 가릴 것 없이 한국의 많은 학자들이 세계적인 명성을 얻으면서 다양한 영역에서 활동하는 이런 상황에서, 왜 한국 대학에서 박사를 하는 대학원생들은 그런 꿈을 꾸지 않는 것일까?

이런 관점에서 보면 저자들이 제시한 한국 학계나 한국 대학원의 문제점과 개선 방안은 오진과 잘못된 처방으로 느껴지는 것들이 많다. 예를 들어 세계적인 슈퍼스타 학자가 되는 가장 전통적인 방법은 좋은 학술지에 좋은 논문을 내는 것이다. 그런데 학술지에 대한 논의는 그저 논문 편수 경쟁이 바람직하냐, 양적 평가냐 질적 평가냐, 또는 약탈적 학술지 문제를 어떻게 해결할 것이냐, 우리말 학술지는 어떻게 살릴 것인가 하는 수준에 그치고 있다. 국내 대학원에서 박사학위를 받은 뒤 좋은 연구 성과를 내서 세계 유수 대학에 자리를 잡고 강의와 연구를 하는 방안을 생각하는 대신, 해외 박사들과 국내 박사들이 한국의 교수 자리를 두고 경쟁하는 문제만 언급한다.

한국의 대학원이 세계 학계에서 가지는 위상과 의미는 무엇인가? 언제까지 우리나라 학계가 구미의 이론에 종속되어 있다는 한탄만 하고 있을 것인가? 'K'니 '한류'니 하는 엄청난 흐름에서 왜 학계는 예외여야 하는가? 나는 한국의 모든 대학원생과 연구자가 세계적인 슈퍼스타 학자가 될 수 있다거나 되어야 한다고 주장하려는 것이 아니다. 하지만 이 대담집의 저자들은 우리나라 최고의 대학원에 재학 중이거나 학위를 받은 사람들임을 감안한다면, 나아가 이 책이 우리나라 대학원과 학계가 나아갈 길을 논의한 것임을 고려한다면, 이 책이 '세계를 향해 박사하기'라는 전망을 진지하게 논하고 있지 않다는 것은 심각한 문제라고 생각한다.

이들이 담대한 꿈을 이야기하지 않는 이유는 무엇일까? 나는 일차적으로는 이것이 지도교수와 학계의 문제라고 생각한다. 즉 많은 교수들이 우수한 학생들에게 유학을 권유한 뒤, 국내 대학원에 들어온 학생들은 그런 자질을 갖추지 못했다고 지레 짐작할 수 있다. 문제는 학생들이 교수들의 이러한 생각에 저항하거나 이겨내고 더 많은 것을 요구하기보다는, 현실에 순응하고 안주하는 경향이 존재한다는 사실이다. 오히려 높은 기준을 설정하고 학생들을 지도하려는 교수들은 한국의 현실을 모른다고 비난하거나 외면하면서 말이다. 이것은 결국 교수와 학생 간에 (경제학적으로 보면 비효율적인 내쉬 균형이라고 부를 수 있을) 적절하지 않은 형태의 암묵적 합의를 만들어 낸다.

　나는 이런 패배주의 균형이 깨졌으면 좋겠다. 그리고 저자들이 이 책에서 그런 균형을 깨고자 하는 의지와 전망을 보여 주길 기대했다. 안타깝게도 이 책은 그렇지 않았다. 그래서 실망스럽다.

대화가 계속되기를

한국과 외국에서 대학원 생활을 경험한 사람으로서 나는 이 책의 저자들에게 경의를 표하고 싶다. 자기 논문을 쓰느라고 정신없는 와중에 동료 대학원생들을 위해 자신의 시간을 희생하는 노력을 기울이는 것이 얼마나 어려운 일인지를 잘 알기 때문이다. 나아가 일회적으로 소모될 수 있는 센세이션을 추구하기보다는 문제의 원인을 차분하게 논의하고 대안을 제시함으로써 진정한 문제 해결을 추구하는 방향으로 이 책을 기획한 것 역시 높게 평가하고 싶다. 하지만 이 책은 이러한 진지함과 진정성을 넘어서서 좋은 원인 진단과 정책 방안 제시까지 나아갔다고 보기에는 많은 한계가 있다. 그리고 그러한 한계의 밑바닥에는 시대의 변화를 인식하지 못하는 듯한 안일함도 엿보인다.

　나는 대담자들이 나의 평가에 동의하지 않을 수 있다고 생각한다. 어쩌면 나는 내심 대담자들이 내가 미처 생각하지 못한 이유 때문에 나의 평가를 받아들이지 않기를 기대한다. 그런 차이는 우리에게 대화의 여지를 제공할 것이기 때문이다. 그리고 대화는 어쩌면 우리의 인식을 높여서 새로운 안목에서 현실을 파악하고 나아갈 수 있도록 도울지 모른다. 이 서평이 대담집에서 시작된 대화가 계속될 수 있는 계기로 작용하기를, 그럼으로써 한국의 대학원이 보다 발전하는 데 조금이나마 기여하기를 바란다. 서리북

김두얼
본지 편집위원. 현재 명지대학교에서 경제사, 제도경제학, 법경제학 등을 연구하고 강의한다. 지은 책으로 『경제성장과 사법정책』, 『한국경제사의 재해석』, 『사라지는 것은 아쉬움을 남긴다』, 『살면서 한번은 경제학 공부』가 있다.

📖 한국의 대학원에서 박사학위를 취득하고 지방 대학에서
시간강사를 한 인문학 분야 연구자인 저자가 자신의 경험을
기반으로 한국 대학과 학계의 현실을 고발한 문제작.

"'지방시', 어느 후배가 '나는 지방대 시간강사다'를 그와
같이 줄여 말했는데, 명품 같고 좋네, 하고 답해주었다.
지방시를 쓰며 나는 대학이 가진 맨얼굴을 한 번쯤 내어
보고자 했다. 내부 고발이나 처우 개선 요구와 같이
거창하거나 감당 못할 이야기가 아니라, 그저 이렇게
살아가는 한 세대가 있음을 기록하고자 했다. 동정이
아닌 공감을 이끌어내고 싶었고, 허울 좋은 '교수님'이나
'연구자'가 아닌 같은 시대를 살아가는 한 사람의
'사회인'이자 '노동자'로서 내 삶을 규정해보고 싶었다.
그러면 한 발 더 나아갈 용기를 얻을 수 있을 것이라 믿었다."
— 책 속에서

『나는 지방대 시간강사다』
309동1201호(김민섭) 지음
은행나무, 2015

📖 이공계 대학원생으로 보이는 저자가 네이버 웹툰에
한국 이공계 대학원의 삶을 풍자하는 웹툰을 연재하고,
이를 묶어 책으로 펴냈다.

"고등학생 때의 공부는 교재와 선생님이 떠먹여주는
암기식이다 / 대학교 때는 좀 더 범위가 좁아지며 /
자유로워진다 / 그리고 성적도 자유롭다 / 대학원의 공부는
좁고 깊어지며 / 스스로 살아남는 과정이다 / 대학교 때 배운
지식이 기반이 되지만 / 살아남기에 지식은 턱없이 부족하다
/ 그럴 때 논문을 읽는다 / 미래의 내가 읽겠지"
— 책 속에서

『대학원 탈출일지 1』
요다 글·그림
문페이스, 2023

난장이가 쏘아올린 작은 공

조세희 소설집

마지막 시간에 교사가 물었다. "두 아이가 굴뚝 청소를 했다. 한 아이는 얼굴이 새까맣게 되어 내려왔고, 또 한 아이는 그을음을 전혀 묻히지 않은 깨끗한 얼굴로 내려왔다. 제군은 어느 쪽의 아이가 얼굴을 씻을 것이라 생각하는가?" 한 학생이 대답했다. "얼굴이 더러운 아이가 얼굴을 씻을 것입니다." "그런데, 그렇지가 않다." 교사가 말했다. "한 아이는 깨끗한 얼굴, 한 아이는 더러운 얼굴을 하고 굴뚝에서 내려왔다. 얼굴이 더러운 아이는 깨끗한 얼굴의 아이를 보고 자기도 깨끗하다고 생각한다. 이와 반대로 깨끗한 얼굴을 한 아이는 상대방의 더러운 얼굴을 보고 자기도 더럽다고 생각할 것이다." 학생들이 놀람의 소리를 냈다. "한 번만 더 묻겠다." 교사가 말했다. "두 아이가 굴뚝 청소를 했다. 한 아이는 얼굴이 새까맣게 되어 내려왔고, 또 한 아이는 그을음을 전혀 묻히지 않은 깨끗한 얼굴로 내려왔다. 제군은 어느 쪽의 아이가 얼굴을 씻을 것이라 생각하는가?" 똑같은 질문이었다. 이번에는 한 학생이 얼른 일어나 대답했다. "저희들은 답을 알고 있습니다. 얼굴이 깨끗한 아이가 얼굴을 씻을 것입니다." 학생들은 교사의 말을 기다렸다. 교사가 말했다. "그 답은 틀렸다." "왜 그렇습니까?" "두 아이는 함께 똑같은 굴뚝을 청소했다. 따라서 한 아이의 얼굴이 깨끗한데 다른 한 아이의 얼굴이 더럽다는 일은 있을 수가 없다." 교사는 칠판 위에다 '뫼비우스의 띠'라 쓰고 안과 겉을 구별할 수 없는, 즉 한쪽 면만 갖는 곡면에 대해 설명했다. "내부와 외부가 따로 없는 입체는 없는지, 내부와 외부를 경계지을 수 없는 입체에 대해 상상해 보자. 우주는 무한해 내부와 외부를 구분할 수 없을 것 같다. 제군도 차차 알게 되겠지만 인간의 지식은 터무니없이 간사한 역할을 맡을 때가 많다. 제군은 결코 제군의 지식이 제군이 입을 이익에 맞추어 쓰여지는 일이 없도록 하라. 이게 내 수업의 마지막 말이다. 다른 인사말은 서로 생략하기로 하자."

YOUNG SU-78

이성과힘 工

『난장이가 쏘아올린 작은 공』
조세희 지음
이성과 힘, 2000

소통 불가능한 세계에 던지는 질문

조은

조세희의 『난장이가 쏘아 올린 작은 공』(이하 『난쏘공』)은 누군가에게는 우화나 동화이고 누군가에게는 지독한 현실이다. 누군가에게는 과거이고 누군가에게는 현재이다. 읽는 시점(時點)과 시점(視點)에 따라 의미와 이해가 부유한다. 출간된 지 45년째에 접어든 『난쏘공』의 서평을 쓰는 일은 『난쏘공』에 현재성을 입히는 일인지도 모르겠다. 얼마 전 작가가 세상을 떴을 때 '여전히' 『난쏘공』이 팔리는 데 대한 상찬과 함께 '아직도' 『난쏘공』을 떠나보낼 수 없는 세태에 유감을 표하는 양가적 애도의 글이 언론을 장식했다. 『난쏘공』을 읽는 포지션을 묻는 일은 우리 시대의 새로운 숙젯거리가 된 듯하다.

내가 『난쏘공』을 처음 접한 것은 1978년 겨울 하와이대 사회학과 박사과정 중 잠시 귀국했을 때였다. 미국에서 영어로 된 사회학 텍스트와 씨름하는 일은 사회적 진공 상태에서 고투하는 느낌이어서 잠깐이라도 그 진공 상태를 벗어나야 한다는 강박적 의무감을 가지고 한 시대의 보고서를 읽듯 읽었다. '유신' 치하에서 현실 인식마저 미망에 휘둘려야 했던 엄혹한 시절 도시 철거민의 삶

과 공단 노동자들의 현실을 '사회과학책'이 아니라 『난쏘공』이라
는 소설로 읽은 것이다. 1978년 여기저기에 연재되었던 열두 편의
중단편이 묶여 연작소설 『난쏘공』이 나오자 맨 먼저 나온 서평은
『난쏘공』을 한국 사회 실상을 깊이 있게 가르치는 '조그만 학교'로
비유한다.* '난장이'의 학교는 "우리의 마음속에 새로운 삶의 태도
를 갖고 변화하게끔 만들고 있다"**는 기대도 내비친다. 『난쏘공』
은 나오자 바로 대학생들의 필독서가 되고 1979학년도 대학 신입
생부터 '의식화 교육' 교재가 되기도 했다. 한동안 불온시 되기도
했던 『난쏘공』은 이제 중고등학교 교과서에 중편 「난쏘공」이 포
함되면서 '난장이'의 사회적 상징성을 묻는 지문이 시험 문제로
등장한다.

　　나는 1986년 사당동 철거 재개발 (예정) 지역에서 현장 연구를
시작하면서 『난쏘공』을 다시 읽었다. 『난쏘공』의 연작을 들여다
보듯 철거 재개발 현장을 '호기심'을 가지고 '참여 관찰'했다. 철거
재개발 지역 현장 연구에서 돌아온 날이면, 3.5평짜리 단칸방에서
식구 다섯 명은 반듯하게 누울 수가 없어 옆으로 세워 자야 하는
데 그런 잠을 '칼잠'이라고 하고, 철거될 무허가 집은 고유 번호가
붙어 '딱지'로 거래된다는 등 현장에서 주워들은 용어를 학생들
에게 '신나게' 소개하고 철거 재개발 과정을 무슨 매뉴얼 소개하
듯 늘어놓았다. 내가 설명을 할 때 고개를 외로 꼬며 그런 용어를
신기한 듯 설명하는 '철없는 사회학자'를 강의실 뒷좌석에서 냉소
가 뒤섞인 눈빛으로 바라보는 몇 학생이 있다는 자각은 한참 뒤에
야 했다. 그때쯤 『난쏘공』을 내 연구 현장과 교차해 읽으며 화자의

---

*　　오생근, 「진실한 절망의 힘」, 《창작과비평》 13(3), 1978.
**　　오생근, 같은 책, 359쪽.

밀고 들어오기 직전, 철거반원들이 식사 중인 난장이 가족을 지켜보는 장면.
(출처: KBS TV 문학관 〈난장이가 쏘아올린 작은공〉 캡처)

'계급성'을 따라 이야기의 시점을 재구성하는 사회학자의 읽기가
시작되었을 것이다. 그러나 내 연구 현장의 '사례 가족인 그들'과
'연구자인 나'의 거리에 대한 인식은 훨씬 뒤에야 왔다. 현장 연구
20년 만에 다큐를 만들려고 자료를 정리하면서다. 현장음을 살리
기 위해 녹음 테이프를 듣다가 생각지 못한 "나는 어제 무서워서
안 왔어요"라는 내 목소리를 들었다. 철거반이 대거 들이닥친 다
음 날 아수라장이 된 동네 어귀에서 녹음된 대화였다. 철거반원과
피 터지는 몸싸움을 한 급박한 순간, 그들은 철거를 하루라도 늦추
기 위해 몸싸움하다가 다쳐서 누가 어디로 실려 갔고 누구는 어느
의원으로 실려 갔는지를 떨리는 목소리로 분노하며 상황을 설명
하는 중이었다. 그들과 나, 무허가 정착지 현장 주민과 연구자 대학
교수의 관계에 대한 성찰과 질문은 그 뒤 내 안에서 다른 여러 방
식으로 출몰했다.
　　서평 청탁을 받고 2023년 1월에 인쇄돼 나온 『난쏘공』을 구

입해 어떤 시점(時點)에서 어떤 시점(視點)으로 『난쏘공』을 다시 읽을 것인가 고민하면서 들여다보기 시작했다. 전에는 놓쳤던 어떤 단어들이 새로 눈에 들어오고 어떤 대화 장면들은 새롭게 읽혔다. 『난쏘공』의 이야기는 일면 간단한데 다시 읽으면서 서사 흐름을 자주 놓쳤다. 새롭게 눈에 들어온 단어와 대화 장면들을 이어 붙여 읽고 짧게 이어지는 대화들을 몇 번씩 되돌려 읽었다. 어떤 때는 혼잣말 같은 짧은 문장들의 문단에서 어떤 때는 같은 공간에 있지만 모두 딴소리를 하는 장면에서 자주 멈춰 다시 읽었다.

　'난장이' 집이 철거된 날 밤의 첫 문장은 이렇게 서정적 문체로 시작한다. 난장이 둘째 아들이 화자다. "나는 방죽가 풀숲에 엎드려 있었다. 온몸이 이슬에 젖어 축축했다."(103쪽) 난장이 가족에게 참혹한 모든 일이 일어난 날이다. 난장이 자녀들은 돌아가며 화자가 된다. 영희는 그 철거촌 주민에 배당된 입주권을 약간의 웃돈을 더 주고 싹쓸이해 간 남자를 따라나섰고 "어떤 경우에든 '안 돼요' 하는 말을 내 앞에서는 쓸 수 없다"(129-130쪽)는 말을 들으면서 "나로서는 생각해볼 것도 없었다"(130쪽)고 말한다. 없어진 영희를 찾아 나선 난장이의 큰아들 영수와 둘째 영호 형제의 대화는 영호를 통해 기술된다. 영호는 형의 '고민하는 사나이 표정'을 떠올리며 영수가 남긴 메모를 되새긴다. "햄릿을 읽고 모차르트의 음악을 들으면서 눈물을 흘리는 (교육받은) 사람들이 이웃집에서 받고 있는 인간적 절망에 대해 눈물짓는 능력은 마비당하고, 또 상실당한 것은 아닐까? 세대와 세기가 우리에게는 쓸모도 없이 지나갔다."(110쪽) 그리고 철거 현장이 서술된다. 철거가 시작된 날 굴뚝 위에서 종이비행기를 날리던 난장이는 큰아들 영수에게 "지섭에게 말해서" 천문대에서 달나라를 향해 "쇠공을 쏘아올려 보여주마"(121쪽)라고 말한다. 이 문장에서 '쇠공'을 보기 전까지 난장이가 쏘아 올린 '작은 공'이 쇠공이라는 생각을 못했다. '쏘아올린 작은 공'의 공이 희망이나 꿈이나 내일이라고 전제하고 읽었었다. 전에 읽을 때 놓쳤던 어떤 단어나 문단에서 자주 멈췄다. "간결하고 장식 없는 단문의 문체가 주는 리듬과 속도"*를 따라잡기 힘들어서이기도 했지만 '말', '책', '핀' 등의 단어를 둘러싸고 벌이는 언어유희 같은 장면도 자주 되짚어 읽어야 했다.

　　공단에 들어간 난장이 가족은 교대반으로 밤일을 나가야 하는 영희 앞에서 이런 대화를 주고받는다.

　　"자가 없잖니?"
　　웃으면서 나는 말했다.
　　"자가 없어서 재볼 수가 없어."
　　"세상을 끄는 것은 미친 말들야."
　　영호가 말했다.
　　"그래서 아무도 정확히 말할 수 없어."
　　"그들의 후손이 지금은 자기 차를 몰고 공장에 나가."
　　영희가 말했다.(217쪽)

　　그리고 밤일을 나가 핀으로 밤잠을 쫓는 작업 환경을 놓고 노사 대표 위원들이 주고받는 회의 장면이 나온다.

　　사용자 2: "옷핀?"
　　(……)
　　어머니: 옷이 뜯어지면 이 옷핀으로 꿰매야 돼.

---

* 이윤영, 「섬뜩한 적의와 미적인 세계 인식」, 《출판문화》 660, 2021, 113쪽.

노동자 3: "그 옷핀이 저희 노동자들을 울리고 있어요."

영희: 아빠 보고 난장이라는 아인 이걸로 찔러버려야지.

어머니: 그러면 안 돼. 피가 나.

영희: 찔러버릴 거야.

노동자 3: "밤일을 할 때 일어나는 일입니다. 누구나 새벽 두세 시가 되면 졸음을 못 이겨 깜빡 조는 수가 있습니다. 반장이 옷핀으로 팔을 찔렀습니다."

사용자 4: "말도 안 되는 소립니다."(224-225쪽)

영화예술학자 이윤영은 이는 영화에 자주 쓰이는 연상 몽타주 교차 방식인데 "이 소설에서 처음 본 것"이라면서 '내용화된 형식'으로 포착한다.*

한 공간에서 딴생각을 하고 딴말을 하는 사람들이 모여 있는 풍경이 스냅샷처럼 제시되고 그런 공간이 연이어 나온다. 작가는 연작을 거듭할수록 이 소통 불가능의 세계를 재현하는 방식을 고민한 듯하다.

난장이 큰아들 영수가 노동운동에 뛰어들고 난 후 사용자 동생을 사장으로 '잘못 알아' 살해해 법정에 서게 되었을 때 영수의 재판이 진행되는 법정에서 방청을 온 동료 노동자들이 울음을 터뜨리는데 법정의 정리가 다가와서 "운다고 누가 뭐랍니까. 소리내 울지 말라는 거죠. 극장 구경을 온 것도 아니고, 울고불고하면 서로 곤란해요"(283쪽)라고 주의를 준다.

계급 간에 또는 처지나 이해관계가 다른 집단 간에 "서로 말을 알아듣는 것이 가능할까"라는 질문은 사당동 철거 재개발 현장

---

* 이윤영, 같은 책, 113쪽.

에서 만난 가족을 30여 년 이상 따라다닌 뒤 스스로에게 던졌던 질문이다. 사례 가족과 나는 서로 말뜻을 놓치고 헤맬 때가 많았는데 처음에는 교육 수준의 차이인가 생각했었다. 다큐를 만들어 극장 상영을 앞두고 그들의 대화를 자막 처리할 것인가를 고민했을 때, 교육받은 청중이 그들의 언어를 알아들을 수 있도록 자막 처리하는 것이 당연한가라는 새로운 질문을 하게 된 경험을 『난쏘공』의 어떤 문단들을 읽으면서 소환했다. 텍스트 안 같은 공간에서 딴소리하는 '그들'과 '그들', 그리고 그들을 읽는 '우리들'의 관계를 어떻게 설정할 것인가를 묻고 읽는 포지션을 고민하면서 『난쏘공』이 '소통할 수 없음'/'말할 수 없음'의 세계에 질문을 던지는 소설로 다가왔다. 천정환이 지적한 대로 『난쏘공』은 한국의 다른 서발턴을 재현한 소설과 결이 다른 '서발턴 소설'이다.* 그러나 그 이유는 천정환이 지적한 『난쏘공』에서 "서발턴이 말할 수 있고 심지어 적의 대상을 '살인'도 하는 주체적 행동을 하고 그들이 원하는 유토피아를 꿈꿀 수 있어서"가 아니다. 그들이 말은 하지만 그들의 말을 알아듣지는 못하는 소통 불가능한 공간을 연속해 보여 줌으로써 서발턴은 말할 수 있는가를 되묻고 서발턴이 '말'은 하지만 그 말이 그들이 뜻한 대로 전달되지도, 그들 처지의 존재의 말로 번역되지도 못하는 '소통 불가능의 세계'에 질문을 던진다는 점에서 결이 다른 '서발턴 소설'이다. 『난쏘공』의 현재성은 소통이 불가능한 세계에 질문을 던지는 데 있는 듯하다. 조세희는 『난쏘공』을 낸 지 22년 만에야 「작가의 말」을 쓴다. 그는 "어느 날 나는 경제적 핍박자들이 몰려 사는 재개발 지역 동네에 가 철거반──집이 헐리면 당장 거리에 나앉아야 되는 세입자 가족들과 내가 그 집에서

---

* 천정환 외, 『문학사 이후의 문학사』(푸른역사, 2013), 85쪽.

의 마지막 식사를 하고 있는데, 그들은 철퇴로 대문과 시멘트담을 쳐부수며 들어왔다——과 싸우고 돌아오다 작은 노트 한 권을 사 주머니에 넣었다"고 쓰고 있다.(9쪽) '핍박자', 서발턴이 처한 '말로 할 수 없는 기막힌 공간/말'을 누가 해야 하는가에 스스로에게 답한 듯하다.

『난쏘공』이 한국 사회의 가장 상징적 불통의 현장에 불려 나온 것은 주목할 만하다. 화물연대 파업이 교착 상태일 때 정의당 이정미 대표가 『난쏘공』을 윤석열 대통령한테 선물했는데 대통령은 "저도 그 책 좋아합니다"라고만 말했다. 때로 누군가에게 듣고 싶은, 가슴 두근거리게 하는 '좋아한다'는 말이 절망의 말이 될 수 있음을 보여 준 순간이었다. 의미가 비워진 "좋아합니다"라는 말은 『난쏘공』에서 '핀'을 둘러싸고 서로가 알아듣지 못하는 말로 채워진 소통이 불가능한 노사 회의의 장만큼이나 '소통 불가'의 막막함을 안겼다. 텍스트는 쓸 때도 읽을 때도 콘텍스트를 벗어날 수 없다. 『난쏘공』 읽기의 힘은 텍스트의 콘텍스트를 포착하는 새로운 질문에 있는 듯하다. ■서리북

조은
동국대 명예교수. 사회학자. 학문 간, 장르 간 경계를 넘나드는 작업을 해왔다. 주요 저서로는 문화기술지 『사당동 더하기 25』와 소설 『침묵으로 지은 집』, 현장 일지 같은 칼럼집 『일상은 얼마나 가볍고 또 무거운가』 등이 있다. 다큐멘터리 〈사당동 더하기 22〉와 〈사당동 더하기 33〉을 제작·감독했다.

📖 1970년 평화시장 앞길에서 근로기준법 화형식을 치르며 스물 두 살에 분신한 전태일의 삶을 당시 사법 연수원생 조영래가 공안 사건으로 묶여 수배 생활 중 쓴 글이다. 1976년 완성한 원고는 여러 해 동안 저자의 이름도 숨긴 채 필사본으로 떠돌았다. 전태일 평전이 출간되는 과정 자체가 엄혹한 시대를 증언하는 '역사적 사건'이다. 조영래는 죽고 난 뒤에야 알게 된 전태일을 살려 내기 위해 그가 남긴 일기, 메모, 사진, 글귀 하나까지 소중하게 모으고 가족, 친구, 동료들의 구술 자료 등을 재구성해 '평화시장에서 일하던 재단사라는 이름의 청년 노동자'가 걸어온 길과 걷고자 한 길을 복원한다. 지식인 글쓰기의 의무와 예의가 묻어난다.

『전태일 평전』
조영래 지음
아름다운 전태일, 2020

"그의 소설작품 구상의 한 대목인데, 특히 이 글 마지막 구절을 보면 그가 현실의 두터운 벽을 얼마나 투철하게 인식하고 있었던가를 짐작할 수 있다. (……) 동아일보 X년 X월 X일 법학도. 법 자체의 모순을 시정 못하자 기준법이 시정되기를 기도, 자살. 서울특별시 관수동 (……) 세들어 자취를 하던 법대생 (……) 새벽 2시 방에서 신음하던 것을 주인집에서 발견, 곧 성모병원에 급송되었으나 워낙 다량 복용으로 아침 4시 50분에 숨졌다. (……) 보도통제로 기사화하지 못한 것이 유감이다. (……) 성모병원 원장의 말씀은 원래 심장병의 증세가 있었던 것으로 보인다는 말씀이시다." — 책 속에서

📖 미국의 한 대도시 빈민가에서 현장 연구를 한 사회학자의 문화기술지(ethnography). 가장 싼 집에서도 쫓겨나 이동식 간이 차량 한 칸이라도 찾아 나선 미국 사회의 가장 밑바닥 도시 빈민 이야기다. 먹이사슬로 얽혀 있는 착취 구조와 실직-약물중독-노숙-사기-감방으로 이어지는 이들의 일상은 극사실주의 소설 같다.

『쫓겨난 사람들: 도시의 빈곤에 관한 생생한 기록』
매튜 데스몬드 지음
황성원 옮김
동녘, 2016

"가난한 흑인 동네 출신 남성들의 삶을 규정하는 것이 투옥이었다면, 여성들의 삶을 좌우하는 것은 퇴거였다. 가난한 흑인 남성들은 잠긴 문 안에 갇혀 살았고, 가난한 흑인 여성들은 잠긴 문밖으로 내몰렸다." — 책 속에서

『파친코 1, 2』
이민진 지음, 신승미 옮김
인플루엔설, 2022

좀 더, 달콤한 혼란과 쌉쌀한 자유를

권보드래

'메이드 인 코리아'의 성공?

『백만장자를 위한 공짜 음식』을 썼던 이민진이 『파친코』 같은 소설을 펴내다니. 뜻밖이다. 게다가 『파친코』가 국제 출판 시장에서 인기를 끌고 드라마로 성공을 거두기까지 하다니. 그 또한 뜻밖이다. 해외에서의 인기에 힘입어 국내에서도 유명해진 『파친코』를 어떻게 읽어야 할까. 조마하고도 조심스러운 마음으로 책을 펼친다. '한국 출신의 국제적 명성'을 바라보는 속내는 고요하지 못하다. 그 명성이 과대 포장돼 역수입된 것일지 모른다는 의구심이 있고, 명성이 명실상부하길 바라는 조바심이 있고, 혹시 명성을 흠집 낼까 전전긍긍하게 되는 마음도 있다. '메이드 인 코리아'의 성공에 어지간히 익숙해졌는데도 '코리아'라면 무조건 감싸고 쉬쉬해야 할 것 같은 마음과 그것에 반발하는 충동이 엇갈린다. 아니 그런데, 『파친코』가 메이드 인 코리아이긴 한가. 산업에서도 '순수 국내 생산' 같은 조건이 거의 불가능해진 오늘날.

고생-성취-회한의 세대와 그 이후

『파친코』의 주인공 김선자(Kim Sunja)는 부산 출신이지만 일본에 붙박이로 살아온 자이니치(在日)다. 소설 속 80년에 가까운 시간 속에서 선자는 태어나고, 첫사랑을 겪고, 결혼 후 일본으로 이주하고, 자식을 낳고 남편을 잃고 손자가 장성하는 것을 지켜본다. 이주 이력을 빼면 20세기 초 한반도에서 태어난 여성의 전형적 생애다. 그의 생애를 구성하는 고유명사는 자연스레 거의 남성의 것이다. 아버지 김훈이(Kim Hoonie), 첫사랑 고한수, 남편 백이삭, 아들 노아와 모자수, 그리고 손자 솔로몬. 선자의 가계(아니, 남편 백이삭의 가계)는 3대를 거치는 동안 서서히 사회적 상승을 달성해, 노아는 명문대에 입학하고 모자수는 파친코 업계에서 성공하고, 마지막으로 솔로몬은 미국 아이비리그를 졸업한 후 영국 금융 회사의 투자 전문가가 된다. 그러는 중에 선자는 김치를 담가 팔고, 반찬을 만들어 팔고, 설탕 과자 가게를 열어 가족의 생계를 책임진다. 남편이 결혼 생활 10여 년 만에 세상을 떠난 만큼 더더구나.

평균치에 비한다면 선자의 삶은 그런대로 복 받은 삶이다. 소설 속 여러 인물이 말하는 대로 여성의 생애란 "끝없이 일하고 고생하는"(1권, 52쪽) 것이며 "고생은 여자의 운명"(2권, 265쪽)이다. 노년에 이르러 선자는 "고생(suffering, go-saeng)이라는 말에 신물이 났다. 고생 말고 다른 것은 없을까?"(2권, 265쪽)라고 되뇌지만, 큰아들 노아의 가출로 인한 낙망이 아니었다면 그런 생각을 떠올리지 않았을지도 모른다. 선자의 삶은 기묘한 대리 보충으로 점철된 삶이다. 최선이라고 생각한 인연에 배신당하고 차선과 함께하는 삶. 첫 경험이었던 최선을 잊은 일 없지만 차선이 굳건하게 자리하는 삶. 아버지 훈이 대신 어머니 양진이, 첫사랑 한수 대신 남편 이삭이, 큰아들 노아 대신 작은아들 모자수(Mozasu)가 선자의 곁을 지킨다. 박탈의 상흔이 선연하지만 반면 안정돼 가는 현재의 생활 감각도 분명하다.

그 때문인지 『파친코』 후반부에서 선자는 더 이상 핵심적 주인공이 아니다. 대신 모자수와 그 주변의 인물들—친구 하루키, 애인 에쓰코, 에쓰코의 딸 하나—이 후반부의 동력이 된다. 이들이 구성하는 풍경은 부모 세대의 고생-성취-회한의 도상과 다르다. 이들은 개발 중인(developing) 나라가 아니라 이미 개발된(developed) 나라에서 태어나 부족할 것 없는 삶을 누리면서도 결핍의식에 시달린다. 네이티브 일본인에 중산층 핵가족으로 살지만 동성애적 열정으로 고통받고(하루키), 일탈적 성애에 탐닉하고(에쓰코), 아예 궤도를 벗어나 버린다(하나). 그런 인물형의 집약체라 할 하나는 다소 위악적으로 선언하기까지 한다. "우리는 다 범죄자야. 거짓말쟁이, 도둑, 창부. 그게 우리야."(2권, 241쪽) 그런 점에서 젊은 세대인 솔로몬을 또 한 명의 주인공으로 배치하여 과거와 현재의 대위법적 구성을 시도한 드라마 〈파친코〉의 전략은 꽤 적절해 보인다. 가난은 줄어들었고 차별도 약화됐지만 그럼에도 고통은 사라지지 않는다.

굳건한 선의와 조심스러운 환대

『파친코』, 특히 전반부의 주요 인물들은 예외적일 만큼 선량하다. 이를테면 선자를 아내로 맞아들인 백이삭은 기독교 목사다. 소설의 표현대로라면 그는 '이상주의자', 소설 원작 드라마 속 경쟁자의 표현대로라면 '몽상가'다. 이삭은 혼전 임신을 한 선자의 곤경을 일종의 계시로 받아들인다. "어제 아침에 「호세아서」 공부를 시작했어요. 그리고 나서 몇 시간 뒤에 하숙집 아주머니가 임신한 딸 이야기를 했죠."(1권, 112쪽) 마치 예언자 호세아가 음란한 여성과

선자와 이삭이 식전 기도를 하는 장면. 이삭·노아·모자수(모세)·솔로몬 등의 이름이 상징하듯
기독교는 『파친코』의 강력한 그러나 공공연하게 표현되지 않은 정신적 자산이다.(출처: 애플TV+
드라마 〈파친코〉 캡처)

결혼하여 그를 재생으로 이끌라는 신의 명령에 순종하듯, 이삭은
선자를 불명예에서 건져 내기 위해 그와 결혼하고 그가 낳은 아들
을 제 자식으로 받아들인다.

　　도무지 믿기 어려운 선의지만 이삭의 선의는 변하지도 않고
배신당하지도 않는다. 이삭은 시종일관 선자를 아끼고 첫아들 노
아를 사랑하고, 선자는 죽을 때까지 새 삶에 정성을 다한다. 이들
사이 관계는 시혜와 수혜의 상투적 문법으로 뒤틀리지도 않는다.
심지어 주변 사람들마저 그렇다. 이삭을 오사카로 불러들인 작은
형 요셉이나 그의 아내 경희는, 짧은 의심의 순간을 겪었을지언정
선자를 있는 그대로의 존재로서 포용한다. "난 너무 외로웠어요.
선자 씨가 와서 정말 기뻐요. 그리고 아기도 태어날 거잖아요!"(1권,
169쪽)

　　『파친코』의 환대는 조심스럽지만 굳건하다. 그 환대는 가족

이삭과 요셉이 갓 태어난 노아를 바라보며 미소 짓는 장면. 요셉은 이삭의 체포와 죽음 후 아버지 같은 애정으로 노아를 돌본다.(출처: 애플TV+ 드라마 〈파친코〉 캡처)

의 가장자리에서 수줍게 찰랑댄다. 외부를 향해 선뜻 손 뻗는 일은 드물지만 그렇다고 가족끼리만의 배타적 경제를 구축하지도 않는다. 그리고 보면 선자의 부모가 (또 조부모가) 종사했던 하숙이라는 생업은 『파친코』의 출발점으로서 썩 적절해 보인다. 선자의 조부모는 열다섯에 팔려오다시피 한 며느리 양진을 딸처럼 품었고, 또 양진은 하숙객들을 위해 "사골을 푹 고아서 걸쭉하고 뽀얀 국을 끓였고 텃밭에서 키운 채소를 무쳐서 맛있는 찬을 만들었"(1권, 27쪽)고 "해진 작업복에 조각 천을 덧대 기워서 한 계절 더 입을 수 있게 해주었다."(1권, 28쪽)

　　양진이 딸 선자와 운영하는 하숙집에서는 전라도 출신 삼 형제와 경상도 출신 사내 셋이 한방에서 의좋게 지낸다. 식모로 고용한 고아 자매 덕희와 복희도 한 식구처럼 정답다. 영도를 떠나 선자가 새로 정착한 오사카에서도 집은 그렇듯 닫혔으면서도 열린

공간이다. 요셉과 경희, 이삭과 선자, 그리고 노아와 모자수는 물론이고, 선자와 경희의 고용주였던 창호라든가 모자수의 애인 에쓰코와 그 딸 하나 등 주변적 존재들까지 오사카(그리고 후반부의 요코하마)의 집에 무탈하게 깃든다. 이를테면 1949년에는 "가족 3대와 친구 한 명으로 구성된 이 일곱 명 모두가 이카이노에서 한집에 살았다."(1권, 364쪽)

다른 한편 이 유사 가족 공동체는 정치적·역사적 현실에 완강하게 닫혀 있다. 하긴 첫 줄에서부터 "역사는 우리를 저버렸지만, 그래도 상관없다(History has failed us, but no matter)"고 선언한 소설이 아닌가. 일본이 전쟁을 벌이건, 조선이 해방되건, 한반도에서 전쟁이 일어나건, 또는 독재와 개발의 수십 년을 통과하건, 약간의 증감이 있을지언정 생활의 노역은 그대로다. 선자의 아버지 훈이가 세상 소식에 유의하면서도 결국 하던 말대로, 역사적 격변 따위 "상관없"다. 『파친코』에 정치적 인간은 전무하다. 이삭이나 요셉이나 창호처럼 정치적 사건에 희생당하거나 거기 투신한 사람들마저 본질적으로는 소극적이다. 이삭은 교회 고용인의 신사 참배 거부에 휘말려 들었을 뿐이며, 요셉은 나가사키 근무 중 원폭 피폭이라는 뜻밖의 재난을 겪었을 따름이고, 창호 또한 오래 연모했던 경희의 사랑을 얻었다면 결코 북송선을 타진 않았으리라.

대담하고 역행적인, 가족과 민족의 귀환

나로서는 『파친코』를 좋아하긴 어려웠다. 역사적 세부나 사건 사이 불균형이 걸렸고(한국전쟁은 없네?), 뒤늦은 가족주의가 생경했으며(유행에 역행하는 배짱일까), 한결같이 착하고 부지런한 주인공들이 피로했다(순응의 안간힘이란 역시). 평생 선자 주위를 맴도는 한수가 못마땅했고(보디가드 콤플렉스는 그만), 하루키·에쓰코·하나 등 일본 내 소수자 정체성을 적극적으로 배치한 후반부는 지나치게 전략적으로 보였다(변형된 소수자 연대 실험인가?). 선량한 한국인, 수난의 한국사라는 기조음도 불편했다. 끝까지, 끝까지, 내 의식의 바닥까지 내려가는 대신 처음부터 타인의 시선에 강박된 글쓰기를 보는 듯했다. 작가가 각각 제1부와 제2부 제목으로 삼은 대로 '고향(gohyang, hometown)'과 '모국(motherland)' 사이 불일치란 역시 살아 내기 힘든 조건일까. 이주민 정체성을 품고 늘 차별을 의식해야 한다는 건 그토록 신경이 닳는 일일까.

　작가 이민진은 첫 소설 『백만장자를 위한 공짜 음식』을 출간하면서 "미국에서 성공하고 동화하고자 하는 집단적인 소망으로 인해 우리 한국계 미국인들이 자기가 생각하거나 느끼는 것을 입 밖에 내지 않거나 문제를 일으키려 하지 않는다는 점이 나는 늘 신경 쓰인다"고 적은 바 있다. '동화하고자 하는 소망' 때문에 있는 그대로의 자기를 숨기진 않겠다는 결의를 그렇게 표현했으리라. 과연 이민진은 『백만장자를 위한 공짜 음식』에서 한국 출신 이민 제2세대 젊은이들의 풍속을 적나라하게 드러냈다. 이 소설에서 뉴욕의 투자 회사며 백화점을 배경으로 한 젊은 세대의 성장기는 심란하다. 재능 있고 매력적이지만 불안정한 젊은이들은 의식주의 쾌락에 탐닉하고, 성애의 격랑에 시달리고, 성공에의 욕망에 쫓긴다. 인물은 변덕스럽고 서술은 장황하다. 옷 한 벌 고르는 데 몇 쪽, 가벼운 신경전에 몇 쪽, 애정과 욕정 사이 마음을 가늠하는 데 몇십 쪽. 부모 세대 역시 처세에 더 능숙할 뿐 혼란에 처해 있긴 마찬가지다.

　작가는 왜, 어떻게 『백만장자를 위한 공짜 음식』에서 『파친코』로 건너뛴 걸까. '차별당한 끝에 자살한 재일 소년'의 사연을 오래 생각했노라고 말하고 있지만, 그것이 장편소설로 결실을 맺기

선자가 탄 배가 떠나는 모습을 바라보는 양진. 선자와 어머니 양진, 큰동서 경희 사이 돌봄의 여성 연대는 『파친코』의 서사가 펼쳐지는 그 바탕의 질감을 만들어 낸다.
(출처: 애플TV+ 드라마 〈파친코〉 캡처)

까지 과정은 결코 순탄치 않았을 터이다. 착상에서 완성까지 30년이 걸렸다니까. 재미의 조건이 재일의 역사에 감응하고 그것을 반평생 추구한 결과가 곧 『파친코』일 테니까. 『파친코』는 '메이드 인 코리아'인 동시 '메이드 인 U.S.A.'이자 '메이드 인 재팬'이다. 아니, 차라리 메이드 인 노웨어(made in nowhere)다. 누구라도 한 동네 본토박이로 살기 어려워진 21세기의 문학이다. 『파친코』를 읽으면서 내 머릿속에 먼저 떠오른 것은 박경리의 『토지』나 최명희의 『혼불』이나 박완서의 『미망』, 즉 여성 주인공 중심의 한국 가족사 소설이었지만, 작가 이민진의 참조의 계보는 응당 다를 터이다. 재일 문제를 다룬 만큼 내 연상의 회로에서는 일련의 재일 작가들이 떠올랐지만 그 또한 이민진의 연상과 같을 수 없겠다.

　그러나 한편 『파친코』는 최근 소설의 흐름과 이질적이다. 지

금 한국에서 활동하는 작가들이 20세기 역사 전체를 상대하려 할
까? 상대할 수 있을까? 또는,『파친코』가 선택한 재일의 맥락에서
'선자 3대' 같은 소설이 기획될 수 있을까? 그럴 성싶진 않다. 가족
도 역사도 유행이 아니고, 재일 문학에서 '가족 따위 용용' 식의 감
각이 등장한 것도 20년이 넘었으니까. 김석범·김달수 같은 재일 작
가 제1세대가 평생토록 수난의 민족사와 씨름했다면, 이회성·양석
일 등의 제2세대는 천형(天刑) 같은 아버지를 상대해야 했지만, 제
3세대 작가들에게 있어 가족-민족의 중력은 희박하다. 예컨대 유
미리는『가족 시네마』같은 소설에서 서로를 경멸하는 가족을 희
화적으로 묘사했고, 가네시로 가즈키는『GO』등에서 규범적 민
족상과 가족상으로부터의 탈출을 유쾌하게 보여 준 바 있다. 반면
『파친코』는 가족 서사를 통해 20세기 한반도 중심 역사를 세계의
독자들 앞에 풀어놓는다. 그만큼 대담하고 그만큼 역행적이다.

한국인상의 교정? 또는 '파친코'라는 결말?

『파친코』를 통해 식민지 시기 한반도 수탈사며 일본의 외국인 등
록법 등의 문제를 처음 알게 됐노라는 해외 독자들이 적지 않은 듯
하다.『파친코』는 '불량'으로 편향된 재일 한국인상 또한 교정해
낸다.『파친코』에서 '나쁜 남자' 또는 '불량 조선인'을 대표하는 인
물은 한수와 모자수일 텐데, 이들마저 부정 일변도의 인물상과는
거리가 멀기 때문이다. (덧붙이자면, 한수의 (생물학적) 아들 노아가 이삭을 닮고
이삭의 아들 모자수가 한수를 닮았다는 건 흥미로운 설정이다. 가족 서사로의 환원을 교
란시키는 효과를 발휘한다는 점에서 특히.) 한수는 야쿠자, 모자수는 파친코
사장. 재일 조선인과 관련해 악명 높은 두 직업군을 각각 대표하는
셈이다. 그러나 이들은 사기·폭력·범죄로 비난받는 직종에 속해 있
으면서도 합법적으로 또 공정하게 일을 처리하는 것을 원칙으로

삼는다. 한수는 해산물 중개상으로 부산에 등장했을 때부터 "딱 정해진 값으로 사니 공평"하다는 평판을 들었고, 모자수 또한 정확하게 세금을 내고 법규대로 사업장을 운영하는 것으로 유명하다. 한수의 경우 여자 관계가 문란하다지만(그가 젊은 여성을 폭행하는 돌출적 장면을 제외하면 막상 그 사실을 실감하긴 어렵다) 모자수는 가정 및 애정 관계에서도 모범적이다.

'나쁜 남자'들이 이 정도라면 '착한 남자'들은 어떻다는 건가? 이삭은 옥고 끝에 죽어가면서도 "겸손한 마음을 가지고 부지런한 사람이 돼야 해. 모든 사람에게 연민을 가져라. 네 적까지도."(1권, 304쪽)라는 유언을 남긴다. 유언의 계승자 노아 역시 시종일관 근면하고 선량한 사람이 되고자 애쓴다. 전시체제기에는 천황의 우등생으로, 미 군정기에는 미국을 동경하는 고학생으로. 노아는 그렇게 명문 와세다대 학생이 되는 데 성공하지만, 어느 날 맞닥뜨린 출생의 비밀은 그를 한순간에 무너뜨린다. 이미 너무 많은 정체성을 짐 지고 살아온 그로서는 또 다른 정체성을 감당하기 어려웠던 것일까. 동생 모자수의 말에 따르면 노아는 "선량한 조선인이 되려고 애쓰는 것에 지쳐서 그만둔 거"(2권, 210쪽)다.

그만둘 수 있다면 조선인 따위 언제든 그만두고 싶지 않았을까. 노아는 순수한 일본인이 되고 싶다는 소망을, 한층 깊이는 "유럽인이 되고 싶다"(2권, 56쪽)는 비밀스러운 소망을 품는다. 모자수의 (일찍 세상을 떠난) 아내 유미는 탈출구로서 미국을 동경한다. "조선인이라는 것은 (……) 끔찍한 멍에일 뿐이었다. (……) 그렇다고 자신을 결코 사랑해 주지 않는 의붓어머니 같은 일본에 붙어 사는 것 또한 상상하고 싶지 않았다. 그래서 유미는 로스앤젤레스를 꿈꾸었다."(2권, 84쪽) 모자수의 아들 솔로몬은 바로 부모 세대의 좌절된 소망에서 태어난 존재다. 그는 일본 국제학교를 졸업한 후 미국 아

모자수의 파친코 사업장. 뒤편에 손님을 바라보는 모자수가 서 있다.
(출처: 애플TV+ 드라마 〈파친코〉 캡처)

이비리그에서 학위를 받고 영국 투자금융 회사의 주재원으로서
일본에 부임한다. 명백한 금의환향이다. 뜻밖의 곤경을 겪은 후에
도 솔로몬에게는 (미국 시민권자인 한국계 애인과 결혼해) 미국인이 되어 미
국에서 생활할 수 있는 길이 축복인 양 열려 있다.

    그렇지만 '고향'과 '모국'을 거친 『파친코』의 마지막 제3부는
'파친코'다. 가출 후 '반 노부오'라는 순수 일본인으로 변성명한 노
아가 정착하는 곳도, 일본인 동료의 술수 탓에 직장을 잃은 솔로몬
이 선택하는 곳도 파친코다. '불량 조선인' 한수와 모자수가 일궈
낸 생활의 터전에 '선량한 우등생'들인 노아와 솔로몬이 결국 (각
각 수동적으로 또 능동적으로) 찾아드는 것이다. 솔로몬은 미국인이 돼 투
자금융의 세계에 다시 뛰어드는 대신 일본에 남아 아버지의 파친
코 사업에 참여하는 길을 택한다. 『백만장자를 위한 공짜 음식』에
서 튀어나온 듯한 여자친구와도 헤어진다. "일본인이 되는 것보다

미국인이 되는 것이 더 나을까? (……) 일본인들은 그렇게 생각하지 않을지라도 어떤 면에서는 솔로몬도 일본인이었다."(2권, 353-354쪽) 한수와 모자수, 그리고 하루키·에쓰코·하나는 솔로몬의 선택을 통해 최종적 존재 이유를 획득한다. 즉, '고향'이나 '모국'과는 다른 좌표의 '파친코', 밀려난 자들의 도피처요 불량한 자들의 사회는 소설 마지막에 와서 불현듯 그 존재의 권리를 주장하기에 이른다.

더 끝까지, 달콤쌉싸름한 자유를

『파친코』는 첫인상에 비해 복잡한 소설이다. 작가로서 이민진의 출발점이 동화에의 열망과 그에 반발하려는 의지의 교차점이었다면, 『파친코』의 경우 전반부는 전자가 지배적인, 후반부는 후자가 지배적인 전개를 보여 주는가 싶기도 하다. 선자는 몇 차례의 짧은 모험에도 불구하고 순응과 탈주 사이에서 늘 앞쪽을 택했다. 그의 모범적 아들 노아는 더더구나 그랬다. 반면 작은아들 모자수는 강렬한 반발력으로써 살아남아 일종의 합법적 불온성을 띠는 생의 방식을 택한다. 노아와 모자수는 결국 선자의 분신, 각각 순응 끝의 폭주와 주변성 속의 적응을 상징하는 인물이라고 할 수 있을까? 그렇다면 솔로몬은 두 갈래 길의 종합을 시도하고 있는 셈일까? 선자는 손자 솔로몬의 선택을 지지할 수 있었을까? 물음표를 잇달아 둘 수밖에 없도록, 『파친코』는 희미하지만 일관되게 분열의 계기를 품고 있다. '고향'에서 '모국'을 거쳐 '파친코'로. 가족의 자랑 솔로몬은 승승장구 성공의 길을 걷는 대신 파친코에 정착한다. 적어도 정착을 시도한다. 타락한 현자 하나가 조언한 대로다. "일본은 절대로 변하지 않아. 외국인을 절대로 받아들이지 않아. (……) 잘 들어, 솔로몬. 넌 여기 머물러야 하고 미국에 돌아가면 안 돼. 너의 아버지 사업을 맡아."(2권, 347-348쪽) 선자와 한수와 노아와 모자수는 성공을 갈망했던가? 동화와 적응을 위해서라면 기꺼이 자신을 부정하려 했던가? 조선인은 더럽고 부도덕하고 소란스럽다는 편견에 '난 그렇지 않아'로 대처하려 했던가?

탈향(脫鄕)의 성공 서사에는 자기부정과 자기긍정이 어지럽게 얽혀 있다. 『파친코』는 오직 가족만을 문제 삼음으로써 이 분열을 억누르려 하지만, 솔로몬이 한국인이자 일본인으로서 이중의 정체성을 포용하는 대목에 이르러 분열은 제 얼굴을 활짝 드러낸다. 그것도 의외로운 긍정적 색채로서. 내 기준으로서는 의심을 다 거둘 수는 없었다(이것은 진심일까 전략일까?). 그러나 『파친코』를 읽는 내내 불만스러웠던 마음이 솔로몬이 '나도 일본인'이라고 하는 장면에서 뭉클해졌음은 부정하기 힘들다. 바라건대 작가가 이 분열을 더 끝까지 밀어붙일 수 있기를. 그럼으로써 더 자유로워지기를. 독자 또한 달콤쌉싸름한 한 조각 자유를 맛볼 수 있기를.

번역, 대화와 사투리의 문제

번역에 대해서도 몇 마디 적어 두고 싶다. 『파친코』를 번역하기는 쉽지 않았을 것 같다. 때때로 한국어나 일본어를 알파벳으로 음차하는(한국어의 경우 gohyang, go-saeng, umma 등 근원적 단어 중심이고 일본어의 경우 Soo nee(그렇네), Sumimasen(미안합니다) 같은 일상 속 문장형이 주종이다.) 혼성도 옮기기 거의 불가능했을 테고. 새 번역본(신승미 옮김, 인플루엔셜, 2022)은 최초 번역본(이미정 옮김, 문학사상사, 2018)에서 '순자'로 옮긴 주인공 이름을 '선자'로 바꿨고, 그가 쓰는 사투리를 더 억세게 만들었으며, 한편 문장은 훨씬 간결하게 손질했다. 예를 들어 '선자'는 예전의 '순자'가 "모자수가 아주 기뻐할 거라예"라고 했던 문장을 "모자수가 억수로 기뻐할 기라예"(2권, 221쪽)로 발음한다. "세월이 흐르면서 모자수는 수도 없이 자주 아이들을 때렸고, 그 이유도 참으로 다양했다” 같은 번역은 “지난 수년 동안 모자수는 다양한 이유로 사내아이들을 때렸다”(2권, 9쪽)라는 표현으로 압축된다.

　　전반적으로 새 번역본은 한층 속도감 있는 문장으로 잘 읽힌다. 원문의 스피드에 어울린다. 그럼에도 자주 위화감을 느끼게 된다. 등장인물들의 대사가 덜 자연스러운 탓도 있고, 아무래도 사투리 탓이 큰 듯싶다. 번역투가 분명한 문장 사이사이 경상도 사투리가 섞여 있는 형편이니까. 경상도 출신 선자와 양진, 평안도 출신 이삭과 요셉·경희, 제주도 출신 한수 중 사투리를 사용하는 것은 선자 모녀뿐이다. 부산 영도가 주인공 선자의 ‘고향’으로서(영도에서는 모두 사투리를 쓴다) 소설 전반을 지배하고 있기 때문일까. 또는 여성이 ‘고향’을 감각적으로 표상하기 더 적절한 존재로 배치돼 있기 때문일까. 원작에 없는 사투리 발성을 두 번역본의 역자들이 공통적으로 선택한 것은 무엇 때문일까. 내가 번역자라면 어떤 선택을 했을지, 곱씹어 봐도 잘 모르겠다. 사투리를 쓰는/쓰지 않는 순자/선자. 선택은 늘 어렵다. **서리북**

권보드래
본지 편집위원. 한국 근현대문학 전공자. 현재 고려대 국어국문학과에서 공부하고 가르치고 있다. 지은 책으로 『한국 근대소설의 기원』, 『연애의 시대』, 『1960년을 묻다』(공저), 『3월 1일의 밤』 등이 있다.

📖 10여 년 전 이 책을 처음 읽을 때 정신없이 큭큭댔던
기억이 새롭다. 비통한 삶의 감각을 시치미 딱 떼고
유머화하는 힘이 어디서 오는지 궁금했다. 외국인 등록?
국적 변경 문제? 별걸 다 신경 쓰네. 어, 근데 하와이는
가야 하는데?

"나는 이 망할 영감탱이가 왜 국적을 한국으로 바꿨는지
알고 있다. 하와이에 가기 위해서가 아니다. 나를 위해서였다.
나의 두 발을 옭아매고 있는 족쇄를 하나라도 풀어주려
한 것이다." — 책 속에서

『GO』
가네시로 가즈키 지음
김난주 옮김
북폴리오, 2006

📖 한국인과 일본인과 미국인이 섞인 궁극의 혼성체 같은
주인공. 그는 혼란에 빠지지도 않고 유머를 시전하지도 않고
시종 차분하고 믿음직스럽다, 겉으로 보기에는.
제2차 대전기 동남아 전선의 기록은 한국 독자로서도
낯설 듯. 가족에 대한 접근법이 더 낯설지도 모르겠다.

"사실 나는 그 상황의 중요한 한 부분이었다. K와 다른
여자들도, 병사들과 나머지 사람들도 마찬가지였다.
사실 무시무시한 것은 우리가 중심에 있었다는 것이다."
— 책 속에서

『척하는 삶』
이창래 지음, 정영목 옮김
알에이치코리아, 2014

물고기는 존재하지 않는다

상실, 사랑 그리고 숨어 있는 삶의 질서에 관한 이야기

Why Fish
Don't Exist

Lulu Miller

룰루 밀러 지음 | 정지인 옮김

곰
출
판

『물고기는 존재하지 않는다』
룰루 밀러 지음, 정지인 옮김
곰출판, 2021

질서가 만든 혼돈 속을 헤엄치다

이석재

그냥 지나칠 수 없는 제목이다. 다른 것도 아니고 물고기가 존재하지 않는다니……. 엉뚱한 질문을 업으로 삼는 철학자에게 참기 힘든 미끼이다. 때로는 제목에 당한 경우도 있어 기대 반 걱정 반 책을 읽기 시작했다.

룰루 밀러는 기대를 저버리지 않았다. 재미있고 칭찬할 것이 많은 책이다. 우선 잘 읽힌다. 평을 쓰기 위해 다시 집어 들었을 때도 마찬가지였고, 다른 서평자들이 왜 단숨에 읽었다고 했는지 이해가 갔다. 글솜씨 역시 훌륭하다. 바다가 보이는 인적 드문 언덕에 앉아 내게만 비밀스러운 이야기를 들려주는 듯했다. 독자의 집중을 놓치지 않고 끌고 나가는 솜씨도 대단했다. 물고기 분류라는 지루한 작업을 무질서에 저항하는 힘찬 의지력으로 묘사하는 탁월한 능력. 자세히 살피지 못했지만 영어 원본의 이러한 문체와 느낌이 우리말 번역에도 잘 반영되었기를 바란다.

소설 같은 재미를 주는 논픽션(non-fiction)은 쉽지 않다. 우선 상당한 양의 정보가 문제이다. 관심 분야가 아닐 경우 정보는 재미없다. 특히 양이 많을 때 지루하다. 이 책의 소재들──물고기 분류, 대

학 총장의 삶, 우생학(eugenics)——에 대해 관심을 가질 이가 얼마나
될까? 훌륭한 작가는 무덤덤한 사실들을 재미있게 한다. 비결은 두
가지이다. 아주 낯설고 생경할 경우, 정보는 정보로서의 가치가 드
러난다. 물고기 분류, 미 스탠퍼드 대학의 초대 총장, 우생학 모두
흔치 않은 주제들이다. 이 주제들을 묶어 놓은 조합은 더 특이하다.
둘째, 정보는 그 정보의 전달만이 목적이 아닐 때 빛난다. 룰루 밀
러는 생경한 정보를 통해 다른 얘기를 하고자 한다. 어울리지 않는
주제를 소재로 삶에 대한 통찰, 특히 인생의 의미에 대한 생각들을
엮어 내고 있다.

　　비판하거나 지적하고 싶은 것이 많지 않은 책이다. 그리고 글
쓰기를 좋아하고 잘하고 싶은 사람에게 꼭 일독을 권한다. 서평은
그렇다면 어떻게 채울 작정인가? 책을 읽으며 내내 남는 여운이 있
다. 분류와 질서에 대한 밀러의 생각, 특히 분류와 질서가 우리 삶
에 가지는 의미에 대한 그의 생각들이다. 이 생각들을 독자들과 함
께 되짚어 보고 싶다.

　　이야기 중심에는 데이비드 스타 조던(David Starr Jordan)이 있다.
필자 역시 이 책을 통해 알게 된 인물로 스탠퍼드 대학의 초대 총
장이자 세계 어류학계의 거장이라 한다. 분류학(taxonomy) 전문가로
20세기 초반 인류에 알려진 어류 가운데 무려 5분의 1을 그와 그의
동료들이 분류했다고 한다! 우리와도 인연이 있는 것이, 분류학자
답게 조던은 미답지라면 찾지 않은 곳이 없었고 한반도 바닷고
기도 그의 어망에 걸려들어 세계 어류 체계도에 한 자리를 잡게
되었다.

　　밀러는 무엇 때문에 조던에게 관심을 가지는가? 자전적 성격
이 강한 이 책은 밀러 자신이 겪는 혼돈과 무질서, 그리고 뒤이은
무기력감, 허무를 고백하는 이야기부터 시작한다.

(……) 나이가 들어가면서 내게 찾아온 혼돈에 뒤흔들리고, 내 손으로 직접 내 인생을 난파시킨 뒤 그 잔해를 다시 이어 붙여보려 시도하고 있을 때, 문득 나는 이 분류학자가 궁금해졌다.(18쪽)

여기서 말하는 밀러의 나이는 중년이 아니다. 20대 중반에 혼돈과 허무가 찾아오는 이유는 여러 가지이다. 인생은 본래 허무하다는 아버지의 '조기 교육'부터 쉽지 않은 가족사, 실수와 실연, 그리고 미래에 대한 불안 등 다양한 원인들이 밀러를 압박하고 있다. 그러나 정작 우리의 관심을 끄는 일은 혼돈이 왜 분류학자에 대한 관심을 유발했느냐이다. 허무를 느낀다고 어류학자를 찾아가는 사람이 몇이나 될까?

조던은 통상적인 어류학자가 아니다. 밀러가 관심을 가지게 된 배후에는 중요한 사건이 있다. 마흔이라는 약관의 나이에 스탠퍼드 대학 초대 총장이 된 조던은 학교 발전은 물론 학문적으로도 활발한 성과를 내고 있었고 그 결과 그가 설립한 물고기 표본실은 나날이 커가고 있었다. 그러나 55세가 되던 1906년 봄 샌프란시스코 일대를 모두 붕괴시킨 대지진이 일어난다. 인근 스탠퍼드 대학 역시 예외는 아니어서 30년간 수집해 왔던 물고기 표본을 소장한 건물이 파손되어 엄청난 양의 유리병들이 깨지며 무너져 내린다. 황급하게 달려온 조던은 이 현장을 마주한다. 평생의 학문적 성과가 말 그대로 수포로 돌아가는 순간 조던은 어떤 행동을 취하는가? 이 대응이 밀러가 관심을 갖게 된 이유이다.

우왕좌왕하거나 자포자기하지 않는다. 조던은 재빨리 바늘과 실을 구한다. 그래서 깨진 유리병 사이로 나뒹구는 물고기와 그 이름표를 꿰어 놓는다. 카오스가 군림하는 파괴의 순간에 그는 저항한다. 표본을 살리겠다는 불굴의 의지, 그리고 표본실을 재건하겠다는 희망찬 에너지의 발현이 압도적이다. 이러한 힘에 밀러는 감동하게 된다. 도대체 어떤 인간이길래 이러한 대응이 가능한가?

그러나 조던의 삶을 추적하는 과정은 의외의 사실들을 들추어낸다. 분류라는 본원적 질서 부여 배후에는 우생학이라는 위계적이고 차별적인 세계관이 도사리고 있고, 불굴의 의지는 자신의 목적을 수단과 방법을 가리지 않고 관철시키려는 비윤리적인 저돌성으로 드러난다. 전자는 열등한 유전자들은 도태되어야 마땅하다는 운동을 미국 전역에 전파하는 충격적인 모습으로 형상화되고, 후자는 스탠퍼드 대학의 창시자인 제인 스탠퍼드 부인이 살해되는 사건의 배후라는 형태로 등장한다. 조던이 학교 운영을 전횡하는 것을 우려하여 스탠퍼드 부인이 그를 해고하려 한다는 소문이 돌 때였다.

밀러가 조던 삶의 명암을 살피며 의도한 것은 무엇일까? 질서 부여와 불굴의 의지라는 조합은 얼핏 보기에 너무 긍정적이다. 그러나 이 조합이야말로 용납하기 힘든 반인륜적 행동을 추동할 수 있음을 조던의 사례를 통해 알 수 있다. 그렇다면 혼돈, 허무, 무기력이 생각만큼 나쁘지 않을 수 있다는 생각을 독자에게 제시하고자 하는 것이 아닐까?

대미는 물고기는 존재하지 않는다는 논변으로 장식된다. 이는 최근 분기학(cladistics)의 연구 결과에 초점을 맞추고 있는데, 분기학자들에 따르면 어류라는 범주 자체가 지극히 인위적이며 진화론적으로는 근거가 약하다. 피상적인 유사함에 몰입하는 분류학의 본질적인 한계로 인해, 어류 범주에 속해 있는 어떤 물고기들은 실제 다른 물고기와 유사하기보다는 포유류와 더 가까운 관계라는 사실이 고려되지 못하고 있다는 것이다. 조던과 같은 분류학자들은 주관적인 유사성에 근거한 위계적인 생명 체계를 전제해 왔

어류학계의 거장이라 불리는 데이비드 스타 조던.
(출처: 위키피디아)

는데, 이러한 체계는 폐기되어야 하며 "'어류'가 견고한 진화적 범주라는 말은 실제로 완전히 헛소리라는 진실"(240쪽)이 밝혀지고 있다고 한다. 밀러는 이 논의를 통해 조던으로 대표되는 분류, 정리, 질서를 중시하는 삶의 방식을 그 뿌리에서부터 흔들어 놓고자 한다. 분류, 정리, 질서가 편견, 제한, 억압을 이끈다는 생각이다.

정리를 하자면, 생물학에서 등장한 분류학과 분기학의 대립, 조던의 삶, 20세기 초반 미국에서 우생학의 창궐과 같은 정보 제공을 통해 저자 밀러는 정리 정돈된 세계관, 자신의 뜻에 따라 세계를 바꾸어 가려는 불굴의 의지에 대해 반기를 든다. 이해할 만하고 생각해 볼 거리를 많이 제공하는 접근이다. 그러나 분류와 질서가 이렇게 일방적으로 나쁘기만 한지, 이 없이 우리가 살아갈 수 있을지는 조금 더 생각해 보아야 한다.

　철학자들이 오래전부터 지적해 왔지만 앎은 분류(classification)
이다. 봄날 숲을 걷다 피어난 꽃을 보며 "이게 무슨 꽃이지"라고 물
을 때 두 가지 일이 일어나고 있다. 우선 우리는 이미 이 대상을 꽃
으로 분류한 상황이다. 둘째, 꽃이긴 한데 좀 더 자세하게 어떤 종
에 속하는지를 물어보고 있다. 첫 단계부터 심상치 않은 지적 작업
이 완료되었다. 함께 온 어린아이가 "꽃이 뭐야"라고 묻는다. 우리
는 이 질문을 업신여기지 않으며 꽃을 집어낼 수 있는 공통의 특
성을 알려 주며 그 아이의 앎을 도모한다. 몇 번 시행착오를 거쳐
정확하게 꽃들을 골라낼 때 우리는 아이의 앎, 아이의 성취를 기
뻐한다.

　한가하게 꽃이 무엇이냐를 따지는 것 이상으로 분류가 중요
함은 쉽게 짐작할 수 있다. 요즘도 종종 들려오는 안타까운 소식이
지만 독버섯을 잘못 섭취한 사고들은 생존과 분류가 깊이 연결되
어 있다는 사실을 알려 준다. 당연한 얘기지만 우리 각자가 이렇게
살아 있음은 우리 조상들이 위해한 자연과 유익한 자연을 잘 구별,
분류해 왔기 때문에 가능하다.

　구별이 폭력적인가? 현실을 마음대로, 임의로 재단할 경우 그
렇다. 그리고 이러한 구별에 근거한 앎은 억압적이다. 우생학을 둘
러싼 밀러의 논의는 이를 특히 잘 드러내 준다. 자연에는 우등, 열
등의 구분이 없고 다양성만 있는데 임의로 좋은 것과 나쁜 것을 정
하여 마치 그것이 세상에 있는 양 주장하는 일은 그 누구도 받아들
일 수 없다. 그러나 이러한 사실이 구별 자체가 나쁘다거나 폭력적
이라는 사실을 함의하지는 않는다. 세상은 다양하다는 주장 역시
다양한 종과 그 구별을 전제하고 있다. 또한 물고기가 존재하지 않
는다는 사실을 알려 주는 분기학 역시 근본적으로는 세상을 분류
하는, 정리하는 작업의 결과이다. 우리는 어떻게 분류를 하는 것이

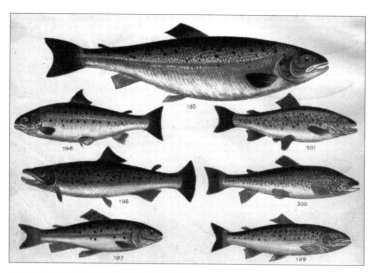

다양한 물고기들의 모습을 담은 분류도.(출처: flickr.com)

제대로 하는 것인지 물어볼 수 있고 물어보아야 한다. 그러나 이러한 물음 자체는 모든 구별, 모든 앎이 폭력적일 필요는 없다는 것을 함축한다.

　　물론 논의는 계속될 수 있다. 한 걸음 더 나가 보자. 구별지 자체를 문제 삼을 수 있다. 실제 구별지를 지양하자는 철학적 입장이 있다. 범아일여(梵我一如)가 드러나는 깨달음을 주창하는 힌두 베단타 철학의 현자들이 떠오른다. 물론 이러한 깨달음은 또 다른 물음들을 제기한다. 삼라만상이 하나임을 깨닫는다고 할 때 다양성은 어디로 가는가? 정녕 나와 네가 다르지 않고, 내가 저 나무와 다르지 않다는 사실을 받아들일 준비가 되어 있는가? 구별지까지는 극복한다고 치자. 구별지를 넘어서서 이 깨달음이 함축하는 일상적이지 않은 삶, 곧 네가 나임을 받아들이는 삶을 살아갈 준비가 되어 있는가?

모든 것이 궁극적으로 하나라는 입장 반대편에는 존재하는 모든 것은 각기 다르다는 입장이 자리한다. G. W. 라이프니츠(G. W. Leibniz, 1646-1716)의 철학이 일례이다. 하얀 모래사장을 이루는 모래알들이 비슷하게 보여도 사실은 제각기 하나의 우주인 양 서로 다르고 독특하다는 비유를 생각해 보라. 다양성이 극대화된 세계관으로, 모든 개체가 각자 하나의 종을 이룬다는 독특한 생각으로까지 나간다. 라이프니츠에 따르면, 모든 개체를 제대로 구별해 줄 때, 곧 최고도의 구별지가 구현될 때 비로소 세계는 제대로 드러난다. 제한된 앎을 가진 우리는 이렇게 세세하게 각각을 살피지 못하고 그 모래알이 그 모래알이라고, 세상은 늘 비슷하다고 생각한다. 그러나 완벽한 이해는 이 모래알이 저 모래알과 얼마나 다른지, 내가 너와 얼마나 다른지를 그 뼛속까지 파악하고 있고, 이러한 이해가 바로 나의 고독과 너의 고독을 진정으로 꿰뚫어 보는 신적인 이해인 것이다. 최고의 구별이 최고의 다양성을 확보해 준다.

라이프니츠의 세계 이해는 다양성의 존중과 구별하는 앎이 서로 배타적이지 않다는 사실을 보여 준다. 그릇된 편견에 근거하여 세상을 재단하려 한 조던의 시도가 잘못된 것이지, 세상을 분류하고 구분하는 일 자체가 잘못된 것은 아니다. 밀러 역시 이를 인정할지도 모르겠다. 조던을 처음 묘사하는 대목으로 돌아가 보자. 제1장으로 제목은 "별에 머리를 담근 소년"이다. 세상에 대한 호기심으로 가득 찬 소년, 하늘의 별부터 주변 식물까지 세세하게 그것들이 어떤 것들인지 이해하고 각각의 자리를 잡아 주려 했던 천진난만한 소년을 그리고 있다. 그 소년이 성장하며 그릇된 방향으로 가게 된 결정적 계기는 조던의 다른 특성, 곧 불굴의 의지와 긍정적 사고임이 암시되고 있다.

지면의 제한으로 밀러 이야기의 또 다른 축인 자신 있음, 의

조던의 소년 시절을 묘사한 삽화.(출처: 『물고기는 존재하지 않는다』, 22쪽, 곰출판 제공)

지력 그리고 자기기만——실제보다 자신을 부풀려서 생각하는 경
향——의 힘을 여기서 자세히 다루지 못할 것이다. 다만 앞서 이야
기한 분류와 구분에 대한 나의 입장과 평행선을 긋지 않을까 싶다.
조던이라는 인물에서 나타나는 불굴의 의지와 자기기만이 문제가
있다는 점은 받아들일 수 있다. 그러나 이 조합이 조던과 같은 형
태로만 드러날 필요는 없다. 밀러는 허무와 무의미를 극복하기 위
해 자기기만에 근거한 불굴의 의지를 키워서는 안 된다는 얘기를
하고 싶어할지 모르겠다. 데이비드 스타 조던이라는 극적인 예를
들면서. 그러나 만약 이것이 논변이라면 비약일 수밖에 없다. 우리
는 자기기만과 희망에 근거한 불굴의 의지가 세상을 구한 예도 얼
마든지 찾아볼 수 있기 때문이다. 최근 에릭 라슨이 쓴 『폭격기의

달이 뜨면』에서 잘 묘사되고 있는, 윈스틴 처칠이 런던 대공습 때 발휘한 의지력과 자기기만이 그 예가 될 수 있지 않을까?

분류에 근거한 앎과 희망에 근거한 의지력은 지극히 인간적인 능력들이다. 이 능력들 자체를 문제 삼으면 인간 자체를 문제 삼는 것이다. 문제가 많은 인간이 많다. 인정해야 한다. 그러나 문제가 많지 않은 인간도 많고 나름 훌륭한 인간도 가끔 있다. 그렇다면 능력들 자체는 중립적이지 않을까? 우리를 우리로 규정하는 능력은 어떻게 쓰느냐가 문제이지 능력 자체를 문제 삼을 필요는 없지 않을까? 밀러도 이를 인정할 듯싶고 능력들을 굳이 비판하려고 했던 것은 아니라고 할지 모르겠다. 그렇다면 필자도 밀러가 이러한 잘못을 범하고 있다고 고집할 생각은 없다. 다만 물고기는 존재하지 않아도 바닷속을 헤엄치는 그 무엇들은 분명히 있다. 그것도 아주 다양하게 많이 있다. 이것들의 다양성을 인정하기 위해서라도 우리는 바닷속 이것들이 무엇인지, 어떻게 다른 것들과 같고 어떻게 다른지를 불가피하게 추구해야 한다. **서리북**

이석재

본지 편집위원. 서울대에서 철학을 가르치며 이제까지 서양 근대철학 분야를 주로 연구해 왔다. 전각, 화초, 그리고 음식에 관심이 많고, 요즘에는 철학 일반을 소개하는 책을 준비하고 있다. 글이 잘 안 쓰일 때는 화초를 돌보다 낙관을 새기고 음식을 준비하는 전원에로의 탈출을 꿈꾼다.

📖 물고기가 제대로 된 생물 범주일 수 없음을 깨닫게
해준 작품으로 룰루 밀러가 지목하고 있는 일반 대중을
위한 과학서. 애석하게도 아직 번역이 안 된 모양이다.
분류학자들에게 학문적 권위를 양도했을 때 우리 자신들이
자연으로부터 소외될 수 있음을 주장하고 있다.

*Naming Nature: The
Clash Between Instinct
and Science*
Carol Kaesuk Yoon 지음
W. W. Norton & Company,
2010

📖 영국의 저명한 생화학자 닉 레인의 작품으로 생명의
진화에서 이제까지 일어난 가장 혁명적인 변화 열 가지를
'발명'이라 지칭하며 생물학이 낯선 독자들을 위해 최근
생물학에서의 중요한 연구 성과를 설명해 주고 있다.

『생명의 도약, 진화의 10대
발명』
닉 레인 지음, 김정은 옮김
글항아리, 2011

김훈 장편소설

하얼빈

문학동네

『하얼빈』
김훈 지음
문학동네, 2022

안중근, 이토 히로부미, 그리고 철도

박훈

도쿄 호텔 로비에서의 대화

작년 11월, 도쿄에서 도진순 교수(창원대 사학과)를 만난 것은 김훈 작가(이하 직함 생략)의 『하얼빈』이 장안의 화제가 되고 있을 때였다. 이른 저녁 무렵, 한일 역사가 회의를 위해서였다. 고명(高名)이야 일찍이 듣고 있었으나 뵌 것은 처음이었다. 호텔 로비에서 만나 간단히 수인사를 나누고 선 채로 대화하던 중 그가 『하얼빈』에 대해 언급했다. 이미 얼마 전 그가 한 학술대회에서 이 소설을 비판하는 논문을 발표했다는 기사를 읽은 터라 흥미가 더했다.* 초면에 대뜸 학술적인 토론을 해오는 모습이 인상적이었고 내용은 날카로웠다. 의외였다. 내가 아는 한, 김훈의 언어가 그런 비판에 직면하리라고는 생각해 오지 않았기 때문이다.

어쨌든 한번 읽어야겠다는 생각은 했다. 차일피일 미루던 중, KBS에서 『하얼빈』으로 다큐를 만든다며, 내게 인터뷰를 요청해

---

* 유석재, 「역사학자 도진순이 김훈 '하얼빈'을 논문으로 저격한 까닭」, 《조선일보》 2022년 11월 14일자.

왔다. 김훈이 일본사 전문가와의 인터뷰가 필요하다고 했다 한다. 김훈과의 인연은 없다시피 하다. 대학 졸업 후 들어간 신문사의 문화부장이 "김훈(金薰)이 나가니 박훈(朴薰)이 들어왔네"라며 농을 던진 일이 있었다. 당시 김훈은 일세를 풍미하던 문학 기자였으니 가당치 않은 비교지만 기분은 좋았던 모양이다. 지금까지 기억하고 있으니. 그건 인연이랄 것도 없지만, 작년엔가 한 신문사 강연에서 청중의 한 사람이었던 그를 처음으로 만났다. 강의 전, 같은 테이블에서 식사를 하며 위 일화를 얘기했더니 빙그레 웃으며 "이름에 '薰' 자는 잘 안 쓰는데……" 정도만 얘기하셨다. 그리고 강연 후 엘리베이터까지 같이 걸어간 짧은 시간이 인연의 전부다.

나는 안중근 전공이 아니어서 인터뷰를 고사했다. 그랬더니 이토 히로부미, 메이지 천황, 근대 일본의 제국주의 등 일본에 관해서만 '간단히' 질문하겠다며 정중히 재고를 요청하는 메일이 왔다. 생각 끝에 수락하고 『하얼빈』을 집어 들었다. 실제 인터뷰는 무려 1시간 반에 걸쳐 위 질문을 포함, 종횡무진한 내용이었다. PD에게 "제 인터뷰는 5분도 안 내보낼 거면서 뭘 이렇게 오래 찍어요?" 했더니, "5분씩이나요?" 했다. 참 솔직한 분이다.

의연함

의연(毅然)하다. 안중근도 그렇지만 김훈이 의연하다. 일본 제국을 증오하지도 않고, 이토 히로부미를 쓰레기로 만들지도 않고 담담하다. 안중근을, 우덕순을 신비로운 영웅으로 받들어 모시지도 않고 큰 눈만 껌뻑거리며 그들을 바라본다. 일제에 대해 쌍욕만 해대면 소설이 되고, 안중근을 추앙만 하면 작품이 되는 세상에서 이 글은 한참 벗어나 있다. 물론 도진순의 지적대로 그 시대의 전문가가 볼 때 왜 이런 것도 확인 안 했지? 할 정도의 기본적인 오류도 많

1907년 하얼빈역의 모습.(출처: 위키피디아)

다. 문헌 검토나 현장 답사를 조금만 더 치밀하게 했어도 피할 수 있는 사안들이다.* 소설가가 역사학자의 고증을 어떻게 견디냐고 할 수도 있겠지만, 일본의 국민 작가라는 시바 료타로(司馬遼太郎)에게 고증 갖고 시비 거는 역사학자는 별로 없다. 그는 사료를 놓고 일급 역사가와 즐겨 대담을 한다. 꼬장꼬장한 역사학자의 비판을 성가시다 하지 않고 김훈이 잘 수용하리라 믿는다. 우리가 김훈에게 거는 기대는 그런 수준일 것이다.

　　하지만 "『하얼빈』의 시야가 안중근과 이토, 한국과 일본의 국경을 넘어 확대되었지만, 내용의 근본 지향은 이와 반대의 방향으로 여전히 일방적 일국적 프레임에 갇혀" 있다는 도진순의 비판

---

* 도진순, 「이토 히로부미의 최후 여정과 '동양평화론': 소설 『하얼빈』의 시공간 및 프레임과 연계하여」(미간행 원고). 미간행 원고의 인용을 허락해 주신 도진순 교수께 깊이 감사드린다.

은, 내가 볼 때 너무 가혹하다. 예를 들어 소설 도입부 메이지 천황과 영친왕 이은이 만나는 장면에서 메이지는 군복, 이은은 기모노를 입은 것으로 설정한 것을 두고 "복장의 국적을 통해서 식민 내지 민족적 굴욕을 소환하려는 장치"라고 의심하며, 이는 "『하얼빈』의 취지가 반일 민족주의가 아니라고 한 작가의 지향과도 어긋난다"고 비판한다.* 나는 김훈이 왜 이런 설정을 했는지 알 수 없으나, 그 이후 전개되는 소설 전체의 방향을 봤을 때, 도진순의 우려는 지나치다고 생각한다. 내가 느낀 건 오히려 일본에 대한 의연한 자세였으며, 호텔 로비에서 들은 도진순의 진단과 내 느낌이 달라, 읽는 중 안도했다.

나는 문학 텍스트를 평가할 만한 훈련을 받은 적이 없다. 작품 비평은 문학 전문가들이 할 터이니 나는 그저 이 책을 읽고 떠오른 몇몇 단상만을 남겨 놓고자 한다. 하필이면 일본 여행을 하루이틀 앞두고 이 책을 잡았다. 전철에서 공항에서 조금씩 읽다가, 돌아오는 비행기에서 다 읽었다. 숙소 테이블에 올려만 두고 도쿄를 돌아다녔는데, 이상하게도 책 속 대화들의 분위기가 머리에서 떠나질 않았다. 이유는 나도 모르겠다.

철도라는 물성

내가 이 소설에서 가장 인상 깊게 보았던 것은 안중근도, 이토 히로부미도 아니고 거듭, 거듭 언급되는 철도였다. 일본의 산업혁명은 이 철도를 타고 일어났고, 거기서 힘을 키운 일본은 한반도와 만주에 근육질을 자랑하기 시작했다. 제국주의는 철도를 타고 왔다. 그러니 청일전쟁 당시 조선 민중이 전신이나 철도를 끊는 걸로

---

* 도진순, 같은 글, 1쪽, 9쪽.

저항감을 표출한 것도 당연하다. 그러나 끊고 달아난다고 될 일인가. 이 책에서 묘사된 철도에 대한 안중근의 시선은, 끊고 달아나는 자의 그것이 아니다. 일찍이 동네로 쳐들어 온 동학당을 진압한 (33쪽) 황해도 개화당 안씨 가문의 장남 아닌가. 그의 아버지 안태훈은 갑신정변으로 물거품이 되긴 했지만, 그 시절 일본 유학을 가려 했던 사람 아닌가. 동학당이나 위정척사파 의병이라면 몰라도, 개화당이 철도 끊는 식의 저항에 만족할 수는 없는 노릇이다. 이토가 조선의 유생 최익현에 대해 "그가 이 세계의 물성에 관하여 무엇을 아는가. 그가 역사의 층위와 발전 원리에 관해서 무엇을 알고, 시대의 전개 방향에 대해서 무엇을 아는가. 그가 힘의 작동 원리를 아는가. 그가 웅장하고 허망한 언사를 설파함으로써 약동하는 세계의 풍운을 감당할 수 있겠는가"(82-83쪽)라고 일갈할 때, 이를 일소(一笑)에 부칠 수 없는 데에 안중근, 그리고 김훈의 고뇌가 있다.

근대 일본은 철도에 모든 걸 걸었다고 해도 좋다. 그리고 그 중심은 이토 히로부미였다. 이토는 22세에 영국 유학 중, 철도를 목격하고 경악한 바 있었다. 그는 메이지 정부의 초대 공부경(工部卿, 1873-1878), 즉 산업화에 필요한 사회 기반 시설을 건설하는 정부 부처의 총책임자였다. 그중에서도 주력한 것이 철도였다. 각종 사업으로 재정 위기에 빠지자 정부에서는 철도 건설을 연기하자는 주장이 힘을 얻었다. 그러나 이토는 끝까지 버티며 철도 예산만은 뺏기지 않았다.

메이지 유신 직후, 1870-1876년에 철도 건설 관계로 정부가 지출한 액수는 988만 엔으로 동 시기 공부성(工部省) 지출의 40퍼센트를 넘었다. 정부 1년 예산이 2,000만 엔이던 시대에 신바시-요코하마, 고베-오사카, 오사카-교토 사이 100킬로미터도 안 되는 철도에 거액을 쏟아부었던 것이다. 메이지 정부는 각 분야의 일급

외국인 전문가를 다수 초빙한 걸로 유명한데('お雇い外国人'), 비슷한 시기 스카우트한 775명의 외국인 전문가 중 253명이 철도 관계자였다.*

　　메이지 정부라고 모두가 처음부터 철도 건설을 환영했던 건 아니었다. 일단 돈이 너무 많이 들었다. 이토는 영국 등 외국 자본을 끌어들이려 했지만, '천황 폐하의 땅을 외국에 팔아넘긴 매국노'라는 비난을 들어야 했다. 실권자인 오쿠보 도시미치(大久保利通)도 철도에는 적극적이지 않았다. 오쿠보는 마차에서, 이토는 철도에서 암살당해 죽은 것은 의미심장하다. 국민들의 반응은 더 비호감이었다. '기관차는 연기를 내뿜는 악마'라거나, 철도 개통으로 근처의 숙박업소, 운반·운송업자가 파산한다는 아우성이 일었다. 철도 건설 부지의 지주들은 용지 매수에 응하지 않았다. 이런 만난을 무릅쓰고 일본은 철도를 대폭 확장하여 곧 아시아 최대의 철도 대국이 되었다. 그 중심에 이토 히로부미가 있었다.

　　안중근의 철도만이 아니다. 순종 황제의 남순(南巡)에도 철도와 열차가 등장한다.(36쪽) 철도만이 아니다. 황태자 이은의 도일에는 증기선이 철도를 대신해 같은 역할을 한다. 증기선을 타고 일본을 향하는 바다 위에서 이토는 말한다. "전하, 저것이 바다입니다. 바다를 본 적이 있으신지요? (……) 물이 다하는 곳에 큰 땅이 있고 그 너머에 또 물이 있습니다. 큰 배를 타면 이 물을 건너갈 수 있습니다. 지금 가고 있습니다."(10쪽) 이 장면에서 이토는 침략자이지만 동시에 아시아에서 맨 먼저 문명개화와 부국강병을 달성한 정치가의 풍모를 풍긴다. 김훈은 이를 굳이 감추지 않는다. 이토

---

* 　今西一, 「文明開化政策の展開」, 『講座明治維新 4: 近代国家の形成』, 明治維新史学会 編(有志舍, 2012).

를 왜소하게 만드는 것만이 능사는 아니다. 그건 안중근의 자세가
아니기도 했다.

　내 주변의 독자들 중에는 메이지에 대한 묘사가 인상적이었
다는 이들도 있었다.『하얼빈』은 40년을 훌쩍 넘는 세월 동안 온갖
풍파를 겪어 온 군주, 청일·러일전쟁을 총지휘한 군주 메이지의 위
엄을 굳이 손상하려 들지 않기 때문이다. 적의 우두머리에 대한 조
롱도 폄하도 그의 문장 속에서는 느껴지지 않는다. 그저 대면(對面),
대적(對敵)할 뿐이다. 의연하게. 김훈의 이런 시선이, 내가 아는 안중
근의 시선에 가장 가깝다고, 나는 생각한다. "메이지의 황궁은 늘
고요해서 겨울에는 눈 쌓이는 소리가 들렸다."(59쪽) 메이지의 이미
지는 시종 이대로다.

철도를 끊고 달아나지 않고, 타고 대항한다

철도와 총으로 대표되는 문명개화, 부국강병의 물결은 두렵기도
했지만 매혹적이기도 했다. 이토에 이끌려 한반도 남부 시찰에 나
선 순종은 열차로 한강 철교를 지나며 쇠붙이의 리듬을 전신으로
느꼈다. "이것이 쇠로구나…… 쇠가 온 세상에 깔리는구나"(38쪽)
라며 힘겨워했다. 하지만 동네 산에서 노루를 한 방에 잡은 안중
근은 "……총이란, 선명하구나"(23쪽)라고 중얼거렸다. 이토가 통
감 정치에 반대하는「폭민 대처 상황 보고서」를 "일파(一波)가 흔들
리니 만파(萬波)가 일어선다. 산촌에서 고함치면 어촌에서 화답한
다"고 자못 문학적으로 끝맺은 정보 참모에게 "참으로 한가한 녀
석"(18쪽)이라고 한 것처럼, 안중근에게도 이토에게도 '근대'는 선
명한 것이었다.

　이토가 하얼빈에 열차를 타고 온다는 소식을 들었을 때, 안중
근은 총에 이어 철도에 직면했다. 근대의 수괴를 상대하기 위해서

는 근대를 알아야 하고 이용해야 한다. "참으로 총을 아는 자"(우덕순에 대한 안중근의 평)가 필요했고, "대륙의 철도가 모두 하얼빈으로 모이는"(116쪽) 걸 아는 지식이 필요했다. "철도는 여순에서 하얼빈으로 가고 하얼빈에서 전 세계로 뻗어가고"(130쪽) 있는데, 이토는 그 철도를 타고 온다. "두 박자로 쿵쾅거리는 열차의 리듬에 실려서 그것은 다가오고 있었다."(100쪽) 안중근도 그를 맞이하기 위해서는 블라디보스토크에서 하얼빈으로 뻗어 있는 철도를, 역시 두 박자의 리듬을 타고 가야 한다. 안중근과 우덕순은 10월 21일 아침 8시 50분에 블라디보스토크역에서 하얼빈행 기차를 탔다. 기차표는 하얼빈에 22일 밤 9시에 도착한다고 명시해 놓고 있었다. 이토는 26일 아침 9시에 하얼빈에 도착할 것이다. 이처럼 '선명'한 철도의 시각표가 없었다면 안중근은 이토를 사살할 수 없었을 것이다. 안중근은 철길이나 전신선을 끊고 내빼는, 그런 저항이 아니라 '철도와 총'을 가지고 '철도와 총'을 건설해 온 이토를 부수러 간다.

> (우덕순) 이토는 철도를 좋아한다는데, 하얼빈역 철길은 총 맞기 좋은 자리다.
> (안중근) 나도 철도를 좋아한다. 쏘기도 좋은 자리다.(117쪽)

그저 농담조는 아니었을 것이다. 안중근은 이토는 미워했지만, 그가 그토록 좋아한 철도는 싫어하지 않았을 것이다. 개화파이자 천주교도인 그는 그랬을 것이다. 안중근이 이토를 죽이려는 건 '철도와 총'이 싫어서가 아니라, 이토가 그 선명한 것들을 갖고 불투명한 짓을 벌이기 때문이다. 철도와 총으로 이토를 죽여야, 우리 민족에도 길이 열릴 것이다. 죽창으로 이토를 죽인다면, 죽임에

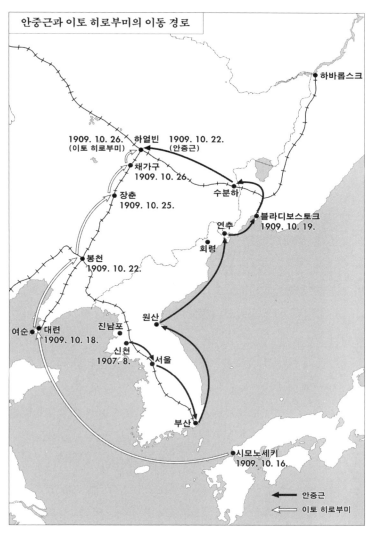

하얼빈 의거까지의 안중근과 이토 히로부미의 이동 경로.

(출처: 『하얼빈』, 4쪽, 문학동네 제공)

성공한다 하더라도 그 후에 우리 민족에게 길이 있을까. 안중근이
'철도와 총'의 사나이임을 이렇게나 반복해서 강조한 김훈의 역사
인식은 이렇다고, 나는 짐작한다.

덧붙여: 안중근을 부끄러워하는 후손들?

안중근은 뤼순 감옥에서 휘호를 남긴 것으로 유명하며, 아마 한국
인이면 누구나 한 번씩은 그 유묵을 본 적이 있을 것이다.* 유묵 대
부분은 일본인들(검사, 간수, 통역 등)에게 준 것이다. 휘호를 해달라고
비싼 비단을 옥 안으로 들이민 것도, 또 안중근이 자기 의견을 말
하고 싶은 상대도 일본인이었으니, 자연스러운 일이다. 그래서 유
묵 중에는 "贈○○○ (……) 大韓國人 安中根 謹拜"의 형식으로 되
어 있는 것들이 많다. '贈○○○'는 '○○○에게 드린다'는 뜻이며
'(……)'에 내용이 적혀 있고, 끝은 '대한국인 안중근 삼가 드림'이란
의미다.

　　그런데 안중근 유묵을 새겨 놓은 전국의 수많은 비석, 각지 안
중근 기념관의 유묵 전시물, 그리고 각종 관련 도록에는 놀랍게도
맨 앞의 '贈○○○'와 말미의 '謹拜'가 보이지 않는다. 비석에 새
기거나 도록을 만들 때 다 삭제한 것이다. 독자들께서도 인터넷에
서 한번 확인해 보시라. 예를 들어 '東洋大勢思杳玄'이라는 구절
로 시작하는 7언절구의 원래 유묵에는 맨 앞에 "贈仙境先生", 맨
뒤에 "安應七 謹拜"가 있다. 그와 교분을 나눠 온 사카이(境)라는
일본인에게 증정한 것이다. 그런데 1972년 보물로 등록될 당시 사
진에는 "贈仙境先生"와 "謹拜"가 지워져 있다. 도진순이 소장처

* 이하는 도진순, 「안중근과 사카이의 千里之交: '謹拜' 유묵과 동양평화론」(미간행
원고)에 따른다. 인용을 허락해 주신 도진순 교수께 깊이 감사드린다.

1910년 3월 뤼순 감옥에서 안중근 의사가 쓴 유묵.(출처: 위키피디아)

인 숭실대 한국기독교박물관에 확인해 봤더니, 이 부분에 종이가 덧대어 있다는 것이다. 보물로 등록할 당시 이 부분을 가리고 사진 등록 한 것이고, 그 후 그 사진이 유포되고 있는 것이다. 이뿐 아니라 다수의 '삭제본'이 정본이 되어 온 세상에 유통되고 있다. '반일 투사' 안중근이 일본인들에게 붓글씨를 주고, 또 '삼가 드림'이라고 한 게 기분 나빴던 사람들이 한 일인 듯하다.

　우리 국민은 불편한 진실이더라도 정확히 알 권리가 있다. 불편할지언정 그로 인해 주저앉을 만큼 약하지도 않다. 하물며 이 유묵이 어디가 왜 불편한가? 동양 평화에 대해 뜨거운 논쟁을 벌였던 취조 검사에게 기념으로 붓글씨를 써 주고, 한일 통역을 하느라 애쓴 일본인 통역인에게 수고했다고 붓글씨를 남기며 "○○○에게 드린다"고 한 것이 부끄러운 일인가? 선물이나 편지 말미에 예의상 곧잘 사용하는 '謹拜'라는 말이 굴욕적인 말인가? 자기를 죽이려는 사람들, 그 죽임에 자의든 타의든 연루되어 몇 달을 함께한 사람들이 간청한 휘호를 써 주며 최대한 예의를 갖춰 그들을 오히려 감복시킨 안중근이, 가리고 지울 만큼 부끄러운가? 독립국의 시

민이 된 지 80년이 다 돼 가는 우리는 왜 절망 앞에 서 있던 안중근
만큼 당당하지 못한가? 자기 글씨를 부끄럽다고, 불편하다고 가린
채로 보물로 지정하고 세상에 유통시키는 후손들을 안중근은 어
떻게 생각할까. "호의를 지닌 주제일수록 객관적 거리를 유지하려
는 엄정성, 애국적 주제일수록 비판적 사유가 허용되는 학문적 개
방성이 견실하게 확보돼야 할 것이다"*라는 도진순의 지적이야말
로 안중근을 대하는 우리의 자세가 되어야 할 것이다. **서리북**

---

* 도진순, 「안중근의 어머니 조마리아의 〈편지〉와 〈전언〉, 조작과 실체」, 《역사비평》
142, 2023.

박훈
본지 편집위원. 서울대 동양사학과에서 일본 근대사를 가르치고 있다. 메이지유신, 동아시아의 정치문화
등을 연구해 왔고 한일관계사에도 관심을 갖고 있다. 주요 저서로는 『메이지유신과 사대부적 정치문화』,
『메이지유신을 설계한 최후의 사무라이들』, 『메이지유신은 어떻게 가능했는가』가 있다.

📖 한국의 근대화와 민족주의는 행복하게 결합해 오지 못했다. 그 사이에 비약, 전통 회귀, 친일 등의 갈등이 난마처럼 얽혀져 있다. 이 책은 1960년대 이후 한국 지성계가 이 경험들을 어떻게 해석해 왔는가에 대한 좋은 입문서다.

"훗날 한국근대문학 연구의 높은 봉우리를 이루는 김윤식이 소장 연구자 시절 치른 지적 고투는 그와 동시대를 살았던 많은 지식인이 비슷하게 겪어야 했던 시대적 산물이었다."
— 책 속에서

『한국의 자주적 근대화에 관한 성찰: 자생적 근대화론과 식민지 근대화론을 넘어서』
이선민 지음
나남출판, 2021

📖 이토 히로부미에 대한 일본의 우파적 시각을 대변하는 책이지만, 치밀한 고증과 방대한 자료 인용이 갖춰져 있어 앞으로 이토 히로부미를 알고자 하는 사람들에게는 피해 가기 어려운 책이다. 이를 뛰어넘는, 한국인에 의한 저서가 나타나길 기대하는 마음으로 추천한다.

"(한반도)북부 순행 후에 한국민이 이토의 통치정책을 적극적으로 지지하지 않고 있다는 사실을 다시 생각했다. 아마 이토는 한국을 병합하지 않을 수 없다고 생각하게 되었을 것이다." — 책 속에서

『이토 히로부미』
이토 유키오 지음
이성환 옮김
도서출판 선인, 2014

반도체 삼국지

권석준 지음

글로벌
반도체 산업 재편과
한국의 활로

뿌리와
이파리

『반도체 삼국지』
권석준 지음
뿌리와이파리, 2022

반도체 서진론과 반도체 기술의 역사

유상운

반도체 기술은 서진(西進)한다는 속설이 있다. 이 속설에 따르면 반도체 기술의 주요 무대는 유럽에서 시작해 미국 동부와 서부를 차례로 거쳐, 일본, 한국, 대만 순으로 이동한다. 먼저, 볼트라는 전압 단위로 유명한 이탈리아의 물리학자 알레산드로 볼타(Alessandro Volta)가 18세기 후반 '반도체'라는 용어를 처음 사용한 이래로 19세기 유럽에서는 이와 연관된 여러 전기화학, 전자기학 연구가 수행됐고, 이는 20세기 초 영국에서의 진공관 발명으로 이어졌다. 그다음, 20세기 중반 미국의 기업 연구소에서 반도체 소재를 이용한 트랜지스터와 집적회로가 발명되면서 반도체 군수 산업이 형성되기 시작했고, 1960-1970년대 미 서부 실리콘밸리에 인텔을 비롯한 유수의 민간용 반도체 제조사들이 설립됐다. 이 이야기는 1980-1990년대에 일본의 기업들을 거쳐, 2000년대 이후 한국의 삼성전자와 대만의 TSMC(Taiwan Semiconductor Manufacturing Co.)가 전 세계 반도체 공급망의 중심축이 되는 장면으로 마무리된다.

현재 반도체 산업에서 사용하는 여러 기술의 발명 일화들을 한데 긁어모아 역사학적 검토 없이 이어 붙인 이야기임에도 불구하고 이 속설은 시기적으로나 지리적으로 꽤 크고 선명한 그림을 보여 주는 듯하다. 그 이유는 이 속설 자체가 꽤 오래된 역사를 지녀 오며 나름대로 정교화될 시간을 충분히 누릴 수 있었기 때문이다. 반도체 기술이 역사적으로 서진한다는 속설은 그러한 이야기가 전하는 반도체 기술의 역사와 한데 얽힌 채 서진하며 반복적으로 회자됐다. 가장 가까운 예로 약 10여 년 전 한국에서는 한 국내 업체의 반도체 양산 기술이 대만 기업으로 유출될 것을 우려하며 가까운 미래에 반도체 생산의 주요 거점이 대만으로 이동할 수 있다는 '반도체 서진론'이 유행했다. 조금씩 표현만 다를 뿐, 2000년대 일본에서는 일본에서 한국으로, 1980년대 미국에서는 미국에서 일본으로 반도체 기술이 서진하고 있다는 이야기들이 대중 매체, 산업계, 학계, 외교 및 정치계의 주요 화두로 올라왔다. 반도체 기술이 서진한다는 속설이야말로 정말로 서진했다고 봐도 무리가 아닌 셈이다.

　권석준의 『반도체 삼국지: 글로벌 반도체 산업 재편과 한국의 활로』(이하 『반도체 삼국지』) 역시 이처럼 서진해 온 '서진의 이야기'들, 다시 말해 '반도체 기술 서진의 역사'의 서진의 역사의 연장선상에 있다. 이 책 역시 영국에서 미국, 일본, 한국, 대만 순으로 이어지는 반도체 서진 이야기를 소개하는데, 이를 "반도체 산업 서진의 역사"라 부르며 2부 "중국의 굴기, 그리고 보이지 않는 위협"의 첫 절에서 소개한다.(113-120쪽) '반도체 산업 서진의 역사'가 이 책에서 반도체 기술사 전반에 관해 개괄하는 유일한 부분임에도 불구하고 이를 책의 가장 앞부분이 아닌 중국 사례를 다루는 중간 단원에 배치했다는 사실은, 이 책이 그간 약 반세기에 걸쳐 이어져 온 반도체 기술 서진 이야기들 속에서 반복되어 온 문제의식을 공유함을 보여 준다. 그 문제의식이란, 단순화하자면, 반도체 기술이 유럽에서 서쪽으로 이동해 여기에 왔다는 점을 역사적 현실로 받아들이되 이를 '교훈' 삼아 그 기술이 자국을 떠나 더욱 서쪽으로 이동하는 것만큼은 막아 보자는 것이다. 이러한 문제의식 속에서 '반도체 삼국지'로 이 책이 주목하는 일본, 한국, 중국의 반도체 기술사는 각기 다른 시간 좌표계에 놓여 있다. 20세기 후반 세계 반도체 시장에서 미국 기업들을 밀어내고 정상에 이르렀지만 이후 한국에 따라 잡히고 몰락한 "일본의 현재가 한국의 미래"가 되지 않도록 하고,(357쪽) 한국의 현재가 중국의 미래가 되지 않도록 막기 위해, 삼국의 반도체 산업사를 되돌아보고 "그로부터 우리는 어떤 교훈을 얻어야 하는지, 어떤 준비를 해야 하는지를 자세히 알아보도록 하자"는 것이다. (132쪽)

역사서와 기술서 사이

반도체 제국, 전쟁, 패권, 동맹, 기정학(技政學)과 같은 용어들을 제목으로 단 기사와 책들이 하루가 멀다 하고 출판된다. 최근 1년간 반도체와 관련된 내용을 담은 대중서만 어림잡아 50권 정도 출판됐다. 거의 매주 한 권씩 출판되는 반도체 관련 서적들은 다소 거칠지만 그 목적에 따라 역사서와 기술서로 분류될 수 있을 것 같다. 전자가 역사학적 평가는 차치하고서라도 나름대로 반도체 산업의 역사를 정리하고자 한 서술이라면, 후자는 현재 반도체 기술들에 대한 이해를 도모하고자 한 서술이다.『반도체 삼국지』는 이러한 양측의 중간 어딘가에서 크게 두 가지 장점을 갖추고 있다. 하나는 반도체 산업의 역사를 서술하겠다는 수많은 책에서 지겹도록 전달해 온 어떤 내용을 과감히 생략했기 때문에 갖는 장점이고, 다른 하나는 다른 많은 반도체 기술서가 정작 제대로 전달하지 않았던 내용을 구체적으로 담고 있기 때문에 갖는 장점이다.

   이 책이 과감히 생략한 내용은 국내 재벌 기업 창업주의 전설 같은 이야기다. 이 책은 한국 반도체 산업의 역사를 거론할 때 거의 항상 맨 앞에 등장하는 창업주 신화를 잠시도 언급하지 않는다. 이 신화는 요약하자면 국내 대표 재벌 기업의 한 창업주가 1980년대 초 반도체가 곧 산업의 쌀로서 미래 먹거리가 될 것이라는 선견지명을 가지고 반도체 사업에 진출했다는 이야기로, 1983년 불과 6개월 만에 64킬로비트(kilobit) 디램(Dynamic Random-Access Memory, DRAM)을 개발하는 데 성공했다는 일화는 창업주 신화의 대표적인 장식물들 중 하나이다. 이러한 재벌 기업의 창업주 신화는 기업이 자체적으로 생산한 정식 기관사뿐만 아니라, 여러 대중서와 드라마, 심지어는 국내외 사회과학계의 주류 연구들에서도 조금씩 그 외양만을 바꿔 가며 뿌리 깊게 자리 잡은 모습을 발견할 수 있다. 물론 창업주 중심의 빠른 의사 결정과 과감한 투자가 한국 반도체 산업이 성장하는 데 중요한 요소였다는 점은 틀림없지만, 이는 반도체 역사의 극히 일부일 뿐이다.

   반도체 산업의 역사를 다루는 기존 대중서들이 대부분 특정 재벌 기업 창업주의 서사를 확대 재생산하는 데 일조했던 것과 달리, 이 책은 반도체 기술에 보다 초점을 맞춘다. 그런데 이 과정에서 반도체 제품의 설계보다는 공정 기술을 중심으로 서술한다는 점에서 다른 반도체 기술서들과 차이가 있다. 간단히 말해 설계 기술이 어떤 제품의 개념틀을 잡고 이에 기반한 디자인을 만드는 기술이라면, 공정 기술은 그러한 디자인이 실제 제품으로 만들어지도록 하는 제조 과정에 관한 기술이다. 언뜻 보면 설계가 새로운 형상을 창조하는 난이도가 높고 창의적인 작업인 반면, 공정 기술은 주어진 설계대로 재료만 덧붙여 조립하면 되는 단순 반복 작업인 것처럼 여겨질 수 있다. 하지만 반도체 기술의 경우 오히려 정

반대에 가깝다. 공정 기술에 있어서 관건은 어떻게 신뢰성 있게 양산하는가, 즉 어떻게 제조 과정에서 불량품의 비율을 최소화하고, 출고 이후 고장 확률을 줄여 신뢰성을 높이면서, 동시에 생산 속도와 양을 보장할 수 있는가에 있다. 웨이퍼 위에 반도체 칩을 보다 효율적이되 신뢰성 있게 만들어 내고, 완성된 제품을 정확하되 융통성 있게 검사하는 과정에 이르기까지, 이에 적용되는 일련의 공정 기술에는 화학, 광학, 고체 및 입자 물리학, 인공지능 등 20세기 중반 이후부터 현재까지 수행되고 있는 과학기술계의 거의 모든 연구가 망라되어 있다고 해도 과언이 아니다. 반도체 공정 기술은 그 자체로만 보면 물론 어떤 설계를 제품이라는 결과물로 만들어 내기 위한 기술들의 집합이지만, 정작 반도체 설계는 공정 기술의 발전 경로에 의존하며 변화해 온 결과물이라 할 수 있다. 반도체 제조 공정에 사용하는 광학 장비의 제조업체인 네덜란드의 ASML이 반도체 산업계의 '슈퍼 을'이라 불리는 오늘날의 상황도 반도체 설계가 아닌 공정 기술의 중요성을 보여 주는 좋은 예이다.

ASML의 최신 광학 장비는 이 책이 그 내부를 자세히 들여다보고 기술적 내용을 최대한 가독성 있게 전달하려 노력한 대상이다. 이는 반도체를 고집적화하는 기술의 복잡성뿐만 아니라, 몇 나노미터를 위시한 경쟁 서사 이면에서 이 기술을 구현하기 위해 얼마나 많은 에너지가 투입되는지를 선명하게 보여 준다.(148-156쪽) 반도체 표면 위에 미세한 패턴을 새겨 넣는 공정은 석판화(lithography) 작업과 유사하다. 빛에 반응하는 특수 용액을 기판에 바르고 그 위에 패턴을 새긴 틀을 배치한 뒤, 또 그 위에서 아래 방향으로 빛을 통과시키면 틀에 새겨진 패턴의 그림자가 기판에 맺히면서 선택적으로 패턴이 기판 위에 새겨지는 것이다. 그런데 문제는 선폭이 점점 좁아지면서 더 짧은 파장의 광원이 요구되고, 이

광원에서 나온 빛이 기판에 도달하기까지 무수히 많은 광학적 조작을 거쳐야만 한다는 점이다. 광원에서 어렵게 얻어진 고품질 빛은 이후 복잡한 광학계를 통과하면서 대부분 산란되거나 흡수되고, 극소량만이 반도체 기판에 도달할 수 있다. 즉, 이 과정은 에너지 측면에서 극도로 비효율적이다. 이 책의 계산에 따르면, ASML의 200와트급 최신 광학 장비 한 대가 사용하는 전력량은 일반 공장 하나가 사용하는 전력량과 비슷하고, 이 장비가 제조 라인에 적어도 열 대가 투입되어야 한다는 점을 감안하면 하나의 라인당 에너지 사용량은 화력 발전소 한 기의 발전 용량에 달한다. 이는 약 0.04퍼센트의 에너지 효율로, 바꿔 말하면 고작 200와트 백열등 열 개가 발하는 빛의 양을 반도체 기판에 도달시키기 위해 화력 발전소 한 기가 필요한 셈이다.

역사와 교훈 사이

이 책은 삼국의 사례를 독립적인 단원으로 구성해 각각의 반도체 산업의 역사를 서술하고 이에 대해 개별적인 교훈을 전달한다. 먼저 일본의 반도체 산업계가 "느리지만 확실한 몰락"을 거듭한 이유(20-103쪽)가 바로 시장의 변화보다는 기술에 대한 집착이 크게 작용한 결과라 진단하고, 한국이 "일본의 전철을 밟지 않"기 위해 시장의 변화를 시시각각 읽어 내고 대응할 역량을 키워야 함을 주장한다.(104-109쪽) 중국은 정부의 적극적인 반도체 기술 개발 정책으로 상당한 제조 능력을 보유하는 데 성공했으나 미국의 제재로 장비 등의 도입에 어려움을 겪고 있다. 이에 한국은 중국으로의 고급 인력 및 기술 유출을 방지하고, 중국과 미국의 기술 표준 및 로드맵을 예의주시하며 차세대 기술을 개발하고 이를 위한 "기초과학 투자를 더 다양하게, 더 깊게, 더 장기적으로 해야 한다는 것을 잊어서는 안 된다."(221쪽) 한국은 삼성전자와 SK 하이닉스가 메모리 반도체 분야에서 선두권을 유지하며 메모리 외에 파운드리 등 여러 반도체 분야로 확장하고 있지만, 미국 주도의 반도체 공급망 개편에 전략적으로 대응하고 보다 "장기적인 관점에서 글로벌 경제와 산업의 축이 이동하는 것을 조금이라도 빨리 파악하고 대비해야 한다".(303쪽)

　물론 삼성전자가 파운드리 사업을 분리해야 한다거나 어떤 특정 기술 분야를 확보해야 한다는 등의 보다 구체적인 조언도 있지만, 이를 포함해 이 책에서 제시하는 제안들은 우리가 이미 알고 있는 이야기에서 크게 벗어나지 않는다. 더욱이 이러한 조언은 익숙할 뿐만 아니라 상충하기까지 한다. 가장 큰 틀에서, 시장의 변화를 시시각각 읽어 내고 대응해야 한다는 주문과 기초과학에 대한 투자를 "더 다양하게, 더 깊게, 더 장기적으로 해야 한다"(221쪽)는 주문은 내용만 놓고 본다면 양립 불가능한 조언에 가깝다.

　이 책이 우리에게 전달하는 교훈이 익숙하고, 때로는 상충하고, 구체적인 적용 방식이 모호해 보이는 데는 그러한 교훈의 기반으로 삼는 이야기들이 구체적인 반도체 기술의 역사와 상당한 거리를 두고 있기 때문이다. 바꿔 말하면, 이 책의 장점인 반도체 기술에 대한 구체적인 서술은 이 책의 또 다른 장점, 즉 창업주의 신화를 과감히 제거한 역사와 긴밀하게 연결되지 않은 채 기존의 기관사, 그리고 그러한 기관사를 수용한 사전 문헌들을 그대로 따르고 있다. 정부 기관, 기업 등에 의해 서술된 역사는 그러한 서술이 이루어지는 시점의 여건에 따라 특정 목적을 갖는 것이 일반적이고, 그로부터 도출되는 교훈 역시 서술의 주체와 시점에 따라 그 내용이 달라질 수밖에 없다. 기존 공식 기관에 의해 서술된 역사가 중립적이지 않다는 점을 문제 삼는 것이 아니다. 문제는 서로 다른 의도가 있었던 이야기 조각들을 한데 모아 이어 붙이는 과정을 거치면서, 우리에게 익숙하면서도 상충하고, 현실적으로 적용하려 했을 때 다소 모호한 제안이 만들어진다는 점에 있다. 이 책뿐만 아니라, 일본과 미국에서도 유사한 방식으로 반도체 서진론과 이를 막기 위한 교훈들을 만들어 냈고, 결국 그 교훈들이 유의미하게 적용되지 못한 채 우려는 현실이 됐다. 적어도 진심으로 반도체 산업의 서진을 우려하는 입장이라면, 반도체 기술과 역사 간의 괴리가 낳는 효과 역시 더욱 분명하게 보일 것이다.

반도체 서진론 이면의 지구적 순환

반도체 기술을 상세히 살펴보는 작업은 단순히 반도체 제조 방법이나 작동 원리를 이전에 비해 더 정확하고 구체적으로 이해하기 위함이 아니다. 과학기술의 세부적인 내용은 그간 우리가 주요 기관이나 주류 집단이 서술해 온 역사만을 접했을 때 지나칠 수 있는 역사적 연결고리를 드러내 보여 주고, 이러한 고리들을 다수 발견하고 분석하고 서로 연결함으로써 대안적이면서도 보다 현실적인 미래를 제시하는 데까지 이어질 수 있다. 앞서 논의한 대로 구체적인 기술적 내용이 정작 역사 서술과 긴밀히 연계되지 못한 점은 이 책의 아쉬운 지점이지만, 그럼에도 한 문장에서만큼은 그러한 연결고리를 발견할 수 있다. 이 책은 한국 최초의 메모리 반도체로 널리 알려진 64킬로비트 디램의 개발 사례를 아래와 같이 서술한다.

삼성은 16Kb DRAM 개발도 불가능할 것이라는 세간의 의구심을 불식시키며, 반도체 기술 개발 선언 당해인 1983년 세계 3번째로 64Kb DRAM 개발에 성공했다. 당시 **64Kb DRAM은 한국반도체를 설립한 강기동 박사가 처음 설계했던 CMOS 생산라인을 NMOS**

공정으로 하향 조정하여 제작된 메모리칩이었는데, 처음에는 한국 반도체 부천 공장을 인수한 삼성반도체 **부천 공장에서 생산**되었다.(229-230쪽, 평자 강조)

이 대목이 설명하는 64킬로비트 디램 개발은 앞서 잠시 언급했듯이 재벌 기업 창업주의 신화를 장식하는 대표적인 사례이다. 하지만 이 책은 단순히 창업주 신화를 제거하는 데 그치지 않고, 우리에게 현재 익숙한 삼성전자가 반도체 사업을 시작하기 이전, 1974년에 설립된 한국반도체라는 기업과 부천 공장이 있었다는 점을 보여 준다. 더욱이 이 문장은 한국반도체의 부천 공장에 상보성 금속 산화물 반도체(Complementary Metal-Oxide Semiconductor, CMOS)라고 하는 당시 최첨단 공정 기술을 구현할 수 있는 제반 시설이 갖추어져 있었다는 점, 그리고 삼성이 처음 개발한 64킬로비트 디램은 기존 한국반도체가 보유하고 있던 CMOS에서 NMOS(N-channel MOS)라는 한 단계 낮은 공정 기술로 하향 조정한 결과물이라는 점을 이야기한다.

비록 이 책은 여기에서 더 나아가지 않지만, 이 문장의 의미는 단순히 삼성 이전에 한국반도체라는 기업이 있었고, 그 기업이 CMOS 기술을 먼저 보유하고 있었다는 주장과 같은 우선권 논쟁의 차원에 있지 않다. 먼저, 부천 공장의 존재는 반도체 제조 기술을 축적하는 데 기여했지만 지금까지 그다지 주목받지 못했던 사람들을 조명한다. 미국에서 도입된 첨단 공정 기술이 공장에서 반복적으로 구현될 수 있도록 그 기반을 만들고, 그렇게 만들어진 공장의 여건에 맞추어 공정 기술을 다시 개량하는 작업은 더 폭넓고 토착적인 자원을 필요로 했다. 당시 대학교에서 전자공학이나 반도체 제조 공정을 전공한 엔지니어들 외에도 직업 고등학교를 졸업한 수백 명의 작업자들이 세부 공정들을 개량하고 그 결과물을 축적했다. 1978년 한국반도체가 삼성그룹에 완전히 인수되면서 강기동을 비롯한 몇몇 주요 엔지니어들이 퇴사했음에도 불구하고 부천 공장에서 처음으로 메모리 반도체를 개발할 수 있었던 데는 장비 주변을 지키며 이들을 유지 보수하고 작동시켰던, 우리가 지금 이름도 잘 알지 못하는 여러 작업자들의 공헌이 결정적이었다.

더 나아가 1974년에 설립된 한국반도체 부천 공장의 존재는 설계나 공정 기술에 가려져 왔던 광범위한 반도체 기술사의 영역을 드러내 보여 주고 이를 통해 대안을 상상할 수 있게 한다. 한국반도체의 부천 공장이 건설되는 과정은 실리콘밸리에서 건너온 최신의 반도체 제조 기술들이 부천의 자연과 끊임없이 마찰을 일으키고 중재되는 일들의 연속이었다. 이 과정에서 부천 공장을 둘러싼 부천의 물과 공기뿐만 아니라, 국내 기술진의 인력 구조, CMOS 기술 자체 역시 변화를 겪었다. 이러한 상호적 변화를 거치며 부천 공장 속 공기의 구체적인 흐름과 작업 환경 역시 여러 선택지 중 하나로 수렴됐다. 부천 공장은 현재 반도체 산업계의 노동 인력 구조, 공장 내부 작업 환경, 공장 주변을 둘러싼 자연환경을 그저 반도체 생산을 위한 필수적인 조건으로 간주하지 않고, 이들의 관계가 어떤 방식으로 다르게 형성될 수 있었을지에 대한 여러 대안적 경로들을 생각할 수 있게 한다는 점에서 의미가 있다.

현재 반도체 산업의 형태가 여러 국소적 조건과 선택지들이 조합되어 만들어진 결과인 것처럼, 오늘날 국가 간 경계를 당연시하는 경쟁 구도 역시 역사적 산물이다. 한국반도체의 부천 공장을 관문 삼아 CMOS 기술이 개발되던 시기로 조금 더 거슬러 올라가면 반도체 산업의 서진이라고 불리는 현상 이면에 국가 간 경계를 모호하게 만드는 활발한 교류가 있었음이 조금씩 드러난다. 한국

반도체를 설립한 강기동, TSMC를 설립한 모리스 창(Morris Chang)
이 각각 모토로라와 텍사스인스트루먼트(Texas Instruments, TI)에서
활동했던 1960-1970년대는 실리콘밸리를 중심으로 민간용 반도
체 산업이 본격적으로 형성되던 시기였다. 이때 미국 대학과 기업
의 연구실에서 반도체 제조 기술 개발 과제를 수행하고 있던 한국
및 대만 유학생과 연구원들은 일본 기업들이 집적회로 제조 기술
을 도입할 수 있는 중요한 통로로 작용하기도 했다. 일제 강점기
유년 시절을 보내 일본어에 능통했다는 점에서 영어에 서툰 일본
기업의 엔지니어가 접근하기 좋은 대상이었고, 냉전 시기 주둔했
던 미군 부대 근방 암시장에 유출된 전자 장비들을 분해해 진공관
과 트랜지스터 같은 부품들을 재조립하던 추억도 일부 공유하고
있었다. 여러 기술자를 경유하면서 최신 반도체 장비 목록과 제조
기법은 미국에서 대만과 한국으로, 대만과 한국에서 다시 일본과
미국으로, 또 다른 일부는 미국에서 중국과 베트남을 경유해 한국
으로, 서진과 동진을 반복하며 양방향으로 이동했고, 이러한 순환
을 거치면서 설계, 제조, 장비 회사들의 생태계가 구축되며 비로소
CMOS 기술이 세계 반도체 산업계 제조 기술의 주류로 자리 잡을
수 있었다. 이러한 지구적 순환은 강기동과 모리스 창이 국가 이름
을 내걸고 각각 한국반도체와 대만반도체제조회사(TSMC)라는 회
사를 설립할 수 있었던 중요한 기술적, 인적 자원이 됐을 뿐만 아
니라, 이후 이 기업들이 오늘날까지 성장하는 데도 지대한 영향을
끼쳤다.

　물론 이 책이 반도체 서진론의 이면에 있는 역사를 충분히 전
달하지 못한 데는 이 책의 저자보다는 반도체 기술의 역사를 다룬
다고 하는 나 같은 연구자 책임이 크다. 동아시아에서 건너간 엔지
니어들이 미국에서 서로 주고받은 영향, 이들이 기술을 동아시아

로 도입하는 과정에서 미국으로 다시 역류한 기술들은 이제 막 구체적 실체가 확인되어 연구가 시작된 주제들이다. 도입된 반도체 기술과 토착적 기술 실천 간의 상호작용을 비롯해 한국의 청계천 전자 시장, 일본의 아키하바라, 대만의 광화상장이 형성되고 서로 교류하며 동아시아 반도체 산업의 발단으로 작용한 과정에 대한 연구들도 마찬가지다. 공장과 시장, 미국과 동아시아가 서로 얽혀 있는 토착적이고 지구적인 반도체 기술사가 한 권의 대중서로 나오기까지 상당한 시간이 소요될 수 있다. 하지만 그러한 역사에 대한 이해 위에서 오늘날 글로벌 반도체 산업 재편이라 불리는 변화의 성격을 보다 분명하게 포착하고 이에 대응할 수 있는 현실적인 교훈 역시 얻을 수 있을 것이라 믿는다. **서리북**

유상운
한밭대학교 인문교양학부 조교수. 서울대학교 물리학부를 졸업하고 동 대학원 과학학과에서 한국 반도체 기술 개발의 역사를 주제로 박사학위를 받았다. 과학기술 현장에 더 밀착된 연구를 하고자 노력하고 있다. 이를 반영한 최근의 연구로 「반도체 역공학의 기술사: TV 음향 집적회로의 개발, 1977-1978」등이 있다.

📖 한국 또는 동아시아 반도체 산업을 조망할 수 있는
역사서는 아쉽게도 아직 존재하지 않는다. 하지만 여기에서
소개하는 두 책들은 기업이나 정부의 성공 서사에 가려졌던
반도체 엔지니어들의 이야기를 접할 수 있다는 점에서
의미가 있다. 먼저, 『강기동과 한국 반도체』는 한국반도체를
설립한 강기동의 자서전으로, 20세기 중후반 한국과 미국의
정황, 그리고 반도체 제조 공장에 대한 상세한 회고를 싣고
있다. 출판된 지 얼마 안 돼 절판되어 서점에서는 구할 수
없고 도서관에서만 볼 수 있다.

『강기동과 한국 반도체:
강기동 자서전』
강기동 지음
아모르문디, 2018

"한 번은 강의가 끝나고 질문 시간이 되었는데 후배들에게
도움이 될 말을 해 달라는 부탁이 있었다. 나는 할 말이
없다고 했다. 그래도 뭔가 있지 않겠냐고 재차 부탁을
하기에, 너희들은 "나같이 되지 말라"고 했다. 그랬더니 무슨
뜻이냐는 거다. 나는 잘된 사람이 자기처럼 잘되는 데 필요한
지혜를 후배들에게 가르쳐 주어야 하는데 내 이야기는
실패로 가는 가르침이 되기 때문이라고 설명했다."
"나 자신은 성공한 삶은 아닙니다. 많은 주위 사람들에게
고통을 주었습니다. 그럼에도 나의 기술이 한국 반도체
발전의 모태가 된 것은 아무도 부인할 수 없습니다. 나의
원천 기술을 발전시키고 크게 성공시켜 준 삼성반도체와
현대하이닉스(현 SK하이닉스)라는 대기업에게 고맙다는
생각이 듭니다." — 책 속에서

📖 천 개의 기술이 모여야 메모리 반도체가 되고,
반도체 기술 개발은 천 명의 숨겨진 영웅들이 함께 뛰는
마라톤과 같다고 말한다.

"널리 알려진 대로, 삼성의 반도체 사업 성공의 바탕에
이병철 창업 회장의 결단과 이건희 회장의 탁월한 경영이
있었다. 그러나 삼성의 반도체 성공신화는 홀로 이룬 것이
아니다. 미국이 만들어낸 글로벌 반도체 시장이 있었고,
한국 정부의 강력한 첨단산업 육성 의지와 지원도 있었다.
그 기반 위에 한국 사회가 배출한 수많은 헌신적인 인재들의
노력이 합쳐졌다. 바로 그들이 이 책의 제목인 '히든
히어로스'이고, 이 '히든 히어로스'가 한국의 미래를
열어갈 열쇠다." — 책 속에서

『히든 히어로스: 한국 반도체
산업의 도전과 성취,
그 생생한 현장의 이야기』
임형규·양향자 지음
디케, 2022

식민지 건축:
조선·대만·만주에
세워진 건축이
말해주는 것

니시자와 야스히코 지음 | 최석영 옮김

『식민지 건축: 조선·대만·만주에 세워진 건축이 말해주는 것』
니시자와 야스히코 지음, 최석영 옮김
마티, 2022

우리는 일제 식민지 건축을 통해
무엇을 보아야 할까

이경아

복잡한 시대의 복잡한 건축

이 책에서 다루는 시대와 건축은 한마디로 '복잡하다.' '복잡하다'
라는 말에는 여러 가지 의미가 담겨져 있는데, 우선 이 시기는 아
시아 전체가 서구 문명과의 접촉으로 인한 충격과 혼란을 겪던 때
였다. 이전에 없었던 새로운 의식과 가치가 소개되고 기술, 재료,
사람, 제도가 수입되면서, 오랫동안 지켜져 왔던 전통적인 것들이
의심받고 흔들리게 되었다. 더구나 이 책에서 다루는 조선, 대만,
만주 지역에서는 일본의 강제적인 침략 및 지배로 인해 강압적이
고 급격한 변화가 진행되었다. 당시 일본은 식민지 개발을 통해 그
들이 재해석하고 변형한 것들을 이 일대에 이식했는데, 건축 '양
식'은 절충되었고 '재료'가 혼용되었으며 그로 인해 지어진 건축
물들은 일본이 모델로 삼았던 동 시기 서양에서는 볼 수 없는 독특
한 모습들로 나타났다. 이 책은 19세기 말에서 20세기 전반까지 일
본이 침략하고 지배했던 지역들에 건설되었던 건축물의 복잡한
면모와 배경에 대해 자세하게 다루고 있다.

40여 년간 이어진 꾸준한 연구

이 책을 이해하기에 앞서 먼저 저자인 니시자와 야스히코의 연구
에 대해 살펴볼 필요가 있다. 저자가 일제 강점기 건축 분야의 연
구에 관심을 가지게 된 것은 대학원 석사과정 1학년인 1984년부
터였는데, 그는 후지모리 테루노부(藤森照信)의 조언으로 러일전쟁
에서 만주국 붕괴 시기까지 중국 동북 지방 일본인 건축가의 활동
을 주제로 석사논문을 썼다고 한다. 하지만 문헌 중심의 연구에 한
계를 느낀 저자는 박사과정에 진학한 이후 중국에 꾸준히 답사를
다니기 시작했고, 1988년부터는 베이징에 3년간 체재하면서 연구
를 지속해 나갔다. 방대한 자료 수집과 꾸준한 연구를 해나가던 저
자는 1996년에 『도설 「만주」 도시 이야기: 하얼빈, 대련, 심양, 장
춘(図説 「滿洲」 都市物語: ハルビン, 大連, 瀋陽, 長春)』,『바다를 건넌 일본인
건축가: 20세기 전반 중국 동북 지방에서의 건축 활동(海を渡った日本
人建築家: 20世紀前半の中国東北地方にをける建築活動)』 등의 책을 냈다. 2008
년에는 이 책의 근간이 된 『일본 식민지 건축론(日本植民地建築論)』을
펴냈으며, 그로부터 1년 뒤인 2009년에 일반 독자들을 위해 간략
하게 다시 엮은 책이 바로 이 책의 원본인 『일본 식민지 건축: 제국
에 구축된 네트워크(日本の植民地建築: 帝国に築かれたネットワーク)』인 것
이다. 한국 번역서인 『식민지 건축: 조선·대만·만주에 세워진 건축
이 말해주는 것』(이하 『식민지 건축』)과는 제목의 어감이 살짝 다른데,
이것은 한국에서의 출판을 고려하면서 제목을 적절히 조정한
것으로 보인다. 이후에도 저자는 『동아시아의 일본인 건축가:
세기말부터 중일전쟁(東アジアの日本人建築家: 世紀末から日中戰爭)』(2011),
『식민지 건축 기행: 만주, 조선, 대만을 걷다(植民地建築紀行: 滿洲, 朝鮮,
台湾を歩く)』(2011),『도설 만철: 「만주」의 거인(図説 滿鉄: 「滿洲」の巨人)』
(2015)과 같은 책을 펴내기도 했다. 저자는 그야말로 약 40년이라는

오랜 시간 동안 하나의 주제에 천착하여 꾸준히 연구를 지속해 온 것이다.

책의 목적과 가치

앞서 언급했듯이 『식민지 건축』은 1년 전에 출판된 『일본 식민지 건축론』을 모본으로 삼고 있는데, 『일본 식민지 건축론』에서 저자는 책의 목적을 두 가지로 밝히고 있다. 첫 번째는 일본에 의한 침략, 지배를 기록하는 행위의 일환으로, 일본인 건축 활동과 그에 의해 생성된 건축물을 복원, 기록하고, 이러한 건축물들과 일본에 의한 지배의 관계를 논한 후, 해당 건축물을 역사상에 자리매김하는 것. 그리고 이러한 기록은 장차 다시는 같은 어리석은 행위를 되풀이하지 않기 위함이라고 설명하고 있다. 두 번째는 일본이 지배했던 땅에서 시작된 현존 건축물의 활용 시 정확한 정보를 제공하는 것으로, 현지 건축물의 재이용이나 이를 바탕으로 한 도시 재개발 측면을 지원하기 위한 것. 이러한 정보를 제공하는 것은 건축계의 상식이기도 하지만, 과거의 침략, 지배와 직접적으로 무관한 전후 세대가 할 수 있는 몇 안 되는 일이라고 덧붙이고 있다.

저자는 일본 식민 지배의 전후 세대로서 일종의 부채 의식을 한편에 가지면서 관련 연구를 진행해 온 듯하다. 그리고 이러한 목적은 『식민지 건축』에도 "식민지 건축과 식민 지배의 관계, 식민지 건축의 의미를 고민하고 지배의 실체를 다시 묻고자 한다"(11쪽)거나 "지금 침략과 지배를 다시 묻는 가장 중요한 의미는 일본이 과거의 잘못을 인식하고 그 재발을 허용하지 않는 데에 있다"(12쪽) 등의 문장으로 반영되어 있다.

하지만 실제 저자가 어리석은 행위로 규정한 일본의 침략과 지배를 되풀이하지 않기 위함이라는 저술 의도는 책 내용에 직접

적으로 드러나 있지 않다. 사실 건축을 소재로 저자의 말처럼 식민
지배의 구조를 파악하기란 만만치 않은 일일 뿐만 아니라, 특히나
식민지 시기에 피지배 국가 사람들이 겪었을 불평등, 불합리까지
드러내기에 건축 그 자체는 가치 중립적으로 보일 가능성이 크다.
오히려 당시는 그들에게 기회의 땅이었던 조선, 대만, 만주 등지로
배를 타고 바다를 건너고 기차를 타고 대륙을 누비며 식민지를 개
척해 가던 것을 향수 어린 시선으로 묘사할 우려가 있는 시기이다.
또한, 예기치 않은 낯선 환경에서 맞았던 일본인 건축가들의 고난
과 위기 극복의 서사로 묘사하거나, 남겨진 당시의 건축물들을 그
들의 모험과 도전의 상징이자 증거로만 그릴 가능성이 크다.

　　결국 이 책을 읽을 때 저자가 서문에 적어 놓은 목적과 해석이
그 안에 적극적으로 드러날 것이라고 기대하기보다는, 19세기 말
부터 20세기 전반까지 동아시아 지역의 특수한 상황 속에서 건축
활동을 했던 일본인 건축가와 건축 관련 정보, 그것들이 이동하고
확산해 나갔던 과정을 우선 담담하게 읽어 내려가는 것이 낫다. 앞
서 언급했듯이 저자는 무려 40여 년간 이 연구를 충실히 해왔고 그
과정에서 획득한 기록과 정보의 양은 매우 많아서 그것을 습득하
는 것만으로도 이 책을 읽을 가치는 충분하다.

건축 '양식'과 '재료'의 선택이 의미하는 바

건축 전공자로서 이 책에서 가장 흥미로운 부분은 바로 당시 건축
'양식'과 '재료'의 선택을 둘러싼 여러 이야기이다. 이전에 동아시
아 지역에서 우세했던 목조 건축물과는 전혀 다른 석조나 벽돌조,
철근콘크리트조의 서양풍 건물이 식민 지배에 적극 이용되었는
데, 그것들이 도입되는 과정에서의 논의와 갈등 내용은 당시의 건
축계를 이해하는 데 많은 도움이 된다.

　사실 이 책에서 당시의 건축 '양식'에 대해 따로 구분해 다루고 있지는 않다. 하지만, 식민 지배의 전형적인 건축물인 청사와 은행, 역사 및 호텔, 병원 등의 사례를 통해 당시 적용된 다양한 건축 양식을 보여 준다. 개항 이후 일본은 일찍부터 서양의 건축가들을 초빙하여 서양식 건축 교육을 실시했고, 그 결과 길러진 건축가들과 후학들은 동아시아 지역의 식민지로 퍼져 나가 다양한 건축 활동을 해나갔다. 식민지기라는 특수한 상황 속에서 동아시아 지역은 특별한 건축 경기를 맞았는데, 일본인 건축가는 각지로 이동했고 정보를 교류했으며 건축 산업은 성장해 나갔던 것으로 보인다. 그들이 설계하고 시공한 건축물들의 양식을 보면 기본적으로는 그간 교육을 받았거나 참고했던 르네상스식, 아르누보식, 퀸 앤 양식, 모더니즘 양식 등 다양한 서양식 건축을 지향했던 것을 알 수 있다. 하지만, 서양식 건축을 그대로 따르기보다 '다쓰노식'과 같이 재해석된 서양풍 양식의 건축물을 설계하기도 했는데, 동아시아 지역에 서양식 건축이 도입된 뒤 그것이 어떻게 해석되고 변주되었는지를 보여 준다. 더불어 설계경기 응모안 또는 계획안과 실제 건축물 사이에서 발생한 양식적 차이와 그것이 발생하게 된 배경 등에 대한 이야기는 당시 식민지들에서 건축 양식의 선정에 어떠한 가치가 부여되었는지를 가늠케 한다.

　한편, 일제는 만주국이라는 괴뢰 정권을 세운 뒤 중국풍 또는 만주풍이라 불리는 청사들을 짓기도 했는데, 이는 앞서 지었던 서양풍 건물들과는 다르지만, 이 역시 식민 지배의 기반을 다지고 만주국의 괴뢰 정권 이미지를 불식시키기 위해 선택된 건축 양식이었다는 점은 매우 흥미롭다. 이 책에서 다루지는 않지만, 일본이 20세기 초중반 해외에 건설한 신사 1,600여 개의 경우 일본 제국주의의 상징으로서 대부분 일본의 특정 건축 양식인 '신명조'를

(위) 1926년 준공된 조선총독부 청사.(출처: 『식민지 건축』, 36쪽, 마티 제공)

(가운데) 1910년 준공된 펑톈역.(출처: 『식민지 건축』, 59쪽, 마티 제공)

(아래) 1938년 준공된 만주중앙은행 본점.(출처: 『식민지 건축』, 90쪽, 마티 제공)

다쓰노식 건축의 전형인 구 대만총독부 전매국 청사.(출처: 『식민지 건축』, 162쪽, 마티 제공)

굳이 도입했던 배경 및 의도와 또 다른 양상으로 연결될 수 있는 부분이라고 생각한다.

　한편, 이 책에는 건축 '재료'로서 나무가 아닌 '벽돌', '시멘트', '철' 등의 재료들을 다양하게 실험적으로 다루어 보던 당시의 상황도 잘 그려져 있다. 물론 식민지 개발 초기에는 기존의 목조 건축이 지어지거나 활용되기도 했지만, 어느 정도의 시간이 지난 뒤부터는 새로운 재료들을 사용한 건축들이 증가하기 시작했다. 새로운 건축 재료의 생산과 수급은 만만치 않은 일이어서, 일본, 조선 등 멀리 떨어진 지역으로부터 배와 철도로 운반, 공급을 받았다. 사실 새로운 건축 재료는 서양식 건축을 구현하는 데 그 상징성이 컸을 뿐만 아니라, 일본과는 다른 풍토에서 내구성이 담보되고 단열성이 높은 건축물을 짓는 데 매우 중요한 이슈였다. 지진이 없고 추운 겨울을 나야 하는 조선과 중국의 동북부 지역에서 벽돌은 크게 각광받는 재료로 부상했으며, 철근콘크리트는 내구·불연의 대명사로 떠오르며 각종 대표 건축물에 적용되었다. 따라서 건축 재료와 구조 방식 중에는 당시 일본에서조차 시도되거나 보급되지 않았던 것들이 나타나기도 했는데, 일본보다 대만에서 흰개미 피해를 막기 위해 철근콘크리트 구조가 빨리 보급되었던 것이 한 예라고 할 수 있다. 그런데 대만의 철근콘크리트조 건축물은 얼마 지나지 않아 콘크리트 틈으로 물이 스며들어 철근이 녹스는 등 부식 문제가 심각하게 제기되었고, 이러한 대만에서의 철근콘크리트조에 대한 실험과 시행착오는 이후 철근콘크리트조 건축물 개선의 바탕이 되어 갔던 것으로 보인다. 또한, 이 당시 건축의 특징 중 하나는 요즘과 같이 일관된 재료와 구조로 건립되는 것이 아니라, 철골과 벽돌, 철근과 벽돌, 철골과 철근콘크리트, 벽돌과 철근콘크리트 등과 같이 여러 조합으로 건축 재료들이 혼합되며 지어졌다는 것이다. 재료가 가지는 상징성 때문인지, 재료의 생산 및 수급의 문제 때문이었는지 정확히 밝히고 있지는 않지만, 다양한 건축 재료들이 섞이면서 그 시대가 요구하는 건축물들은 탄생했다.

아쉬운 점, 그리고 계속되어야 할 연구

이 책은 우리로 하여금 그동안 우리나라의 일제 강점기 건축물에 대한 해석이 한반도 안에 국한되었던 것을 되돌아보게 한다. 동아시아라는 넓은 지역과 식민지라는 특수한 상황에 대한 보다 거시적인 이해를 바탕으로 우리나라 일제 강점기 도시와 건축물들의 위상과 의미를 재고할 필요성을 느끼도록 하는 것이다. 하지만, 아쉽게도 이 책의 부제에는 조선, 대만, 만주를 장소적 범위로 제시하고 있지만, 실제로 책 내용이 모든 지역을 균등하게 다루고 있는

철골 철근콘크리트 구조로 지어진 타이베이공회당.(출처: 『식민지 건축』, 186쪽, 마티 제공)

것은 아니다. 내용 대부분이 만주로 대변되는 중국 동북 지방의 건축에 할애되어 있고, 그에 비해 우리나라 건축에 대한 내용은 그 수가 적고 소략하다. 이것은 저자가 그동안 연구의 주된 지역적 범위로 삼고 자료를 수집해 왔던 곳이 바로 중국의 동북부 지역인 만주 일대이기 때문일 것이다. 따라서 이 책을 통해 일제 강점기 한국에 지어진 건축물들이 과연 동아시아적 공간 속에서 어떤 위상을 가졌었는가에 대해 자세히 알기는 어렵다. 그뿐만 아니라, 해당 지역에서 관 주도의 건축이 아닌 민간 건축의 양상이 빠져 있는 점, 피지배 국가 건축가들의 활동 내용이 다루어지지 않은 점, 그리고 당시 건축에 대한 그간 한국에서의 연구 성과가 제대로 검토되지 않은 채 책이 쓰인 점 역시 아쉬운 부분이다.

　이렇듯 아직 이 책에서 다루지 않았거나 충분한 해석이 이루어지지 않은 내용에 대해서는 후속 세대 연구자들이 계속해서 연구를 해나가야 할 부분이라고 생각한다. 또한, 이 시대와 건축물에 대한 균형 잡힌 시각과 해석을 제시하는 것 역시 우리의 몫이라고 생각하며, 궁극적으로는 저자가 서문에서 기술했듯이 이 모든 연구의 내용이 역사의 교훈으로까지 이어지는 날이 오기를 바란다.

서리북

이경아
서울대학교 건축학과에서 학생들을 가르치고 있다. 한국의 근대 건축 및 도시 변화에 지속적인 관심을 가지고 연구하고 있으며, 저서로는 『경성의 주택지: 인구 폭증 시대 경성의 주택지 개발』 등이 있다.

📖 대중서의 성격을 갖는 『식민지 건축』의 모본이 되는
책으로, 좀 더 다양한 사례를 바탕으로 이 시기 건축에 대한
전문적 이해를 하고 싶다면 참고할 만한 책이다.
많은 도면과 사진이 실려 있기 때문에 글의 내용과 대조해
보면서 이해하기에 좋지만, 서술 방식이 좀 딱딱하고
나열식인 점은 감안해야 한다.

"이 책은 19세기 말부터 20세기 전반에 걸쳐 일본이 지배한
동아시아 지역에서, 일본인이 전개한 건축 활동과 그에 의해
생겨난 건축에 초점을 맞추어 그 특징을 소개하고, 세계
건축에서의 위상을 설정하려 했으며, 또한 그것들이 일본에
의한 동아시아 지역 지배와 어떠한 관계를 맺고 있었는지에
대해 논하는 것이다." ― 책 속에서

『일본 식민지 건축론
(日本植民地建築論)』
니시자와 야스히코 지음
名古屋大学出版会, 2008

📖 일제 강점기 경성에서 활동했던 건축가들에 대한
이야기다. 이 책에서는 주로 조선인 건축가들에 대한 내용을
다루는데, 피지배 국가 건축가들로서 가졌던 이상과 현실,
도전과 한계 등을 잘 보여 준다. 그 외에도 당시 한반도에서
활동했던 일본인과 미국인 건축가들에 대해서도 일부
다루고 있다.

"그들에게 식민지의 근대 건축은 이상과 현실, 이성과 감성의
불협화음이 요동치던 장소였다. 그런 건물을 만들었던
사람들, 그중에서도 조선인 건축가들, 그들의 삶이 궁금해진
적이 있었다." ― 책 속에서

『경성의 건축가들:
식민지 경성을 누빈 'B급'
건축가들의 삶과 유산』
김소연 지음
루아크, 2017

서울
리뷰 오브
북스

삼천포(三遷浦) 가는 길*

김영민

　　삼천포로 빠지다. '이야기가 곁길로 빠지거나 어떤 일을 하는 도중에 엉뚱하게 그르치는 경우'에 쓰는 말이다. 다음과 같은 세 가지 유래가 전해진다. 첫째, 옛날에 어떤 장사꾼이 장사가 잘되는 진주로 가려다가 길을 잘못 들어서 장사가 안되는 삼천포로 가는 바람에 낭패를 당했다는 이야기에서 나온 말이다. 둘째, 진해에 해군기지가 생긴 이래 해군들에 의해 나온 말이다. 진해에서 서울로 휴가를 나왔다가 귀대하는 도중에 삼랑진에서 진해 가는 기차를 갈아타지 않고 잘못해 삼천포 가는 것을 갈아타는 바람에 귀대 시간을 어겨 혼이 나는 병사들 때문에 생겨난 말이라는 것이다. 셋째, 부산을 출발해 진주로 가는 기차에는 삼천포로 가는 손님과 진주로 가는 손님이 함께 탄다. 기차가 계양역에 닿게 되면 진주행과 삼천포행의 객차로 분리해 운행한다. 이때 반드시 방송을 통해 진주행 손님과 삼

---

* 이 글에 나오는 지명과 이름은 현실의 지명이나 이름과 무관한 허구입니다.

천포행 손님은 각각 몇 호차로 옮겨 탈 것을 알려 준다. 그러나 진주를 가는 사람이 술을 마시고 잠들거나 엉뚱하게 진주가 아닌 삼천포로 빠지게 되는 경우도 있다고 해 생긴 말이다.*

1

곳곳에서 사람들이 사라진다. 한 해에 수천 명이 종적 없이 사라진다. 죽지도 살지도 않는다. 다만 사라질 뿐이다. 삼천포에 간 것이다. 가면 돌아오지 않는다. 아무도 돌아오지 않는다. 삼천포에 빠져 돌아오지 않는다. 사람들은 삼천포를 한반도의 버뮤다 삼각지대라고 불렀다.

　세 번 옮겨야 가게 된다는 곳, 삼천포. 포유류는 대부분 태어나면 부모와 함께 산다. 부모 눈길 아래서 구르고 눕고 앉고 서고 넘어진다. 어느덧 장성한 자신을 발견하고, 일터 근처로 거처를 옮긴다. 그리고 산다. 열심히 산다. 두려움 속에서 직장을 찾고, 안도감 속에서 직장을 다니고, 절망감 속에서 직장을 그만둔다. 어느 날 아침, 용기를 내어 일어난다. 거울에 비친 자기 얼굴을 보며 양치질하고, 세수하고, 똥을 누고, 다시 일터로 나간다. 그리고 얼마 후 두 번째 퇴직을 결심한다. 자신이, 혹은 고용자가 그의 퇴직을 결심한다. 이제 된 것이다. 마침내 언제고 삼천포에

* 박일환 엮음, 『우리말 유래사전』(우리교육, 1994), 112쪽.

갈 준비가 된 것이다. 어떤 이는 노년의 건강을 위해 전원주택으로 가고, 또 어떤 이는 수발들어 줄 사람 찾아 실버타운으로 간다지만, 어떤 이는 그냥 사라진다. 삼천포에 간 것이다.

삼천포에 가고 싶어 가는 것이 아니다. 안개가 낀 날이면, 첫사랑을 닮은 사람이 환영처럼 나타나 이야기를 건넨다는 것이다. 이 시간에 어딜 가세요? 이 이른 시간에 설마 절에 가시는 건 아니겠지요? 우리가 함께 거닐던 절 초입에 있던 작은 베이커리를 기억하시나요? 믿을 수 없을 정도로 귀여운 금붕어를 팔던 곳을 기억하시나요? 풀밭에서 사과 깎던 이들이 함께 먹자고 부르던 소리가 아직도 들리나요? 너무나 소중한 것을 자청해서 잃어버린 적이 있나요? 그러다가 마침내 이렇게 묻는다는 것이다.

"제가 준 꽃은 잘 시들었나요?"

그 말을 들으면 아무리 길눈이 밝은 사람도, 아무리 최신 내비게이터를 가진 사람도, 아무리 운전을 잘하는 사람도, 아무리 강심장을 가진 사람도, 홀린 듯이 그에게 삶의 운전대를 내어 주고, 그의 옆에 앉게 된다는 것이다. 그들은 이제 삼천포로 간다. 천천히, 자신들이 각자 그간 경험했던 희로애락을 되짚으면서 빨려들 듯 삼천포에 가는 것이다.

모든 움직이는 것들의 종점, 삼천포. 그곳이 어떤 곳인지는 아무도 몰랐다. 그곳에 가면 삶의 뒤통수를 보게 된다고 할 뿐. 그러나 삼천포 가는 길에 대한 풍문은 무성했다. 꽃비 내리는 가로수길이라는 풍문, 침엽수가 바늘처럼 꽂힌 어두컴컴한 길이라는 풍문, 바닷가로 가는 길이라 갯냄새가 가득하다는 풍문, 낯설지만 언젠가 한번 가본 느낌이 든다는 풍문. 그 많은 풍문에 공통점이 있다면, 이마에 바람이 부딪힌다는 것, 그리고 그 바람이 제법 후련하다는 것뿐.

사람들은 흥얼거리기 시작했다. '그대, 삼천포를 아는가~/삼천포가 어딘지 알고 가는가~/삼천포가 어딘지 알고 가는 그대 뒷모습/얼마나 아름다운가~' 아이들이 놀이터에서 지어 부르기 시작한 노래였다. 어느 노망난 시인이 그 노래가 자기 시라고 주장하면서 그 시는 교과서에까지 실리게 되었다. 그러나 뒷모습이 아름다운 사람은 어디에도 없었다. 삼천포에 가기 전에 아파트를 팔려고 드는 사람, 삼천포 지점으로 계좌 이체를 하려는 사람, 삼천포에 가서도 증권 거래를 하겠다고 마음먹는 사람, 삼천포에도 향우회가 있냐고 묻는 사람, 삼천포 땅을 사두고 싶다는 사람들은 있었지만, 뒷모습이 아름다운 사람은 어디에도 없었다.

삼천포가 어떤 곳인지 아무도 몰랐지만, 사람들은 말끝마다 삼천포를 들먹였다. 낯선 곳에 도착하면, 너나 할 것 없이 말했다. 여기가 말로만 듣던 삼천포인가! 졸고 있다가 깨어나면 동료가 말했다. 자네, 잠깐 삼천포에 다녀왔나! 강도가 칼을 들고 위협했다. 삼천포 가기 전에 있는 돈 다 꺼내 놔! 클럽에서 귓속말로 누군가 속삭였다. 내가 오늘 밤 삼천포에 보내 줄게. 대통령이 취임사에서 선언했다. 반드시 이 나라를 삼천포로 보내 버리겠습니다! 기상 캐스터가 말했다. 해안에 머물던 삼천포가 수도권으로 북상하고 있습니다! 질병청장이 기자회견을 했다. 새로운 코로나, 삼천포 바이러스가 해안가에서 발견되었습니다!

뭐라 대답하기 어려울 때도 삼천포는 유용했다. 어른들이 자꾸 장래 희망을 물으면, 아이들은 귀찮은 듯 대꾸했다. 제 꿈은 결국 삼천포에 가는 거예요. 현대 미술을 해석할 때 비평가들은 입을 모아 말했다. 이건 현대인의 삼천포를 그린 겁니다. 신학자들이 신을 설명할 때도 삼천포는 등장했다. 신이 없다면 이 세상은 삼천포일 뿐입니다. 도대체 풀리지 않는 문제와 씨름하다가 지치면, 학자들은 부르짖었다. 삼천포다, 결국 삼천포가 답이다. 신임 총장이 취임사에서 말했다. 이러다가 결국 한국 대학은 다 삼천포에 가게 될 겁니다.

고급 아파트와 많은 돈과 반짝이는 희망과 끈적한 감정을 붙일 데가 있는 이들은 느닷없이 삼천포에 가버리게 될까 두려워했다. 자식이 취직 전망 어두운 대학원에 가려고 들 때, 갑자기 주식 가격이 폭락할 때, 종합 부동산세가 신설될 때, 그들은 마치 삼천포가 가까워 온 것처럼 부들부들 떨었다. 어머니 아버지, 전 아무래도 학자가 되고 싶어요. 대학원에 가야겠어요. 아들아, 꼭 그런 곳에 가야겠니. 갓 신이 내렸다는 용한 무당을 찾아가 하소연했다. 제 아들이 이상해요. 삼천포에 가려고 해요, 어떻게 해볼 방법이 없을까요. 마리 앙투아네트가 귀농을 두려워하는 것처럼. 로베스피에르가 사형제 폐지를 두려워하는 것처럼, 카레이서가 자율 주행 자동차 도입을 두려워하는 것처럼, 사람들은 어느 날 삼천포가 자기 눈앞에 문득 도래할까 두려워했다.

공포에 사로잡힌 사람들은 허겁지겁 니코틴과 알코올에 의지했다. 거나하게 술을 마시다가 사람들은 서로를 바라보며 이렇게 말했다. 이러다가 삼천포 가는 거 아냐. 담배 연기를 상대 얼굴에 훅 불면서 이렇게 말했다. 아이, 씨. 삼천포 가는 소리 좀 하지 마. 삼천포에 가게 될까 두려웠던 사람들은, 삼천포 가는 길을 봉쇄하기로 결정했다. 이것이 후대에 길이 전해진 이른바 '삼천포 봉쇄' 조치였다. 두려운 사람들이 앞다투어 성금을 냈고, 그 성금으로 가장 많은 실종자가 생긴 지방 도시 외곽에 절을 지었다. 그리고 그 절을 삼천사(三遷寺)라고 불렀다. 이렇게 삼천사가 삼천포로 가는 길 입구를 꽉 막고 있으니, 이제 한시름 덜었어. 삼천사에서 예불을 드리면, 번뇌가 사라진다는 말이 떠돌기 시작했다. 삼천사에서 기와불사를 하면 자식이 입시에 성공한다는 말이 떠돌기 시작했다. 삼천사에서 치성을 드리면, 성형이 불필요한 아기가 태어난다는 말이 떠돌기 시작했다. 그리고 마침내, 삼천사가 세워진 이후로 실종자 신고가 조금씩 주는 것 같다는 풍문이 떠돌기 시작했다.

2

사람들이 내게 어떻게 지냈냐고 묻지 말았으면 좋겠다. 대답할 말이 없다. 어떻게도 지내지 않았다. 잠깐씩 정신줄 놓는 시간이 늘어 갔을 뿐. 나와 내가 나눈 시간이 진짜였는지조차 의심스럽다. 오래된 컵라면에 물 붓고 기다리는 것처럼 그저 무엇인가를 기다렸을 뿐. 컵라면이 다 익었지만 먹지 않고 쓰레기통에 버렸을 뿐. 지인의 지인이 암 투병 중이라는 소식을 조용히 들었을 뿐. 바람이 내 이마를 무심히 치고 지나갔을 뿐. 광고와 선전과 홍보로 가득한 이 세상에 덩달아 나를 전시하지 않았을 뿐. 밥을 먹을 때 이빨이 밥알을 뭉개는 감각에 집중해 보았을 뿐.

끊임없이 닥치는 일들을 쳐내는 쾌감이 아주 없었다고는 말하지 못하겠다. 영문 모를 호의를 받은 적이 전혀 없었다고는 말하지 못하겠다. 행복해 보이는 타자를 증오한 적이 한 번도 없다고는 말하지 못하겠다. 그래도 삶에 대해 아예 예의를 지키지 않은 건 아니었다. 그러나 모든 것이 과욕으로 판명되었다. 아이를 낳지 않으면 견딜 수 없다고 했다. 그래서 낳았다. 과욕으로 판명되었다. 자기 힘으로 벌어먹어야 품위가 유지된다고 했다. 그래서 취직했다. 과욕으로 판명되었다. 매일 아침 명상하면 마음이 수습된다고 했다. 그래서 눈 감고 조용히 앉아 있어 보았다. 과욕으로 판명되었다. 이 모두 애초에 주변 사람들을 돌아보지 않았으면 생기지 않았을 일들이었다. 그러나 주변 사람들을 돌아보지 않았으면 난 돌아 버렸을지도 모른다.

나는 영생을 바란 적이 없다. 전생에서도 이생에서도 내생에서도 나는 내가 이어지기를 바란 적이 없다. 그렇다고 자살을 꿈꾼 적도 없다. 그건 너무 큰 의지력과 계획력과 실행력과 집요함을 필요로 하는 일. 그렇다고 안락사를 꿈꾼 것도 아니었다. 안락사가 합법인 곳을 찾아 나서는 건 내가 감당하기엔 너무 큰 의지력과 계획력과 실행력과 집요함을 필요로 하는 프로젝트. 내가 바란 것은 죽기보다는 천천히 사라지는 것, 그리하여 잊혀지는 것, 잊혀진지도 모르게 잊혀지는 것. 죽어도 누가 죽었는지 모를 무연고의 존재가 되는 것, 마침내 증발하여 완전한 부재가 되는 것.

그러나 이 좁은 한반도에서 대체 어디로 증발한단 말인가. 오랫동안 생각했다, 조용히 잊혀질 곳은 어디인가. 잊혀졌다는 사실마저 잊혀질 곳은 어디인가. 그러다가 떠올린 곳이 삼천포였다. 두렵다. 나도 삼천포가 두렵기는 마찬가지였다. 날씨가 너무 화창하거나, 주변에 축제가 열리거나, 탬버린 소리가 들리면 난데없이 삼천포 생각이 났다. 어떻게 하면 삼천포에 빠지지 않을 수 있을까. 아버지처럼 매일 술을 마시고 담배를 피우면 되는 것일까. 인생 어딜 가나 삼천포인데, 나라고 삼천포에 가지 않을 수 있을까.

삼천포에 빠지지 않겠다는 번뇌로 말미암아 오히려 마음속의 버뮤다 삼각지대가 점점 커져 갔다. 많은 건전하고 소소한 계획이 삼천포에 집착하는 대뇌피질에 빠졌고, 다시는 돌아오지 않았다. 한번 빠지면 헤어나기 어렵다는 삼천포. 내가 아무리 삼천포를 피하려 해도 삼천포를 마주칠 거 같아서, 자나 깨나 삼천포로부터 멀리 달아났는데, 도망쳐 도착한 곳은 또 삼천포였다. 결국 모두 삼천포다. 깨달았다. 삼천포에 빠지지 않는 유일한 방법은, 삼천포에 빠지기 전에 내가 삼천포로 가는 것이다. 내 발로

의도적으로 가는 것뿐이다.

　가고 싶다고 갈 수 있는 곳이 아니었다. 가고 싶다고 갈 수 있는 삼천포가 아니었다. 소파에서 일어나 앉는 것도 일생일대의 결심이 필요한 나날이 이어졌다. 화장실에 가기 위해서 뒷걸음질로 난간을 걸어 지나가야 하는 꿈을 꾸었다. 꿈에서 깨면 누수가 생긴 낡은 건물처럼 눈에서 뭔가 흘러내렸다. 그렇다, 삼천포에 가야 한다. 삼천포를 스스로 직면하지 않는 생은, 실패한 장조림을 억지로 먹어야 하는 일이다. 이미 무의미해진 삶을 억지로 살아 내야 하는 일이다. 실패는 불가피하다. 성공도 실패를 덮을 수 없다. 실패는 더 큰 실패로 덮어야 한다. 그래서 삼천포로 가야 한다. 어떤 기다림도 없이 가야 한다. 삼천포, 잘못 끼운 첫 단추들이 모여 있는 곳, 평생의 유실물들이 쌓여 있는 곳. 갑자기 쓰러져 유실물과 함께 차갑게 식어 가도 괜찮을 만한 곳. 삼천포에 가야 한다.

3

일단 서울을 벗어나 백 년 된 사찰, 삼천사가 있는 지방 도시로 옮겼다. 이 썩을 육신을 옮겼다. 공항에 내려 짐을 풀고, 다시 한 번 호텔로 이 말 안 듣는 육신을 옮겼다. 짐을 내려놓자마자 현기증이 와락 몰려왔다. 허약하기 짝이 없는 육신이 휘청거렸다. 정 못 견디겠거든 니코틴과 알코올을 처방해라. 돌아가신 할아버지가 남긴 유언이 생각났다. 짐을 풀지 않은 채 베란다에 앉았다. 해안선을 보며 담배를 피우고 맥주를 마셨다. 숨 막힐 듯한 두려움이 조금 가셨다. 앉은 채로 꿈을 꾸었다. 살아남기 위해 뒷걸음질로 난간을 걸어가야 하는 꿈을 꾸었다. 꿈에서 깨자 누수가 생긴 파이프처럼 눈에서 녹슨 눈물이 흘러내렸다. 삼천포에 가야 한다. 아침에 눈을 뜨자 입맛이 썼다. 이제 세 번째로 옮겨야 할 때였다. 아침을 먹지 않고 바로 택시를 탔다. 삼천사로 갑시다.

택시 문을 열자 갯냄새가 훅 끼쳐 왔다. 얼른 타지 못하고 주춤거렸다. 아, 제가 야간 낚시를 하다가 돌아가는 길이라서요, 앞자리에 타셔야겠는데요. 내 또래 운전사가 눈길을 준 택시 뒷자리에는 낚싯대가 덩그러니 놓여 있었다. 앞자리에 타니 비린내가 한층 더 날카롭게 코를 찔러 왔다. 얼굴을 찌푸릴 기운 같은 것은 없었다. 차창을 내렸다. 차가운 겨울바람이 이마를 시원하게 어루만졌다. 아직 어둑어둑한 도로를 따라 침엽수와 동백꽃이 번갈아 망막에 잔상을 남기고 사라졌다.

어쩐지 낯익은 듯한, 초등학교 5학년 때 짝꿍과 눈매가 닮은, 중년의 남자 운전사. 힐끔힐끔 곁눈질로 나를 훑으며 물었다. 이 시간에 절……에 다 가시네요, 어쩐 일로. 대답을 원하는 질문이었다. 뒷자리가 아닌 앞자리에 앉아 운전사 질문을 대놓고 무시하기는 어려웠다. 머뭇거리며 대답했다. 음…… 절 가보는 거 좋아하는 사람들 있지 않습니까. 이 대답이 트리거였던 걸까. 운전사는 아무도 묻지 않은 인생 이야기를 하기 시작했다.

마음공부 하시나 봐요.

명상이 좋다는 이야기, 명상을 오래 한 사람의 뇌는 보통 사람과 다르다는 이야기, 명상을 계속하면 대인 관계도 좋아지고, 능률도 올라가고, 섹스도 잘된다는 이야기. 호흡과 감각에 집중해야 비로소 머리를 쉬게 해줄 수 있다는 이야기, 명상이야말로 신비스러운 과학이라는 이야기.

바다낚시 하나를 위해 십수 년째 해안가에 살고 있다는 이야기.

바다낚시가 최고라는 이야기, 바다낚시를 오래 한 사람은 물고기와 대화를 나눌 수 있다는 이야기. 바다낚시를 하면 대인 관계도 좋아지고, 능률도 올라가고, 섹스도 잘된다는 이야기. 자기가 던진 찌 끝에 집중해야 비로소 머리가 쉴 수 있다는 이야기, 낚시야말로 신비스러운 스포츠라는 이야기.

낚시는 궁극의 여행이라는 이야기.

여행 좋아하시나요. 혼자 여행을 할 줄 알아야 대인 관계도 좋아지고, 능률도 올라가고, 섹스도 잘된다는 이야기. 산 좋아하는 이들이 결국 히말라야에 가듯이, 자기는 파푸아뉴기니에 가서 혼자 삼 년을 살았다는 이야기, 해저 16킬로미터가 되는 바다 위에 가보았다는 이야기. 아십니까, 그곳 바다는 흙색이에요. 그곳에서 물을 싫어하는 물고기를 만났죠. 물에서 벗어나기 위해 자기가 스스로 미끼를 물어요.

하루에 단 한 마리만 잡는다는 이야기.

여러 마리 잡는 사람들은 탐욕스러운 인간들이죠. 욕심을 버릴 줄 알아야 대인 관계도 좋아지고, 능률도 올라가고, 섹스도 잘된다는 이야기. 원하는 크기에 미달하는 물고기는 다 놓아준다는 이야기. 제가 낚시로 업을 삼았으면 택시 운전보다는 더 벌었을 거예요. 얼마 전 잡힌 늙은 고래에서 작살이 발견되었죠. 민비 시해 사건이 있던 해에 제조된 작살이에요. 그때 상처를 입고도 고래는 오랫동안 살아남았어요. 상처를 치유하지도, 작살을 없애지도 않은 채, 아주 오래 살아남았어요. 그렇게 허망하게 잡히기 전까지는.

낚시는 늘 혼자 한다는 이야기.

고독이 좋다는 이야기, 혼자 있고 싶다는 생각이 들 때가 가장 고독한 때라는 이야기. 낚시를 오랫동안 혼자 하면 자기 자신과 대화를 나눌 수 있다는 이야기. 자기 자신과 대화를 나눌 수 있어야, 대인 관계도 좋아지고, 능률도 올라가고, 섹스도 잘된다는 이야기. 자기 자신이 하는 말에 귀 기울일 때 비로소 이타적이 된다는 이야기, 혼자 낚시할 때야말로 외로움을 잊을 수 있다는 이야기.

사람들과 어울리는 건 차마 못할 짓이라는 이야기.

모든 선후배를 버리고 충북 음성을 떠나왔다는 이야기, 결혼하지 않고 혼자 산다는 이야기, 애는 절대로 낳으면 안 돼요,

당사자 합의가 없잖아, 합의가. 생식을 염두에 두지 않을 때, 대인 관계도 좋아지고, 능률도 올라가고, 섹스도 잘된다는 이야기. 혼자 있을 때 비로소 자기 자신이 되는 것 같다는 이야기. 고독속에서 안전하고 충만하다는 이야기. 타인이 다가오는 순간이 가장 위험할 때라는 이야기.

제가 바다낚시 가르쳐 드릴까요? 마침내 그가 이렇게 물었을 때, 난 내가 마지막으로 전화번호 따일 뻔했던 때가 언제였는지 가물가물했다. 미국 탱글우드 야외음악당에서 오자와 세이지가 지휘하는 음악회가 끝나자 옆의 백인이 내게 말을 걸어 왔지. 사랑하지 않고 살기에는 인생이 너무 짧지. 백인을 죽일 때는 아무런 감흥이 없었어, 쉿. 동양인 치고 당신의 피부는 지나치게 희고 입술은 타는 듯이 붉군. 필라델피아 협궤 열차 안에서 앞자리에 앉아 있던 이가 몸을 돌려 말을 걸었지. 자기가 그린 그림들이라며 스케치북을 열고 길게 설명을 시작했었지. 그러나 갯냄새 나는 중년의 한국 남자가 내게 관심을 보인 건 처음 같은데.

낚시를 가르쳐 주겠다는 제안에 내가 선뜻 대답을 못하고 머뭇거리자, 그는 택시를 길가에 세웠다. 잠시 잊고 있었던 두려움이 고개를 들었다. 그 두려움을 감지했는지, 운전사는 한결 나긋한 목소리로 말했다. 낚시를 통해 구원을 얻을 수 있어요. 휴대폰 내비게이터를 끄고, 전화기에 저장된 물고기 탁본 사진을 내게 보여 주었다. 신문지 위에 놓인 커다란 감성돔 시체. 삶의 번

뇌라고는 흔적도 없어 보이는 모습이었다. 어탁 뜨는 걸, 물고기가 흑화한다고 해요. 그는 휴대폰을 내려놓고 나를 지그시 바라보았다.

몇 시쯤 되었을까. 마침내 택시는 번뇌를 버리게 되어 있다는 삼천사에 도착했다. 난 그가 원하는 크기에 미달하는 인간이었을까, 그는 나를 놓아주었고, 부디 건강하시라는 인사와 함께 나는 택시에서 내렸다. 삼천포에 오래 머물지는 않을 것이다. 오늘 밤 난 서울로 기필코 돌아갈 것이다.

김영민
본지 편집위원. 작가이자 사상사 연구자. 현재 서울대학교 정치외교학부 교수로 재직 중이다. 연구서로 『중국정치사상사』, 산문집으로 『아침에는 죽음을 생각하는 것이 좋다』, 『우리가 간신히 희망할 수 있는 것』, 『공부란 무엇인가』, 『인간으로 사는 일은 하나의 문제입니다』, 『인생의 허무를 보다』가 있다.

낙성대(落星臺)

임성순

별이 떨어진 것은 제국의 연호가 쓰인 마지막 해 일이었다. 그해
수도를 둘러싸고 온갖 기이한 풍문이 무성했다. 이를테면 빈민
가에서 정체 모를 생명체가 발견됐다는 소문이 그랬다. 학자들
이 근위군과 함께 소문의 장소를 이 잡듯이 순찰했다. 그러나 아
무것도 찾을 수 없었다. 진정 불길한 전조는 하늘에서 내려왔으
니까.

이른 새벽 거대한 청백색의 별이 수도 하늘을 가로질러 동북쪽으로
날아갔다. 동녘 하늘이 섬광과 함께 동이 튼 것처럼 밝아졌다. 지평
선 너머 하늘은 한 시간 가까이 환하게 빛나다 다시 어두워졌다.

사관은 일지에 이렇게 적었다. 천경 21년 13월 2일 일어난
일이다.
왕립학회의 천문 및 점성학 상임위원회의 말단이었던 나는
이 일에 대한 보고서를 최초로 작성했던 학자들 중 하나였다.

그날 밤 제국 전체를 가로질러 제국의 영토 동쪽 끝 한 준남작령 인근에 별이 떨어졌다. 보고에 따르면 섬광을 목격하고 4분 10여 초쯤 후에 귀청을 찢는 폭음과 함께 영내의 모든 유리창이 깨졌다고 한다. 학회에서는 광원의 방향과 별이 이동했던 흔적, 그리고 소리와 섬광의 속도 차를 통해 대략적으로 추락 위치를 추정했다. 그곳은 주도에서 북동쪽으로 90킬로미터 떨어진 한 고원이었다. 알아낸 것은 그것이 전부였다. 추락 지점은 수도에서 8,000킬로미터나 떨어진 세상의 끝이었고, 미개척지였으므로. 그곳에 고원이 있다는 것은 알았다. 왕립 지리학회 측량단이 80년 전 극지의 동쪽 해안선을 그리기 위해 탐사했던 지역 중 하나였으니까. 이름이 명명된 것은 봉우리들뿐이었으므로 고원은 이름조차 없는 땅으로 남았다. 순록의 가죽 무역을 독점해 부를 쌓아 올린 한 사내가 준남작의 지위를 사기 전까지만 해도 인근 땅은 행정 분류조차 없이 공백으로 남아 있던 불모지였다. 대륙 횡단 열차의 철로가 깔리며 증기 기관차의 급수를 위해 역이 생기지 않았다면 여전히 침엽수와 순록, 늑대와 영구동토층의 모기뿐인 땅으로 남았을 곳이었다.

천체 관측 및 점성학 상임위원회에서는 즉시 이 일을 학회에 주요 의제로 정식 상정했고, 내년 예산이 집행되는 대로 인원을 모아 조사단을 파견하기로 결의했다. 이견이 있긴 했다. 위원회의 원로 점성술사 하나가 그 별의 추락을 제국 몰락의 징조라 주장했던 것이다. 그녀는 마지막 점성술사였고, 그녀가 죽으면 상임위원회 내부에서는 명칭을 천문학 상임위로 개명하기로 내부 조율이 끝난 상태였다. 그녀의 주장은 자연스럽게 무시되었다. 바야흐로 이성과 합리의 시대였으니까.

이듬해, 거짓말처럼 혁명이 일어났다. 노쇠한 황제는 이미 여러 차례 실정을 거듭했다. 근위군을 동원, 제국의 가장 큰 항구에서 일어난 시위를 폭력으로 진압했던 일도 처음엔 흔한 실정 중 하나처럼 보였다. 시위는 이내 폭동으로 변했고, 폭동의 불길은 말을 탄 근위군보다 빨리 전신을 타고 온 나라로 달렸다. 근위군이 없는 수도에서 경찰과 왕실 경비대로는 분노한 폭도들을 막을 수 없었다. 이 글은 역사서가 아니므로 폐위된 황제가 겪어야 했던 모진 운명에 대해 따로 서술하진 않겠다.

황제를 추종했던 근왕파 역시 숙청됐고, 왕립학회 학자들 역시 이름을 감추고 숨었다. 떨어진 별? 혁명의 전조로 사람들의 기억에 남았다. 점성술사가 옳았던 셈이다. 나 역시 조사단이 출발하기로 예정되어 있던 날, 새로 취직한 도축장에서 잘린 소의 머릿수를 회계 장부에 기록하고 있었다. 살아남기 위해.

사람들은 혁명을 무도한 제국을 끝내고 새 시대를 여는 것이라 생각했다. 그러나 혁명은 끝이 아니라 시작이었다. 석 달마다 새로운 포스터가 붙었다. 새로운 구호와 슬로건이 전임 지도자의 목과 함께 광장에 걸렸다. 전복의 시대는 끝날 것 같지 않았지만 돌이켜 보면 그 혼란은 고작 2년 반 남짓이었다. 전임 지도자의 목을 광장에 거는 일에 실패하자 제국의 영토 3분의 2가 전화에 휩싸였다. 잔불이 정리되며 하나의 긴 전선이 모습을 드러냈다. 그리고 그 전선에선 기관총이란 이름의 죽음의 신이 군림

했다. 달궈진 총열이 납의 세레나데를 열창하는 동안 젊은이는 진창 속에 처박혔다. 나 역시 포병 장교로 이 전쟁에 참전했다. 원했던 일은 아니었다. 직장 앞에서 징집관이 기다리고 있었고 구 제국의 학자가 살아남는 길은 공화국의 장교가 되는 길뿐이었다.

별의 움직임을 계산하던 공식으로 포탄의 탄착지를 산출했고, 별을 관측하던 도구로 적정을 탐색했다. 부하들이 산화되어 가는 동안 나 역시 몇 번이나 죽을 고비를 넘겼다. 하지만 우리의 불행은 보병의 그것에 비하면 사소했다. 우리의 주된 전술적 목표는 참호와 참호 사이에 구덩이를 파는 일이었다. 포격이 끝나면 유개호에 숨어 있던 청년들이 돌격했고, 총열이 납빛 세레나데를 독창하는 동안 보병들은 아직 폭연이 꺼지지 않은 따뜻한 폭심지에 가슴을 움켜쥔 채 처박혔다. 우리는 그들의 무덤을 판 셈이었다. 다음 돌격에서 이번엔 적들이 같은 폭심지에 처박힐 때까지, 또 다른 포격이 그 구덩이를 덮어 버릴 때까지.

비산한 별의 가루가 바람에 날려 집단 광증에 시달리고 있는 것은 아닐까? 포연이 걷히면 때때로 이런 생각에 사로잡혔다. 그게 아니라면 이 죽음이, 이 비참함이, 이성과 합리의 시대에 찾아온 절망이 설명 불가능하게 느껴졌다. 살아남기 위해 가설을 만들었다. 별이 떨어진 그 자리를 상상하고, 폭발 위력과 반경을 계산했다. 떨어진 운석의 질량을 추정하고 비산한 파편의 각도와 위력을 모사했다. 살아남기 위해서는 돌아갈, 살아 돌아가야 할 이유가 필요했으니까.

돌아온 학회엔 아무것도 없었다. 첨단 과학의 총아였던 곳엔 깨진 플라스크와 비커만 남았다. 이성과 합리의 증거란 고작 깨어진 유리 더미였을 뿐이다. 국립학회란 간판을 걸었지만 남아 있는 건 포격으로 4층이 반쯤 탄 낡은 건물뿐이었다. 정치인들을 따라다니며 학회를 재건하는 데 왜 예산을 편성해야 하는지 설득하는 데 2년여의 시간을 허비했다. 거리에선 굶어 죽는 사람이 지천이었으므로 학회를 위한 예산 편성은 배부른 헛소리 취급을 받았다. 그들이 내 헛소리를 참아 준 것은 가슴에 단 훈장 때문이었다. 내 모든 학문적 성과가 젊은이들을 땅에 파묻으며 얻은 금속 쪼가리만도 못했던 셈이다. 그들 중 옛 상관도 있었다. 이제는 재무장관인 그는 누군가를 소개해 줬다.

싹, 싹, 가위질이 들리는 옛 영빈관의 다실에서 최고지도자의 뒷모습과 마주했다.

"그래. 그래서 내가 왜 자네에게 돈을 줘야 하지?"

이름과 직책을 소개했을 때 대뜸 이렇게 물었다. 이렇게 찾아온 이가 내가 처음이 아니며, 마지막도 아니리라.

"지금 이 나라에 필요한 건 당장의 배고픔을 달랠 식량이나 돈이 아닙니다. 음식을 먹으면 배부르겠지만 내일이면 다시 허기질 테죠. 이 나라에 지금 필요한 건 희망과 비전입니다. 그리고 그걸 위해서는 과학이, 합리가 밝혀 주는 미래가 필요합니다."

"그래 맞는 말이야. 그 희망과 비전이 10년이나 20년 후에 돌아올 거라는 것만 빼면 말이지. 그런 먼 답에 내가 왜 시간과

돈을 투자해야 하지?"

분명 나라에 필요한 일이라는 걸, 그도, 나도, 알고 있었다. 그러나 다가올 선거를 위해 필요한 일은 아니었다.

"연내 답을 얻을 수 있는 비전이 있다면 어떻겠습니까?"

"말해 봐."

"별이 떨어진 사건을 기억하십니까?"

최고지도자가 손을 들었다. 이발사가 물러났다. 그는 앉아 있던 의자를 돌렸다. 그는 처음으로 내 눈을 응시했다.

"계속해 봐."

"조사단을 파견해 과학적인 탐사 결과를 발표하는 겁니다. 국제 학회에서 말이죠. 그러면 전 세계에 우리가 이성과 합리를 기치로 세우는 국가이며 각하가 진취적인 지도자라는 인상을 줄 수 있을 겁니다."

"인상 수준의 일이겠지. 돌아서면 잊힐."

"맞습니다. 조사 발표라면 그게 전부겠죠. 그 발표에서 발견된 운석은 각하의 존함을 따 명명될 겁니다."

그의 입꼬리가 조금 움직인 것처럼 보였다. 권력자의 본질은 같다. 왕립학회 시절 예산이 필요하면 늘 황제의 이름을 땄다.

"별이 떨어진 날, 수도의 하늘까지 환하게 빛났네. 운석이 남아 있을 리 없지."

"중심이 단단했다면 가벼운 외피만 사라졌을 가능성도 있습니다. 각하의 지적처럼 아무것도 남아 있지 않을 수도 있죠. 그렇다면 별이 떨어진 땅에 각하의 존함이 붙여질 겁니다. 지도에도 역사서에도 과학사에도 각하의 존함이 남을 겁니다. 영원히."

다실에는 잠시 정적이 찾아왔다. 그는 다시 거울 쪽으로 몸을 돌렸다. 그리고 손을 들었다. 이발사가 다시 가위질을 시작했다. 사각, 사각, 정적이 천천히 잘려 가는 동안 내 희망 역시 빠르게 짧아지고 있었다. 그때 정적이 깨졌다.

"자네 이름이 뭐라 했지?"

과거, 조사단은 여름에 파견될 예정이었다. 기상학자들의 분석에 따르면 극지방의 편동풍이 직격하는 그 고원은 겨울밤 영하 40도까지 떨어질 터였다. 체감 온도는 영하 60도 이하이리라. 그러나 우리는 당장 출발해야 했다. 편성된 예산의 집행은 회기 마감 전에 해야 했으니까. 위험한 일이기에 기꺼이 내 이름을 명단에 올렸다. 당시 나는 어떤 위험이 찾아올지 알고 있다 믿었다.

대륙 횡단 열차에서 내리자 한때 준남작이었던 시장이 우리를 기다리고 있었다. 조사단은 이제는 시장 공관으로 이름이 바뀐 그의 저택 별실에 짐을 풀었다. 별이 떨어진 지 10여 년이 흘렀으니 폭심지에 가본 이들이 있을 터였다. 조사는 그들에 대한 탐문으로 시작될 예정이었다.

"물론 가본 이들은 있소. 이곳엔 없을 뿐."

"그렇다면 그들은 어디에 있습니까?"

"모여 살고 있소. 별이 떨어진 곳 인근에."

"모두 말입니까?"

"전부. 단 한 명의 예외도 없이."

"어째서요?"

"모르겠소. 그 별이 떨어진 곳에 간 사람들은…… 소명 운운하며 그곳에 모여 살기 시작했다오. 알다시피 그곳은 사람이 살수 있는 땅이 아니야. 그런데도 한 파문당한 종교인을 중심으로 우물도 파고, 밭도 경작해 정착지를 만들었지."

"사교 집단 같은 겁니까?"

생각이 복잡해졌다. 이성과 합리의 시대라 해도 문명의 빛이 닿는 곳은 도시까지였다. 떨어진 별이 지닌 시대적 의미를 모르는 사람은 없었다. 그걸 이용하려는 사이비가 하나쯤 나온다 해도 이상한 일은 아니었다.

"모르겠소. 세금은 제대로 내고 있으니…… 모여서 방벽이란걸 만들고 있다는데 도대체 뭐 하는 짓인지."

"방벽이요?"

"그 사람들 말로는 별이 떨어진 자리에 다른 이들이 오는 걸막기 위해서라고 하더군."

"우리도 막겠군요."

"모르지. 소수의 상인들을 제외하면 그곳에 가려는 사람이 없으니까."

별을 보고 돌아온 사람이 없다. 감금하거나 세뇌하는 것은 아닐까? 사교 집단이라면 불가능한 일도 아니었다. 시장은 마지막으로 이렇게 덧붙였다.

"다시 생각해 보시오. 나라면 가지 않겠소. 어떤 건 영영 모르는 편이 낫지."

조사단은 썰매개를 준비했고 식량과 장비를 챙겼다. 교역소에서 길잡이를 찾았지만 사냥꾼들은 서로 눈치만 보았다. 몸값을 일반적인 시세의 세 배쯤 불렀을 때 한 사내가 나섰다.

"별이 떨어진 곳이 아니라 정착지까지라면 내 가리다."

석 달에 한 번씩 정착지에 물건을 공급한다는 그는 날이 좋다면 이틀 내에 정착지까지 갈 수 있다 했다. 대신 자신의 썰매개들을 고용할 것과 그 몫으로 몸값의 반절을 더 얹어 달라 말했다.

"눈보라가 몰아치면 길이 사라질 텐데 우리 애들이 안내해 줄 거요. 그놈들은 강아지 시절부터 그 길을 다녔거든."

탐사대가 출발하자 기다렸다는 듯 눈보라가 몰아쳤다. 흩어지지 않기 위해 여섯 대의 썰매 전부를 밧줄로 연결했다. 먼저 풍경이 눈발에 지워지며 시야에서 사라졌고, 그 뒤는 앞선 썰매들이, 다음은 연결된 밧줄 끝이 점차 하얗게 눈보라에 먹혀들어 갔다. 오후가 되자 코앞이 보이지 않을 정도로 눈보라가 거세졌다. 텐트조차 칠 수 없었으므로 우리는 썰매를 둥글게 모아 비박을 했다. 등을 맞댄 채 서로의 체온에 기대어 선잠을 자며 악몽 같은 밤을 버텼다. 극야는 끝나지 않을 것처럼 길었고 나는 전쟁을 떠올렸다. 지옥을 알고 있다 믿었는데 그것의 얼굴은 하나가 아니었던 것이다. 동이 트자 심각한 동상에 걸린 짐꾼 둘과 생태학자를 태워 되돌려 보내야 했다. 눈보라는 잠깐 멈췄지만 다섯 시간 남짓의 낮 동안 갈 수 있는 거리는 얼마 되지 않았다. 길잡이의 말대로 개가 없었다면 길을 잃었을 터였다. 그날은 텐트를 칠 수 있었다. 밤이 되자 바람은 다시 광풍으로 바뀌었다. 어제와 달리 누워 잘 수 있었지만, 추위 탓에 자고 나서도 피곤했다. 해가 뜨자 기상학자와 짐꾼 하나가 저체온 쇼크로 발길을 돌렸다. 그날 오후엔 날씨가 갰다. 여정 중 처음으로 속도를 낼 수 있었다. 그럼에도 다음 날, 사진가의 조수와 천문학자 한 명이 수도에서부터 함께했던 전문 탐험가와 함께 발길을 돌렸다. 고열에 둘이 의식을 잃었던 것이다. 그렇게 정착지에 도착할 때까지 함께 출발했던 여섯 대 중 세 대의 썰매를 잃었다.

"우리가 고원을 올라가기 시작한 이후에 정착지로 들어가시면 됩니다."

조사단은 정착지를 우회하기로 했다. 사교 집단에 잡힐 수는 없었다.

"한 번 더 생각해 보시죠. 제가 길 안내를 처음 할 거라 생각합니까? 그곳에 갔던 이들은 모두 저 마을에 남았습니다. 단 한 명의 예외도 없이."

그들과는 달랐다. 어떤 미신과 맹신이 그들을 사로잡았는지 알 수 없었지만, 우리에겐 과학을 위한 사명이 있으니까. 길잡이와 작별하고 조사단은 고원의 정상을 향해 오르기 시작했다. 지표를 따라 낮게 떠올랐던 태양은 이미 저물고 있었다. 경사 반대편으로 그들이 만들고 있다는 방벽이 보였다. 3미터 높이의 자작나무로 만든 흰 방벽은 고원의 2부 능선을 따라 웅크린 뱀처럼 이어져 있었다. 작은 마을에서 했다고는 믿을 수 없는 대공사였다. 어떤 열정이 저런 이상한 장벽을 만들게 하는 걸까? 황혼을 받은 흰 벽의 거대함에 기이한 섬뜩함을 느꼈다.

고원에 올라섰을 때 하늘은 극광으로 물들어 있었다. 에메랄드빛 하늘 아래 쓰러진 자작나무들이 폭심지에서 방사형으로 시야 끝까지 쓰러져 있는 모습은 보는 이들을 압도했다. 푸르게 빛나는 사목의 지평은 경이롭다 못해 스산했다. 사방은 고요했다. 숙영지를 만들고 텐트에 들어가자 정적은 더 분명해졌다. 출발 이후 귓가를 떠나지 않았던 북풍의 울음소리가 들리지 않았으니까. 심지어 춥지도 않았다. 오히려 추워야 하는 고원의 위쪽이 아래보다 따뜻하다는 기묘함이 정착지 사교도들이 짓고 있는 방벽의 모습과 맞물려 불길한 상상을 하게 했다. 그들은 우리가 모르는 어떤 이유로 이곳을 세상에서 격리하려는 건 아닐까?

아침이 되자 온전한 고원의 모습을 볼 수 있었다. 지평선 끝까지 쓰러진 나무가 있었다. 대륙 반대편의 밤하늘까지 밝힐 정도의 폭발이었으므로 십수 년이 지나고도 이런 황폐함은 어쩌면 당연하리라. 하지만 새로운 식생이 자라지 않았다는 것이 불길했다. 숲은 회복력이 있다. 그것을 막고 있는 것은 무엇일까? 그 답을 줄 생태학자는 이제 없었다. 그를 위해 흙과 쓰러진 나무의 표본을 확보했다. 쓰러진 나무가 길을 지웠으므로 썰매를 캠프에 두고 걸어서 폭심지로 향했다. 처음엔 나무와 눈으로 이동조차 쉽지 않았다. 그러나 폭심지에 가까워질수록 적설량이 낮아졌다. 허리까지 오던 눈이 이내 발목까지, 다시 발 아래로 낮아졌다. 그때 물리학자가 내 옷깃을 잡아당기고는 손가락으로 하늘을 가리켰다. 하늘에는 납빛 구름이 빠르게 흘러가고 있었다. 다만 머리 위, 정확히는 고원의 상공, 폭심지 주변만 둥그렇게 푸른 하늘이 보였다. 모든 구름과 바람이 고원을 비껴가고 있었다. 이것을 무엇으로 설명할 수 있을까? 그럴듯한 가설을 들려줄 기상학자도 조사단엔 없었다. 눈조차 쌓이지 않은 토양의 표본을 채취했다. 쓰러진 나무와 토양 모두 얼음이 낀 것처럼 얇고 투명한 피막에 쌓여 있었다. 샘플을 채취하던 화학자는 중얼거렸다.

"석영이나 규소가 결정화된 겁니다……. 폭발 시 열 때문이겠죠."

그의 목소리에 자신감이 없었다. 토양은 그럴 수도 있다. 하지만 살아 있는 나무가 폭발로 결정화됐다는 이야기는 들어 본 적이 없었다. 샘플을 실험실로 가져가면 답을 알 수 있을까? 무지의 영역은 폭심지에 다가갈수록 커졌다. 중심에 다가갈수록 결정화된 나무도 사라졌다. 그저 유리처럼 빛나는 평원이 탐사대를 기다리고 있었다. 나무조차 기화가 된 것이리라.

새로운 숙영지를 만들었다. 짐꾼들이 속삭이는 소리만이 들렸다. 그들의 얼굴에서 두려움을 읽을 수 있었다. 기이한 정적에 다들 예민해져 있었다. 그 밤 다시 극광은 빛났고 결정화된 대지에 반사된 빛이 하늘의 빛과 뒤섞여 고원은 일렁거렸다. 이튿날, 짐꾼들이 모두 사라졌다. 달아난 것이다. 조사단은 하루치 식량만 챙겨 폭심지로 향했다. 길을 막는 나무도 눈도 추위도 없었으므로 무리하면 폭심지까지 다녀올 수 있다는 계산이었다.

고요함은 안으로 갈수록 밀도를 더했다. 정적을 깨는 것은 발을 딛을 때마다 균열을 일으키는 결정화된 대지의 파열음뿐이었다. 정오가 지날 무렵 평원의 끝에서 50미터 높이의 융기된 둔덕이 보였다. 폭심지에 도달한 것이다. 검게 변색한 둔덕의 정상은 햇살을 반사했다. 운석의 잔해가 대기 중 산소와 반응하며 변성한 자철광 산화물 때문이리라. 나는 둔덕의 모습을 보고 떨어진 별이 석질 운석이리라 추정했다. 둔덕을 기어 올라가자 추측은 확신으로 바뀌었다.

거대한 운석공이 한눈에 들어왔다. 운석공은 그 아래 작은 도시를 만들 수 있을 정도로 거대했다. 동시에 지난 전쟁에서 내가 수없이 만들어 낸 포탄의 탄흔을 닮아 있었다. 수많은 젊은이가 묻혀 버린 그 무덤 말이다. 나는 압도되었다. 무엇을 묻기 위해 이토록 거대한 것인가.

그사이 측량사는 측량을 시작했고, 촬영 기사는 사진을 찍었다. 다들 고무되어 있었다. 어쨌든 목적지에 도달한 것이니까. 정신을 차렸을 때 나는 운석공의 비탈을 내려가고 있었다. 조사단은 내가 운석의 파편을 찾으려는 줄 알았을 것이다. 그러나 그 순간 나는 이미 이곳에 온 목적을 잊고 있었다. 이 별의 추락이, 포탄의 추락이 만들어 낸 구멍이 어쩐지 하나의 인과로 묶여 있을지 모른다는 직감에 사로잡혀 있었다. 비탈을 미끄러져 도달한 분지의 중심에는 검은 구가 있었다. 2미터 높이의 완전한 구처럼 보이는 그것은 영락없이 운석이 폭발하고 남은 중심의 핵처럼 보였다. 자철광이라면 스피넬 구조일 텐데. 구라는 건 말이

되지 않았다. 다가가자 소름이 돋았다. 형태의 기하학적인 특이성 때문이 아니라 그 존재의 희박함 때문이었다. 그것은 다가갈수록 희박했다. 나는 깨달았다. 이곳에 바람과 소리와 눈이 없는 이유를. 구름과 바람과 식물조차 이 불길하게 희박한 것을 비껴가고 있었다. 거기엔 부재가 만들어 낸 척력이 작용했던 것이다. 난 인과의 끝을 향해 손을 뻗었다. 분명한 힘에 저항하며 경계면에 닿는 순간 갑자기 손이 안으로 쑥 들어갔다. 그리고 깨달았다.

그곳에는 아무것도 없었다. 검은 구는 존재하는 것이 아니다. 완벽히 부재했기에 구처럼 보였을 뿐이다. 몸이 떨렸다. 추위 때문이 아니라 상실 때문이었다. 왜 이곳에 들른 이들이 장벽을 세우는 데 몰두하는지 알 수 있었다. 그들은 감추고 싶어 했다. 이곳엔 아무것도 없었다. 그리고 부재야말로 존재에 대한 진정한 불경이었으니까.

공허를 설명할 수 있을까?

부재에 이름을 붙일 수 있을까?

시대가 만들어 낸, 혹은 시대를 만들어 낸 검은 구를 나는 포연 속에서, 죽은 황제의 목에서, 혹은 낙성의 밤, 섬광 속에서 보았다. 이제 우리는 영영 전과 같아질 수 없으리라.

임성순
2010년 장편소설 『컨설턴트』로 세계문학상을 받으며 등단했다. 2018년 젊은작가상, 2019년 SF 어워드 대상을 수상했다.

모국어가 그리울 때 꺼내어 읽기를

—『외로운 사람끼리 배추적을 먹었다』에 부쳐*

어딘(김현아)

아띠가 벨라루스로 떠난다. 향후 몇 년은 그곳에서 살 것이다. 벨라루스, 아띠와 나에게 낯선 이름은 아니다. 함께 '유라시아 횡단 열차' 프로젝트를 진행하며 몇 번이나 입에 올린 지명이기 때문이다. 모스크바에서 폴란드로 넘어갈 때 벨라루스에서 기차를 갈아타야 했다. 러시아에서 벨라루스로 입국해서 다시 폴란드로 출국하는 절차를 1시간 안에 진행해야 했기 때문에 우리는 살짝 긴장했다. 40여 명의 청소년·청년이 함께하는 여행이어서 사소한 지체가 기차를 놓치게 할 수도 있었다. 예상치 못한 곳에서 문제가 발생했다. 프로젝트를 촬영하던 감독들의 장비(카메라, 드론 등)가 신고되지 않았다는 이유로 입국을 거절당했다. 항의도

---

* 이 글에 인용된 모든 문장은 김서령, 『외로운 사람끼리 배추적을 먹었다』(푸른역사, 2019)에서 가져온 것이다.

문학 · 에세이

읍소도 통하지 않아 결국 두 감독은 횡단 열차를 타고 모스크바로 되돌아가고 우리는 폴란드행 기차를 탔다. 문제 해결을 위해 벨라루스 기차역에서 사방팔방 뛰어다닐 때만 해도 아띠는 자신이 그곳에 되돌아오리라곤 생각도 못 했겠지. 어쨌거나 아띠와 밥을 먹기로 했다. 먼 곳으로 떠나는 아띠에게 무엇을 줄까. 대사관에서 일하는 남편과 함께 이동하는 것이니 이삿짐이 꽤 될 것이다. 부피가 크면 짐이 될 테니 꼭 주고 싶은 한 가지만 택하자고 마음먹으니 고민할 필요도 없었다. 책 한 권과 천으로 된 달력을 꺼내 포장했다. 한 권의 책을 고르는 건 놀랍게도, 바로 결정됐다. 『외로운 사람끼리 배추적을 먹었다』. 일말의 망설임 없이 "김서령이 남긴 '조선 엄마의 레시피'"가 부제로 붙은 책의 맨 앞장을 펼쳤다.

벨라루스로 가는 아띠에게,
모국어가 그리운 날, 꺼내어 읽기를.
한 땀 한 땀 장인의 공력으로 직조한 한국어 문장의 정수가 여기 있으니.

요즘처럼 먹을 게 넘쳐나는 때에 익지는 무엇이고 콩장은 또 무언가. 나는 내 부엌에서 절대 그런 음식을 만들지 않는다. 필요를 느낀 적도 없다. 그런데 이상하다. 익지란 말을 엉겁결에 발음하고 나서 나는 난데없이 그 밍밍한 무와 심심한 콩장 맛이 그리워지기 시작했다. 그건 정말 아무렇지도 않은 맛이었다. 결코 맛있지 않은 맛이었다.

그런데 그 맛 속에 별의별 것이 담겨 있었던 것만 같다. 무와 콩을 길러낸 척박한 땅에 비치던 은은한 햇볕과, 땅속 깊이 인색하나 다디달게 숨어 있던 지하수와, 눈물이 돌 것 같은 겸허와, 수도 승같이 맑은 인내와, 텅 빈 밭이랑 위로 불어오는 바람결 같은 가난과, 그 가난과 짝을 이룬 꼿꼿한 자부와 자존심이 슴슴한 익지 맛 안에 모조리 담겨 있었던 것만 같다.(121쪽)

자러 가야 하는데, 이제 자야 하는데, 연신 시계를 봤다. 11시 반이 넘어서고 있었다. 웬만하면 11시에 잠자리에 드는 것이 요즘 내 일상이다. 규칙적인 수면 습관이 불면증 해결에 중요한 요소라고 대부분의 의사들이 말했으므로 그 조언을 따르려 노력한다. 책은 아직 4분의 1 정도가 남아 있다. 평소대로라면 미련 없이 덮고 들어갔으련만 그럴 수가 없다. 다음 장만 읽고 들어가자, 다음 장만 읽고 들어가자, 결국 12시 반을 넘기고 부랴부랴 침대로 간다. 까만 어둠 속으로 김서령의 문장이 별처럼 총총 뜬다.

정성, 거기에 대해 나는 할 말이 너무도 많아졌다. 젊어서는 주변에 널려 있는 하염없는 정성들을 비웃었다. 나는 남들에게 저렇듯 헛된 정성을 바치는 사람이 되지 않겠다고 다짐하기까지 했다. 나이든 지금은 우습게도 정반대가 되었다. 인간이 제 안에서 뽑아낼 수 있는 최대 가치는 정성이라고 생각하는 사람이 되

문학·에세이

고 말았다.(145쪽)

김서령은 안동의 의성 김씨 종가에서 나고 자랐다. 일 년
에 열세 번 제사를 지내는 집이었다. 시조모와 시조부, 홀로 된
시어머니와 어린 시동생 둘, 그들의 음식 수발과 옷 수발을 하
는 엄마를 보며 복잡한 마음의 지층이 만들어졌을 것이다. 나
도 그랬다.

일 년에 여덟 번 제사를 지냈다. 제사는 하루 저녁에 뚝딱 지
내는 게 아니었다. 일주일을 두고 장을 보고 빠진 게 있나 소홀한
게 있나 살피며, 잴 것은 재고 다듬어 둘 건 다듬고 불릴 것은 불
려 두었다. 제삿날 아침이 되면 엄마는 새벽에 일어나 머리를 감
고 하루를 시작했다. 여덟 가지가 넘는 전을 부치고 일곱 가지가
넘는 나물을 하고 생선을 굽고 고기를 삶고 탕을 끓이고 문어와
가오리를 손질하고 과일을 씻고 떡을 찾아오고, 그 모든 일을 한
치의 오차도 없이 했다. 자정 즈음 제사가 끝나 음복을 하고 우리
가 잠자리에 들 때면 엄마는 그 모든 음식을 정리하고 설거지를
하고 새벽 두세 시가 되어야 방으로 들어갔다. 봉제사만 일이 아
니었다. 접빈객도 많은 집이었다. 내가 중학교 때까지 문중회의
라는 것이 우리 집에서 열렸다. 갓을 쓰고 두루마기를 입은 영감
님들이 에헴 기침을 하며 집으로 왔다. 아버지의 오촌 당숙, 육촌
형님, 칠촌 아재, 팔촌 삼종들이었다. 엄마는 하루 종일 부엌에서
영감님들이 드실 음식을 장만했다. 나는 그들이 가소로웠다. 시

골에서 농사나 짓는 늙은이들 주제에 시대에 뒤떨어진 고담준론이나 읊어 대면서 근본 있는 가문인 척하는 게 아니꼬웠다. 엄마는 금방 지어 고슬고슬한 밥과 김이 설설 나는 동태탕과 마침 맞게 익은 김장 김치와 따끈따끈한 수육과 조기구이와 파래무침, 도라지무침, 가지약지, 깻잎, 동치미, 각종 겨울 반찬과 술을 차려 들여 보내고 다시 무적과 배추적을 부쳤다. 나는 꼼짝도 하지 않고 방에 있었다. 저들의 시중을 들고 싶은 마음이 전혀 없었으므로 읽히지도 않은 책을 끼고 앉아 공부하는 척을 했다. 재밌는 건 엄마도 일체 나에게 심부름을 시키지 않았다는 거다. 들큰한 무적과 배추적을 맛보라고 들여 보낼 뿐이었다. 맡겨진 일에는 최선을 다하지만 그것을 승계할 마음은 눈곱만큼도 없는 듯했다. 점심을 먹고 두세 시간이 흐르면 메밀묵을 곱게 쳐서 뜨거운 육수에 말아 고명을 얹어 다시 손님방으로 들여 보냈다. 식혜와 수정과와 인절미, 곶감과 함께. 해가 기울 녘이 되면 영감님들은 하나둘 자리를 털고 일어나 잘 먹었네 이 사람, 자네가 고생했네 한마디씩을 남기고 훌훌 떠났다. 엄마는 대문 밖에 서서 인사를 하고 나는 마루 끝에 서서 그 광경을 보았다. 나는 이 지리멸렬한 곳을 떠나 멀리멀리 가고 싶었다.

깔끔한 것, 해맑간 것, 투명한 것, 무언지 얄팍한 것, 은근히 냉정한 것, 그리고 살짝 인색한 것, 그것이 내가 직면한 서울적인 것이었다. 서울식혜는 딱 거기 적당한 음료였다. 내가 아는 수더분한 것, 두툼한 것, 실팍한 것, 깊이 가늠이 잘 안 되는 것, 괜히

내용물이 그득한 것, 실없이 뜨끈한 온기가 감도는 것, 그런 것은 촌스러운 것이었다.(221쪽)

엄마와 아빠가 돌아가시고 어느 해 추석, 일이 있다고 둘러 대고 오빠네도 안 가고 작은아버지네도 안 가고 혼자 집에 있었 다. 한 사나흘 아무것도 안 하고 늘어지게 쉬고 싶었다. 늦잠을 자고 대충 끼니를 때우고 건성건성 텔레비전이나 보며 하루 이 틀을 보내고 사흘째 되는 날, 난데없이 기름진 음식이 먹고 싶었 다. 뱃속이 꿈틀꿈틀 요동칠 정도로 간절히 입술이 번들대도록 걸진 뭔가를 먹고 싶었다. 백화점으로 차를 몰아 부침개와 튀김 을 잔뜩 사와 식탁에 가득 펼쳐 놓고 흠씬 먹어 댔다. 속이 느글 느글해지면서 헛헛한 기가 가셨다. 맙소사, 얼척이 없어 헛웃음 이 나왔다. 누군가에게 무엇인가에 아주 상큼하게 진 거 같았다. 아띠도 벨라루스에서 어쩌면 그럴까? 한때는 경멸했던 어떤 맛 을 찾아 이국의 식당을 뒤지며 다닐까? 그러다 문득 그리울까? 지리멸렬했던 것들, 구차했던 것들, 부끄러웠던 것들, 남루했던 것들, 그 사이로 엄마.

"아이고 잘 먹네!"
엄마는 내가 국수를 삼키는 것이 몹시도 기쁜 모양이다. 그렇 다면 이제 눈을 뜨고 본격적으로 먹기로 한다. 젓가락을 들자 엄마 는 "아이고, 우리 웅후 인제 보니 알양반일세. 자다가도 벌떡 일어 나 저녁 먹는 거 좀 봐." 짐짓 호들갑스럽게 칭찬한다.

난 좀 좋고 좀 무안해서 입을 더 크게 짝짝 벌린다. 알양반이 뭔지는 모르지만 그게 이렇게 맑고 슴슴하고 수수하고 의젓하고 살뜰하고 고담하고 소박한 것을 꿀꺽 삼키는 것이라면 나는 얼마든지 '알양반'이 될 용의가 있다. 그렇고 말고!(50쪽)

작가는 글의 끝부분, 고담하고 소박하고 살뜰하고 슴슴하고 수수하고 의젓하다는 말이 실은 백석의 시에서 따온 단어들임을 고백한다.

내 구차한 천 마디 말보다 백석의 시 한 편을 읽는 편이 훨씬 국수의 본질에 닿으리라.(52쪽)

아띠와 나는 백석을 좋아했다. 학생들에게 읽힐 시를 고를 때 자주 백석의 시를 찾았다. 「여승」, 「국수」, 「나와 나탸샤와 흰 당나귀」, 「고향」, 「흰 바람벽이 있어」, 「여우난 곬족」, 「탕약」……. 아침 시간 우리는 그의 시를 학생들과 함께 낭랑히 낭독하곤 했다. 모국어가 가닿을 수 있는 지순한 아름다움의 경지가 아득히 펼쳐졌다. 아름다움이란 말 속에는 아픔과 슬픔과 연민과 애틋함과 미련과 분노와 그리움이 버무려져 있다는 걸 절로 알게 되었다. 이토록 근사한 언어가 내 모국어라니, 가슴이 두근거리며 아랫배가 간질간질해지고 양껏 포만했다.

우리들은 아무런 욕심이 없다. 우리들은 야위어서 푸르렀다.

우리들은 세괄은(억센) 가시 하나 없다. ……흰밥과 가자미와 나는 그렇게 친구라는 것인데 오늘 내 밥상의 가자미는 가시가 제법 세 군다. '해정한' 모래톱에 달빛이 내릴 때 거기서 달빛을 희롱하며 자랐을 가자미를 나는 꼭꼭 씹어서 삼킨다. 흰밥과 가자미와 나는 …… 같은 시절 같은 해와 달을 올려다보며 살다가 오늘 밥상 앞에서 서로 만났다.(99쪽)

언어가 풍부하면 삶이 윤택해진다. 세상의 구조를 결결이 파악하는 것도 우주의 이치를 헤아리는 것도 운명을 가늠하는 것도 혁명을 꿈꾸는 것도 나를 해산하는 것도 언어를 통해서 하도록 사피엔스는 설계되어 있다. 명징하고 섬세하고 풍성할수록 생은, 그 무정형의 시공간은 마음껏 풍요롭고 흠씬 자유롭다. 가볍고 명랑하다.

'늙은 호박'은 보통명사다. '익은'이 아니라 '늙은'이란 관형어가 이토록 원숙하고 의젓한 의미로 통용되는 예가 호박 말고 또 있을까. 늙은 오이가 '노각'으로 대접받기도 했지만 호박과는 견줄 바가 못 됐다. 원래 호박은 곡식이 아니라 채소다. 그러나 늙은 호박을 채소라고 부르는 건 영 난처하다. 일단 늙기만 하면 호박은 곡식과 비슷한 대접을 받을 수가 있었다. (……) 긴 시간 땅기운을 빨아들였기에 품은 기운이 야물었고 저장이 가능했고 끼니가 될 수 있었다 (애호박과 늙은 호박을 비교하면 곡식과 채소의 차이가 명료해진다).(60-61쪽)

책을 두세 번 읽는 경우가 별로 없다. 한 번 더 읽어야지 꽂아 두지만 새로운 책을 읽게 된다. 『외로운 사람끼리 배추적을 먹었다』를 읽는 동안 다 읽지도 않았는데 한 번 더 읽어야지, 되뇌었다. 다시 읽을 때는 꾹꾹 간만에 필사도 해볼 요량이다. 이토록 근사한, 이토록 빛나는 모국어를 가졌다는 게 설레고 먹먹하고 뭉클하다.

아름다운 것은 윤리적이다. 아름다운 것은 인간의 마음을 열리게 만든다. 아름다운 것들은 시간의 침식을 이긴다. 아름다운 것에 감응할 수 없을 때 인류는 황폐해질 것이다.(191쪽)

영감님들은 엄마를 좋아했다. 특히 할아버지의 사촌 동생 부천 할아버지는 그 마음을 입 밖으로 내어 말하는 분이었다. 질부야, 자네 이부자리는 어찌 그리 가슬가슬한가, 덕분에 내 아주 잘 잤네. 질부야, 국이 아주 맛나다, 속이 아주 시원하게 풀리네. 자네가 참 본데 있는 집에서 시집와 우리 집안을 살리는 사람이네, 귀한 사람이네.

부엌에서 우물에서 빨래터에서 밭에서 장터에서 똥기저귀를 빨며 바느질을 하며 쑥을 캐며 깨를 빻으며 기도하며, 기도하며 여자들은 언어를 발명하고 발견하고 확장하고 전승했다. 생명 이전과 생명 이후를 덧대고 연결하며 지글지글 보글보글.

몽골에는 바람의 이름이 하와이에는 달의 이름이 러시아에는 눈의 이름이 아흔하고도 아홉 가지라는데 벨라루스에는 어떤 말들이 아띠를 기다리고 있을까. 『전쟁은 여자의 얼굴을 하지 않았다』, 스베틀라나 알렉시예비치의 나라로 나의 동지 아띠가 간다.

어딘(김현아)
작가, 어딘글방 운영자, 여행학교 로드스꼴라 대표교사. 『활활발발』, 『전쟁의 기억 기억의 전쟁』, 『그녀에게 전쟁』, 『그곳에 가면 그 여자가 있다』 외 다수 출간.

[편집자] 〈신간 책꽂이〉에는 최근 발간된
신간 가운데 눈에 띄는 책을 골라 추천 이유와
함께 소개한다. 이 책들의 선정과 소개에
도움을 주신 분들은 다음과 같다.

김경영(알라딘 인문 담당 MD),
김수현(교보문고 인문 담당 MD),
손민규(예스24 인문 담당 MD),
안찬수(책읽는사회문화재단 상임이사),
이현진(와우컬처랩 대표)
(가나다순)

『소박한 삶』 가아우스 무소니우스 루푸스 지음,
서미석 옮김, 유유
1세기에 활동한 철학자의 목소리가 이토록
생생하게 들릴 줄이야. 배움, 교육, 의식주 등을
주제로 그가 설파한 주장은 현대 사회에 적용해
받아들여도 될 만큼 통찰력 있다.(김수현)

『모든 삶은 빛난다』
안드레아 콜라메디치·마우라 간치타노 지음,
최보민 옮김, 시프
이탈리아의 젊은 철학자 두 사람이 고대
철학의 세계로 현대인들을 초대한다. 철학은
더없이 실천적인 존재의 기술. 철학을 통해
삶을 단단하게 만들고자 하는 이들에게
추천한다.(김수현)

『편향의 종말』 제시카 노델 지음, 김병화 옮김,
웅진지식하우스
차별과 배제는 무지한 개인 탓이 아니다.
편향은 뇌에서 만들어지고 사회로 확산한다.
이 책은 편향의 작동 방식을 분석하고 이로부터
벗어나는 구체적인 방법을 제시했다.(손민규)

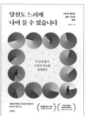

『기대의 발견』데이비드 롭슨 지음,
이한나 옮김, 까치

원하면 이루어진다는 건 믿음의 영역이 아니다.
기대 효과를 다룬 이 책은, 기대의 힘을 인지하고
우리 삶에 적절하게 인용한다면 보다 나은
내일이 가능하다고 알려 준다.(손민규)

『차이에 관한 생각』프란스 드 발 지음,
이충호 옮김, 세종

영장류로 분류되지만 침팬지와 보노보는 확연히
다르다. 젠더 수행을 말할 때 한 종만 분석하면
그릇된 결론에 빠진다. 이 책은 다양한 영장류를
검토하며 인간의 성차에 접근한다.(손민규)

『블루프린트』니컬러스 A. 크리스타키스 지음,
이한음 옮김, 부키

인류의 오늘을 있게 한 설계도를 제시한다.
우월한 두뇌 덕분이라는 설명만으로는
부족하다. 핵심은 공감력이다. 이기적 개인이
공동체를 만들고 효과적으로 유지해 나간
비결을 밝힌다.(손민규)

『AI 지도책』케이트 크로퍼드 지음,
노승영 옮김, 소소의책

인공적이지도 지능적이지도 않은 AI는
아이러니하게도 인간에게서 노동을 채굴한다.
우리는 AI의 진짜 모습과 자동화로 인한
탄소발자국을 떠올려야 한다.(이현진)

『당신도 느리게 나이 들 수 있습니다』
정희원 지음, 더퀘스트

피할 수 없다면 최대한 늦추고 싶은 '노화'.
노년내과 전문의인 저자가 성공적으로
나이 드는 법에 대해 이야기한다. 구체적인
근거에 기반해 실질적인 지침까지 제공하는
책.(김수현)

정희원은 의학, 과학, 사회학, 경제학, 인문학,
종교를 넘나들며 우리 삶의 내재역량으로
가속노화를 늦추는 해결법을 제시한다.
노화를 피할 수는 없어도 관리하고 늦출 수는
있다.(이현진)

『어른 이후의 어른』 모야 사너 지음, 서제인
옮김, 엘리
'어른이란 무엇인가?' 제대로 성찰하지 못한 채
어른이 되어 버린 이들을 위한 책. 답을 찾기
위해 수많은 사람을 만나 인터뷰한 저자의
여정이 힌트가 되어 줄 것이다. (김수현)

『걷는 존재』 애나벨 스트리츠 지음, 이유림 옮김,
위즈덤하우스
이로움을 알면서도 실천하기 어려운 것 중
하나가 바로 '걷기'다. 저자는 다양한 걷기
방법을 소개하며 걷기의 즐거움을 일깨운다.
이 책과 함께 걷는 시간을 삶에 들여와
보시기를.(김수현)

『고양이는 왜 장화를 신었을까』 박신영 지음,
바틀비
익숙한 이야기에서 그 시대를 낯설게 읽을 수
있도록 날카로운 질문을 던진다. 크리스마스
선물은 왜 부모가 아니라 산타가 줘야 하나?
신데렐라가 12시 전에 돌아온 까닭은?(손민규)

『짝 없는 여자와 도시』 비비언 고닉 지음, 박경선
옮김, 글항아리
비비언 고닉은 예리한 관찰력과 날카로운
재치를 바탕으로 미혼, 독립, 그리고
현대 도시 생활의 복잡성을 헤쳐 나가는
'이상한 여성'으로서의 기쁨과 도전에 대해
성찰한다. (이현진)

『작가 피정』 노시내 지음, 마티
번역가 노시내가 스위스에서 보낸 날들이
정갈하고도 섬세하게 담겨 있다. 책의 말미,
'주워 모은 말들'에 다다르면 번역가의
시선으로 보는 세상은 어떠한지 조금은 알 것도
같다.(김수현)
믿고 읽는 번역가 노시내. 10개 도시를 26년
넘게 옮겨 다니며 살고 있는 그의 독특한
정체성을 담은 에세이. 언어와 국가와 사람에
대한 시선이 따스하고 자유롭다.(김경영)

『피렌체 서점 이야기』로스 킹 지음, 최파일 옮김, 책과함께

역사가 쥘 미슐레가 '르네상스'라고 불렀던 역사적 현상, 이탈리아 피렌체를 중심으로 고대 그리스인들의 미적·도덕적 가치를 다시 살려 내려고 했던 지적인 움직임들. 그 중심에는 책을 만들어 내는 사람이 있었고, 그 책을 읽고 토론하는 사람이 있었으며, 그 책을 수집하여 보존하려는 사람이 있었다.(안찬수)

『다시, 어떻게 읽을 것인가』나오미 배런 지음, 전병근 옮김, 어크로스

읽기의 대전환기. 문해력의 위기를 정확히 진단하려면 이 시대에, 우리에게 읽기가 무엇인지 꿰뚫어 봐야 한다. 언어학자 나오미 배런이 20년간의 연구를 정리한 '읽기의 정석'.(김경영)

종이책이냐 전자책이냐 하는 논쟁은 이미 끝났다. 둘은 공존할 것이다. 교육적 측면에서 중요한 문제는, 누가 어떤 상황에서 어떤 수단으로 배우냐이다. 이 책이 그 답을 제시한다.(손민규)

디지털 시대에 책과 미디어를 어떻게 읽을 것인가? 디지털 독해 방식에 대한 실증적 연구와 나오미 배런의 분석력이 결합되어, 현대 독서 경향을 이해하는 데 유용한 자료가 된다.(이현진)

『작가는 어떻게 읽는가』조지 손더스 지음, 정영목 옮김, 어크로스

맨부커상 수상 작가 조지 손더스가 그의 강의를 듣는 소수 정예의 젊은 작가들에게만 나누어 온 러시아 문학 감상법. 25년 만에 우리에게도 공개되었으니 당장 펴볼 수밖에.(김경영)

『은유의 글쓰기 상담소』은유 지음, 김영사

슬럼프 극복하는 법, 퇴고하는 법 등 글을 쓰면서 자연스레 품게 되는 크고 작은 궁금증에 대한 은유 작가의 솔직하고 사려 깊은 답변. 계속 쓰고자 하는 이들에게 힘과 용기를 준다.(김수현)

『문학이 필요한 시간』 정여울 지음, 한겨레출판
정여울은 새로운 시각으로 문학의 본질을
탐구하며, 이 시대의 문화적, 사회적
배경을 고려하여 문학이 어떻게 우리 삶과
상호작용하며 영향을 미치는지 새롭게 생각해
보게 한다. (이현진)

『문학의 죽음에 대한 소문과 진실』 강창래 지음,
교유서가
이 책의 문장은 문학을 조금이라도 깊이 있게
읽고자 하는 이들에게 친절하게 길을 안내해
주려는 가이드의 문장이라고 할 수 있다. 하지만
단순한 길 안내가 아니다. 문학에 대한 갖가지
담론을 큰 틀에서 조감할 수 있는 통찰을 얻게
된다. (안찬수)

『나, 버지니아 울프』 수사네 쿠렌달 지음,
이상희 옮김, 어크로스
버지니아 울프를 좋아하는 이에게는 선물이, 잘
몰랐던 이에게는 사랑하는 계기가 되어 줄 책.
삶과 작품이 절묘하게 이어지는 고리들을 보고
있자니 당장 그의 글을 읽고 싶어진다. (김수현)

『오웰의 장미』 리베카 솔닛 지음,
최애리 옮김, 반비
솔닛이 이 책에서 초점을 맞추고 있는 것은
오웰이 정치적인 발언을 하고 있을 때, 오웰이
동시에 영국인의 그 정원 가꾸기를 하고
있었음을 이야기하는 것이다. 그런데 그 장미란
무엇인가? (안찬수)
오웰의 장미와의 만남을 시작으로, 책은
오웰의 생애를 탐구하고 꽃과 자연, 권력과
정치의 복잡한 연결을 다룬다. 솔닛은
예상치 못한 연결을 통해 다양한 이야기를
들려준다. (이현진)

『파울 첼란 전집 5』 파울 첼란 지음,
허수경 옮김, 문학동네
시의 번역은 거의 불가능하거나 불가능에
가까운 그 어떤 것이다. 그렇기에 시의 번역은
고통스러운 작업일 때가 많다. 그런데 왜 파울
첼란이었을까? 유대인, 나치 수용소, 죽음, 이중
언어 상황, 그리고 또 무엇이 있었을까? (안찬수)

『서쪽 바람』메리 올리버 지음,
민승남 옮김, 마음산책
『서쪽 바람』은 인간과 자연의 상호작용을
통해 삶과 존재에 대한 탐구를 담은
감성적이고 철학적인 시집이다. 자연과의
조화와 고요함에서 우리에게 새로운 시선을
선사한다.(이현진)

『워드슬럿』어맨다 몬텔 지음,
이민경 옮김, 아르테
페미니스트 언어학자 어맨다 몬텔이 대중적
눈높이에서 들려주는, 언어 속 젠더 부조리.
유쾌하고 수다스러운 필치로 이어지는 고발이
언어를 새로운 관점으로 보게 한다.(김경영)

『시장으로 간 성폭력』김보화 지음, 휴머니스트
성범죄 전담 로펌 증가의 배경과 헌혈, 봉사
활동, 여성운동 단체 후원금 납부 등 납득할
수 없는 감형 사유, 피해자 역고소 전략까지
성범죄 재판의 총체적인 비합리를 진단하는
책.(김경영)

『자미』오드리 로드 지음, 송섬별 옮김, 디플롯
흑인, 여성, 동성애자……. 중첩적 소수성을
지니고 살아온 오드리 로드가 관계를 중심으로
풀어내는 자전적 신화. 색과 향이 범벅된
내밀하고 충만한 글쓰기로 들려주는 매혹적
이야기.(김경영)
오드리 로드의 자전적 기록. 흑인이자 여성,
페미니스트이자 레즈비언 그리고 시인 등
다양한 정체성으로 살면서 겪은 파란만장한
이야기를 공개한다.(손민규)
1950년대, 오드리 로드는 자신의 특징을
출발점으로 삼아 레즈비언으로서의 정체성을
자신감 있게 드러내며 살아갔다. 그녀를
통해 우리는 자아를 긍정하는 방법을 배울 수
있다.(이현진)

『파묻힌 여성』마릴렌 파투-마티스 지음, 공수진
옮김, 프시케의숲

여성을 멸시하던 시대에 시작된 학문에 낀
불순물을 제거하는 일은 지금의 시대가 떠맡은
책임일 것이다. 하여, 이 책은 반여성주의적
시각에 파묻힌 선사시대 여성을 다시
발견하고자 한다.(김경영)

『돌봄과 작업』정서경 외 지음, 돌고래

창작하는 여성들의 출산과 양육 경험에 대한
절절한 에세이. 여자들을 이렇게 변화시키는
양육의 실체가 대체 무엇인지, 들을수록
신비하고 이제서야 신비하다고 느끼게 된 것이
기이하다.(김경영)
저자들은 아이를 낳고 돌보는 일이 자신의
삶과 생각을 어떻게 변화시켰는지 진솔하게
들려준다. 누군가로부터 돌보아졌고, 어떤
형태로든 돌봄을 행하며 살아갈 우리 모두를
위한 책.(김수현)

『돌봄과 인권』김영옥·류은숙 지음, 코난북스

이 책은 돌봄과 인권의 만남에서 출발해
돌봄의 현재 상황과 문제점을 비판적으로
점검하고, 정의로운 돌봄 사회로 전환해야 함을
역설한다.(이현진)

『빈곤 과정』조문영 지음, 글항아리

결과가 아니라 과정으로서 빈곤을 보도록
제안한다. 다양한 소외된 사람만이 아니라
인류가 착취해 온 비인간까지 분석 대상을
넓히며 현재 구조를 넘어설 가능성을
모색했다.(손민규)

『사라질 수 없는 사람들』제니퍼 M. 실바 지음,
성원 옮김, 문예출판사

미국 노동계급은 승리감, 희망, 분노, 울분
같은 일상 감정을 어떻게 정치와 연결시킬까.
빈자를 절망 속으로 몰아넣는 사회 구조
안에서 감정 구조와 정치적 입장의 상관관계를
살핀다.(김경영)

**『신장 위구르 디스토피아』 대런 바일러 지음,
홍명교 옮김, 생각의힘**
인류학자 대런 바일러가 중국 내 무슬림 인구에
대한 탄압을 2년 이상에 걸쳐 연구한 내용.
"우리에게 지금 일어나고 있는 일은 안네
프랑크에게 일어났던 것과 똑같아요."(김경영)

**『노동자 없는 노동』 필 존스 지음,
김고명 옮김, 롤러코스터**
필 존스는 AI 시대 '미세 노동'이라는 새로운
노동 현상이 불안정한 일자리를 초래한다고
경고한다. 이제 미래의 일자리와 경제에
대비하기 위해 대처 방안을 고민해야 할
때다.(이현진)

**『고통에 응답하지 않는 정치』
김동춘 지음, 사계절**
사회학자 김동춘은 대한민국이 세 번의 민주
정부를 겪고도 불평등과 불공정을 해소하지
못했다고 진단한다. 정치, 기업, 부동산, 교육 등
우리 사회가 처한 위기를 분석했다.(손민규)
이 책에서 김동춘 교수는 우리의 현실을

직시하고 그 해결 방향에 대해서 제시하고자
한다. 지금까지 김동춘 교수가 펼친 논의의
총괄이라고 할 수 있는 책이다.(안찬수)

**『학교 없는 사회』 이반 일리치 지음,
안희곤 옮김, 사월의책**
배움, 건강, 존엄, 독립, 창의적 노력 등 우리
인간이 거듭 추구할 수밖에 없는 진정한
가치의 발견은, 그 가치를 얼마나 탈제도화할
수 있는가에 달려 있기에, 일리치의 책은
거듭 번역되고, 거듭 읽힐 수밖에 없을
것이다.(안찬수)

**『이렇게까지 아름다운, 아이들을 위한 세계의
공간』 국제 청소년 글쓰기 센터 연맹 지음,
김마림 옮김, 도서문화재단 씨앗 감수, 미메시스**
어린이와 청소년에게 어떻게 하면 영감과
자극을 주는 환경을 제공할 수 있을까?
무엇보다도 무한한 상상력을 지닌 어린이와
청소년에게 물어보고 그들의 생각과 감성을
존중하는 일부터 시작해야 할 것이다.(안찬수)

[편집자] 2020년 12월, 창간예비호(0호)를 시작으로 숨 가쁘게 달려온 《서울리뷰오브북스》가 창간 2주년을 맞이했습니다. 창간예비호부터 9호까지, 2년간 10권의 《서울리뷰오브북스》는 98명의 필자가 참여하여, 163권의 책을 리뷰했습니다. '함께 읽기'와 '신간 책꽂이'에 소개된 책을 더하면 지금까지 《서울리뷰오브북스》가 소개한 책은 690권에 이릅니다. 서평을 통해 독자와 책을 잇고, 그럼으로써 더 나은 공론장을 형성하기 위해 노력해 온 《서울리뷰오브북스》의 지난 발자취를, '0-8호 총 목차'로 기록했습니다.

2020년 창간준비호 0호
홍성욱   새로운 서평전문지 《서울리뷰오브북스》 0호를 내며

이슈 리뷰—2020: 이미 와 버린 미래

김준혁   코로나19, 공포를 활용하는 자는 누구인가 『전염병, 역사를 흔들다』

홍성욱   바이러스와 함께 사는 삶이 가능할까 『우리는 바이러스와 살아간다』・『마스크가 말해주는 것들』・『코로나 리포트』・『전염의 시대를 생각한다』・『포스트 코로나 사회』・『팬데믹 패닉』・『열병의 나날들』

강예린   밀실에서 나오는 지도를 그릴 수 있는가 『정크스페이스 | 미래 도시』・『짓기와 거주하기』

조문영   '가난 사파리'가 '가난 수용소'가 될 때 『가난 사파리』

권보드래   가족, 서로 죽이고 구원하는 『전쟁과 가족』

송지우   기회의 평등은 불가능한가? 『세습 중산층 사회』・『20 VS 80의 사회』・『병목사회』・Moving Up without Losing Your Way・『엘리트 세습』

박상현   실리콘밸리가 만든 새로운 자본주의 시스템 The Age of Surveillance Capitalism

리뷰

김홍중   방사능 폐기물에도 불성(佛性)이 있는가? 드라마 〈체르노빌〉

박훈   중국과 일본을 보는 또 하나의 눈 『중국화하는 일본』・『專制國家史論』

김두얼   "경제학에 대한 도전" VS "경제학의 도전" 『생각에 관한 생각』・『넛지』

박진호   한국어다운 번역을 찾아서 『번역의 탄생』

이석재   흡혈귀가 될까? Transformative Experience

심채경   당신의 모든 순간은 아름다웠다 『제5도살장』・『당신 인생의 이야기』

별책

김영민   먹물 누아르: 이것은 필멸자의 죽음일 뿐이다

김혼비   책으로 인생이 바뀐다는 것

박솔뫼   소설에 관한 끝없는 이야기

김초엽   선인장 끌어안기

2021년 봄 1호
홍성욱   《서울리뷰오브북스》 창간에 부쳐

이슈 리뷰—안전의 역습

김홍중   무해의 시대

권보드래   밤길을 걷는 법

송지우   취소가 문화가 되지 않으려면

조문영   불안한 빈자는 어쩌다 안전의 위협이 되었는가? 『자동화된 불평등』・『커밍 업 쇼트』

김도형 사회보장의 미래 『복지의 원리』

박한선 안전의 두 얼굴 『느낌의 진화』『인간 무리』

리뷰

이석재 테스형! 『에우티프론, 소크라테스의 변론, 크리톤, 파이돈』

홍성욱 예수라면 어떻게 했을까? 『성서, 퀴어를 옹호하다』

김두얼 매끈한 서술과 설익은 통찰 『인민의 탄생』,『시민의 탄생』,『국민의 탄생』

박상현 드라마 없는 회고록 A Promised Land

심채경 우주를 보는 새로운 시선 『관찰과 표현의 과학사』,『비욘드』,『호모 스페이스쿠스』,『뉴호라이즌스, 새로운

지평을 향한 여정』

박훈 구한말, 21세기 벽두의 데자뷔? 『러일전쟁: 기원과 개전 1, 2』,『그럼에도 일본은 전쟁을 선택했다:

청일전쟁부터 태평양전쟁까지』

강예린 부엌은 주거를 어떻게 변화시켰는가 『근대부엌의 탄생과 이면』

박진호 언어는 생각에 어떻게 영향을 미치는가 『그곳은 소, 와인, 바다가 모두 빨갛다』

문학

장강명 나무가 됩시다

김영민 먹물 누아르: 불타는 전두엽의 최후

요조 맨발의 가로세로

수신지 글짓기 주제는 비행기

2021년 여름 2호

이석재 편집실에서

특집 리뷰—우리에게 약이란 무엇인가

박한슬 강원도 면장은 어쩌다 아편쟁이가 됐나 『마약의 사회사』

심채경 약, 그 중독성과 장악력에 대한 이야기 『뮬』,『스노우 엔젤』

박상현 진통제가 만들어낸 고통 Dopesick

권보드래 종말 이후, 화학적 생존 너머 『세로토닌』

강양구 백신이 할 수 있는 일과 없는 일

김두얼 기본소득은 만병통치약인가? 『모두의 경제적 자유를 위한 기본소득』,『모두의 몫을 모두에게』,『기본소득이

온다』

이마고 문디

김홍중 타나토그래피(thanatography)—나루세 미키오의 〈부운〉을 읽는 한 시선

에세이

은유 　　　내가 책을 고르는 방법

정혜윤 　　그대 살아 있나

한정원 　　책을 빌리다

리뷰

김소연 　　나를 비추는 거울을 마주볼 때 『트릭 미러』

송지우 　　우리는 이 책에서 무엇을 얻을 수 있을까 『공정하다는 착각』

이석재 　　미래의 역사가 설득력이 있으려면 『호모 데우스』

홍성욱 　　과학이라는 오리 인형은 어디로 갔나? 『철학의 욕조를 떠도는 과학의 오리 인형』

한정훈 　　따뜻한 과학자, 조용한 반역자의 수기 『과학은 반역이다』

박진호 　　인도유럽어의 본향은 어디인가 『말, 바퀴, 언어』

박훈 　　　사무라이들이 책을 만났을 때 『에도의 독서회』, 『근세일본의 유학과 병학』

강예린 　　서울서울서울 『서울 이야기』, 『서울 해법』

김선기 　　낙관과 세대론만으로는 아쉽다 『추월의 시대』

김태호 　　하지만 반드시 벼농사여야 했는가? 『쌀, 재난, 국가』

김정하 　　맛있고 느슨해진 이창래의 세계 『나의 세계탐방기』

2021년 가을 3호

김두얼 　　편집실에서

특집 리뷰—모든 여행은 세 번 떠난다

심승희 　　모데스틴! 그리부예! 우리 이제 떠나볼까? 『당나귀와 함께한 세벤 여행』, 『당나귀의 지혜』

강예린 　　여행 속에서 나는 건축가가 됐다 『르 코르뷔지에의 동방여행』, 『건축을 꿈꾸다』, 『안도 다다오의 도시방황』

박훈 　　　너를 보니, 내 옛 생각이 나서 좋다 『한나라 기행』

김영민 　　원수를 보러 가는 여행: 연행(燕行)과 홍대용의 생각 『이역을 상상하다』, 『조선연행사와

　　　　　　조선통신사』, 『연암일파 북학사상 연구』, 『범애와 평등』, 『홍대용과 항주의 세 선비』

윤비 　　　18세기의 어떤 여행(들): 그 야심과 허영과 낭만에 대하여 『그랜드 투어』

조준희 　　세계의 발견, 유럽의 탄생 『르네상스』, 『욕망하는 지도』

심채경 　　우주 여행도 직업이 되면 『오늘, 우주로 출근합니다』, 『중력』

이마고 문디

김홍중 　　서바이벌 미학—김기영의 〈살인 나비를 쫓는 여자〉

디자인 리뷰

김형진   '본문'이라는 이미지

리뷰

김현경   입시지옥은 우리가 평등하다는 증거일까? 『문재인 이후의 교육』

조문영   탁월함의 역설 『달까지 가자』

한승혜   남자의 도시, 남자의 예술 『두번째 도시, 두번째 예술』

유정훈   정치의 자리에 대한 질문과 응답 『일본의 굴레』『상의하달 민주주의』

안동섭   무당은 알겠다. 그런데 유생은? 『무당과 유생의 대결』

에세이

이장욱   책 읽기와 함께 글쓰기를

정세랑   정확한 인용에의 욕구

최은영   책을 내는 기분

2021년 겨울 4호

박훈   편집실에서

포커스 리뷰—한국 경제에 대한 클리셰(cliché)들

김두얼   영혼을 담아야 감동을 줄까? 『경제정책 어젠다 2022』

홍춘욱   고슴도치만 보이는 한국의 경제 관련서 시장 『모방과 창조』『김인준 교수의 위기의 한국 경제』

양동신   부동산에 대한 오래된 고정관념을 넘어서 『집에 갇힌 나라, 동아시아와 중국』

이마고 문디

김홍중   세계에 대한 믿음—타르코프스키 시네마에 대한 몇 가지 생각들

리뷰

권보드래·송지우 인간의 조건 『클라라와 태양』

홍성욱   다다익선, 혹은 Many things go 『물은 H2O인가?』

장대익   인류에 관한 최악의 가짜 뉴스를 고발한다 『다정한 것이 살아남는다』

박진호   한문이 근대에 남긴 유산 『근대어의 탄생과 한문』

조문영   중국 대 서구라는 이분법의 유혹 『행복한 감시국가, 중국』

서소영   연결된 몸, 혼종의 의학, 그리고 배제된 목소리들 『한의원의 인류학』『하이브리드 한의학』

신승철   사유 공간을 위한 이미지학자의 투쟁 『뱀 의식』

디자인 리뷰
정재완   목판화와 책 표지, '풀빛판화시선'

BOOK & MAKER
박태근   무엇이든 책으로 만듭니다!

문학
김영민   먹물 누아르: 동어 스님전(傳)

김겨울   책 한 권 찾으려다 그 책의 씨를 말린 건에 대하여

김연수   지저분하게 책 읽기를 권함

손보미   아무도 읽지 않는 책 속에 갇힌 느낌

이아림   우리도 우정일까

이석재   안 고쳐도 되는 집

2022년 봄 5호

강예린   편집실에서

특집 리뷰—빅 북, 빅 이슈(Big Books, Big Issues)
주경철   세계의 운명을 설명하는 거대 서사 『총, 균, 쇠』

김두얼   역사로 보이고 싶은 것과 역사가 말하는 것 『21세기 자본』

권보드래 이 희귀한 DNA, 생활과 정책과 건축의 아카이브 『한국주택 유전자』

이두갑   기후 위기와 환경 재난의 자본주의 『이것이 모든 것을 바꾼다』『느린 폭력과 빈자의 환경주의』

홍성욱   세상은 좋아졌다, 그런데 왜? 『우리 본성의 선한 천사』『지금 다시 계몽』

박정일   위대한 철학 여정의 시작 『논리-철학 논고』

이마고 문디
이연숙   〈베네데타〉, 레즈비언 예수의 불경함

리뷰
박훈   '진짜 동아시아사'가 나왔다 『한중일 비교 통사』

박진호   청대 고증학과 그 시대적 배경 『고증학의 시대』

강예린   건축은 언제 완성되는가 『풍화에 대하여』

조문영   가난한 개인은 그 자체로 세계다 『힐튼호텔 옆 쪽방촌 이야기』

심채경   화성에서 생명체 흔적 찾기 『푸른 석양이 지는 별에서』

송지우   혁명과 철학자, 철학자의 혁명 *The Women Are Up to Something·Free*

디자인 리뷰

구정연　과연 그것이 책일까?

BOOK & MAKER

황혜숙　홀로 혹은 여럿이, 함께, 책 만드는 사람들

문학

김소연　내일은 무엇을 할까

이치은　자신이 쓴 글을 태워 달라 했던 마음, 태우지 않았던 마음, 그 말을 믿지 않았던 마음

노승영　맞춤형 번역 기획안

2022년 여름 6호

송지우　편집실에서

특집 리뷰―개발, 개발, 개발

조문영　사회적 버림의 연루자들 『절멸과 갱생 사이』

권보드래　개발의 수난과 시대착오의 힘 『차남들의 세계사』, 『투명인간』, 『철도원 삼대』

김도형　개발독재와 복지 체제 『한국 복지자본주의의 역사』

강예린　프로젝트로서의 건축과 발전국가 프로젝트 『건축은 무엇을 했는가』

홍성욱　개발의 시대, 단상들

이마고 문디

김홍중　침잠의 시학, 침잠의 시간―아피찻퐁 위라세타쿤의 영화에 대하여

리뷰

이해황　대치동에서 공교육의 미래를 고민하다 『대치동』

박진호　통계 리터러시를 위하여 『숫자를 읽는 힘』

박훈　한국 근대사의 낡은 서사에 대한 도전 『근대 시민의 형성과 대한민국』

김영민　사라진 사람을 찾아서, 사라진 역사를 찾아서 『마르탱 게르의 귀향』

디자인 리뷰

전가경　지속가능한 북디자인을 위하여

BOOK & MAKER

김경영　"책 잘 팔고 있습니까"

문학

김보영　껍데기뿐이라도 좋으니

이석재　불가피함이 주는 자유

심보선   전집 읽기의 행복은 어디로 갔는가
신견식   번역의 불안과 독서의 불만 사이에서

2022년 가을 7호

권보드래 편집실에서

특집 리뷰―계보의 계보

홍성욱   인물을 통해 찾는 우리나라 기술 발전의 계보 『뮌헨에서 시작된 대한민국의 기적』,『전길남, 연결의
          탄생』

하남석   비판적 중국 연구를 고민하다 『짱깨주의의 탄생』

김두얼   '긴 50년대'의 복권? 『한국 경제의 설계자들』

현시원   미술과 시장은 어디에서 만나는가 『시장미술의 탄생』,『미술시장의 탄생』

김작가   한국 대중음악의 통사를 다시 쓰다 『한국 팝의 고고학』

이마고 문디

김홍중   리얼 스스로 말하게 하라―지아장커의 〈스틸 라이프〉를 향하여

리뷰

김영민   진실은 사라졌는가 『유유의 귀향, 조선의 상속』,『가짜 남편 만들기, 1564년 백씨 부인의 생존전략』

김태진   능동과 수동, 지배와 피지배를 넘어 『중동태의 세계』

김남시   미술사를 뛰어넘는 이미지의 힘 『잔존하는 이미지』

박진호   인공지능이 인간을 더 닮으려면? 『2029 기계가 멈추는 날』

심채경   개념과 정의의 숨바꼭질 Welcome Back, Pluto

디자인 리뷰

정재완   전쟁과 북 디자인―《도정월보》의 인포그래픽 디자인

BOOK & MAKER

사공영   독자의 공부를 돕는 책을 만듭니다

문학

최제훈   드림캐처

이정모   이 책들을 다 어이할꼬?

손민규   책은 어떻게 삶의 무기가 되었나

2022년 겨울 8호

박진호 편집실에서

`포커스 리뷰—스몰 북, 빅 이슈`

김만권 왜 21세기에 『공산당 선언』을 읽는가? 『공산당 선언』

홍성욱 전 지구적 기후위기와 녹색 계급 『녹색 계급의 출현』

이행남 신자유주의 사회에서의 자아의 소진과 사물의 소멸 『사물의 소멸』

`이마고 문디`

김은주 생명과 더불어 세계 만들기의 이미지—〈고독의 지리학〉

`리뷰`

장하원 자폐인 변호사라는 실험 『이상한 변호사 우영우 1, 2』

민은경 애도와 번역의 퍼포먼스 『녹스』

김원 노동자가 되기 위한 배움 『쇳밥일지』

이석재 지능은 태어나야 하는가? 『지능의 탄생』

송지우 인도주의는 평화를 가로막는가 Humane

김두얼 우회 말고 정공을 기대한다 『좋은 불평등』

조문영 다른 세계를 디자인하고 선언하는 인류학자 『플루리버스』

권석준 만물유전 『판타 레이』

박대권 공부법과 교육의 다른 점 『최재천의 공부』

`디자인 리뷰`

구정연 키트, 능동적 혹은 경제적 읽기의 가능성

`BOOK & MAKER`

김수현 리스트 만드는 마음

`문학`

이기호 소설을 책으로 배웠어요

조영학 여러분, 번역하지 마세요

러 브 몬 스 터

이두온
장편소설

L O V E M O N S T E R

장르의 새 지평을 여는 괴물 같은 작가 이두온
압도적 서사와 강력한 캐릭터들이 만들어낸 미친 사랑 이야기

"세상에는 사랑하지도 않으면서
사랑을 외치는 인간들이 너무 많아요.
저도 그들을 죽이고 싶었어요."

★출간 전 서평단 300인의 찬사★

흥미진진한 이야기 전개로 단숨에 다 읽게 된다.(j****4)

거대한 '러브 서스펜스'를 명쾌한 스릴러와 합쳐내 긴장감이 장난이 아니다.(i***d)

잠이 확 깨는 스토리 전개에 눈을 뗄 수가 없었다. 색다른 소재와 다양한
인물들이 버무려지면서 이야기가 힘 있게 뻗어나간다.(na***m)

러브 몬스터
이두온 장편소설

러브 몬스터
LOVE MONSTER

이두온
장편소설

값 16,000원

『러브 몬스터』는 사랑에 구체적으로 미쳐버린 사람들의 배드
로맨스인 동시에 한 우주의 물리적 종말을 그린 아포칼립스
다. 당신을 다치게, 병들게, 숨 막히게 할, 끝내는 최후를 예감
하게 할 강력한 파괴·사랑의 서사. 감히 이 사랑을 거부할 용
기가 우리에게 있을까? 갈가리 찢기고 산산이 부서질지라도
사랑이여, 그 짜고 치명적인 맛을 다시 한번. **박서련 소설가**

이 소설은 구원이 갈급한 인물들의 대단히 괴이하고 소름 끼
치는 여정을 보여준다. 절실한 마음은 언제나 안타깝고 무섭
고 흥미진진하다. **이경미 영화감독**

창비
Changbi Publishers

인터넷 없는 세상을 경험한 적 없는 Z세대

새로운 정치, 새로운 소비문화를 선도하는 디지털 네이티브의 탄생

**인류학자, 언어학자, 역사학자, 사회학자가 함께 쓴
정교한 Z세대 가이드이자
디지털 시대의 생존 전략 보고서**

디지털 네이티브의 등장

로버타 카츠 · 세라 오길비 · 제인 쇼 · 린다 우드헤드 지음
송예슬 옮김

기성세대의 눈높이에서 MZ세대를 대상화해 바라보는 시선이 많았다.
이 책은 조금 다르다. 정교하고 세심하다. _경향신문

『GEN Z』는 Z세대를 병리적으로 해부하거나 이상적으로 포장하지 않는다.
대신 방대한 데이터와 인터뷰에 기반한 연구를 근거로
"우리는 한배를 탔다. 세대를 뛰어넘어 서로에게서 배울 귀중한 점들이 있다"고 강조한다. _동아일보

일상을 철학하다

NewPhilosopher
KOREA

매일매일의 삶을 성찰하는 생활 철학 잡지

뉴필로소퍼는 '지금, 여기' 일상의 삶을 철학합니다.
뉴필로소퍼는 생활세계를 품는 따뜻함이 있습니다.
뉴필로소퍼는 인문학 열풍을 견인하는 새로운 인문·철학 잡지입니다.

뉴필로소퍼는 1월, 4월, 7월, 10월 발행되는 계간지입니다.
정기구독 신청 www.badabooks.co.kr
1년 구독료 50,000원 | 문의 02-322-3575
팩스 02-322-3858 | 이메일 badabooks@daum.net

정기구독 바로가기

서울 리뷰 오브 북스

Seoul Review of Books

"서평은 그 자체로 하나의 우주이다"

2023 봄
9호 특집 리뷰:
나이듦과 노년에 대하여

책을 아끼고 좋아하는 분들과 함께 이 우주를 담고
싶습니다. 그리고 우리는 독자들과 공감하는 글을 만들기
위해 독자들의 의견을 수렴하고 반영하는 개방된 창구를
항상 열어둘 것입니다. 우리 역시 "계속 해답을 찾아
나가는" 존재가 되어 《서울리뷰오브북스》를
틀과 틀이 부딪치는 공론장으로 만들어 가겠습니다.

하루에도 수십 권의 책이 쏟아져 나오는 시대,
'어떤' 책을 '왜' 읽어야 하는가?
《서울리뷰오브북스》는 그 답을 서평에서 찾습니다.
지난호 특집

0   2020: 이미 와 버린 미래
1   안전의 역습
2   우리에게 약이란 무엇인가
3   모든 여행은 세 번 떠난다
4   한국 경제에 대한 클리셰(cliché)들
5   빅 북, 빅 이슈(Big Books, Big Issues)
6   개발, 개발, 개발
7   계보의 계보
8   스몰 북, 빅 이슈

정기구독 및 뉴스레터 구독 문의
seoulreviewofbooks@naver.com
자세한 사항은 QR코드를 스캔해 주세요.

@seoul_reviewofbooks

서울 리뷰 오브 북스

Seoul
Review of
Books
2023 봄

9

발행일	2023년 3월 15일
발행인	홍성욱
편집위원	강예린, 권보드래, 김두얼, 김영민, 김홍중, 송지우
	심채경, 박진호, 박 훈, 이석재, 조문영, 홍성욱
편집장	홍성욱
책임편집	이석재
출판PM	알렙
편집	장윤호
디자인	정재완
제작	(주)대덕문화사
발행처	(사)서울서평포럼
등록일	2020년 12월 4일
등록번호	서초, 바00195호
주소	서울시 서초구 반포대로13길 33, 3층 301호(서초동)
전자우편	seoulreviewofbooks@naver.com
웹사이트	www.seoulreviewofbooks.com
ISSN	2765-1053 31
값	15,000원

© 서울리뷰, 2023

구독 문의	seoulreviewofbooks@naver.com
정기구독	60,000원 (1년/4권) → 50,000원(17% 할인)
	자세한 사항은 QR코드를 스캔해 주세요.

광고 문의	출판, 전시, 공연 등 다양한 영역에서 서울리뷰오브북스의
	파트너가 되어 주실 분들을 찾습니다. 제휴 및 광고 문의는
	seoulreviewofbooks@naver.com로 부탁드립니다.
	단, 서울리뷰오브북스에 실리는 서평은 광고와는 무관합니다.